从房客到房东
——人生首套房操作指南

羊迪 编著

清华大学出版社

本书封面贴有清华大学出版社防伪标签，无标签者不得销售。

版权所有，侵权必究。举报：010-62782989，beiqinquan@tup.tsinghua.edu.cn。

图书在版编目（CIP）数据

从房客到房东：人生首套房操作指南 / 羊迪编著. —北京：清华大学出版社，2019
（2024.1 重印）
ISBN 978-7-302-53361-0

Ⅰ. ①从… Ⅱ. ①羊… Ⅲ. ①住宅－选购－基本知识－中国 Ⅳ. ①F299.233.5

中国版本图书馆 CIP 数据核字（2019）第 168357 号

责任编辑：吴　雷
封面设计：孙至付
版式设计：方加青
责任校对：王凤芝
责任印制：杨　艳

出版发行：清华大学出版社
　　　　网　　址：https://www.tup.com.cn, https://www.wqxuetang.com
　　　　地　　址：北京清华大学学研大厦 A 座　　邮　　编：100084
　　　　社 总 机：010-83470000　　邮　　购：010-62786544
　　　　投稿与读者服务：010-62776969, c-service@tup.tsinghua.edu.cn
　　　　质 量 反 馈：010-62772015, zhiliang@tup.tsinghua.edu.cn
印 装 者：涿州市般润文化传播有限公司
经　　销：全国新华书店
开　　本：170mm×240mm　　印　　张：17.25　　字　　数：269 千字
版　　次：2019 年 8 月第 1 版　　印　　次：2024 年 1 月第 3 次印刷
定　　价：49.00 元

产品编号：081327-01

序一
PREFACE 1

我初次在知乎上听到羊迪《人生首套房操作指南》的直播课程时，便立刻将他推荐给了安居客的主编。羊迪是一个十分有趣又有很多"干货"的人。

在羊迪的新书还未正式出版前，我就已先睹为快。这本书是典型的"知乎"风格，通过普通大众关注的房产热点问题，抽丝剥茧般地将房产行业中的很多规律一一道出。

这不仅是一本写给购房者的实操攻略，而且是一本接地气的中国房地产市场小白入门书。我读这本书时不仅在读结论，而且在读推导这些结论背后的逻辑。在房地产行业中，有些道理会随着时间不断改变，但有些道理是永恒不变的。因此，掌握一些靠谱的方法论，便可行到水穷处，坐看云起时。

在此，格外强调一点：相比羊迪在本书中所得出的结论，他分析问题的方法也特别值得学习与借鉴。

我在"58同城"担任副总裁一职，自己现在还在租房住。我试着以一个"菜鸟用户"的视角来阅读这本书，也获得了很多的共鸣，感觉自己似乎也是那种犹犹豫豫、拖拖拉拉，然后就再也买不起房的人。羊迪对中外房产市场的比较、对如何预测房价的介绍，以及对最佳买房时机的分析，都让我不寒而栗。

每一个中国人似乎都有一个关于房子的梦："等房子再便宜点，或者再多挣点，也许我也能拥有一个属于自己的房子。"当我把书中"如何选购新房""如何选购二手房""如何签约与付款"等章节的内容逐一阅读后，顿时感到毛骨悚然。原来买房这件人生大事，不是一个"坑"、两个"坑"的问题，简直就如"月球表面"般到处是"坑"啊！很庆幸自己认识羊迪并不算晚,尽管我错过了买房的最佳升值时机,但没有错过书中这些买房交易过程中宝贵的实战知识。这些知识不是来自于想当然,而是来自于真实的经历与丰富的从业经验。

在买房的路上,遇见羊迪,阅读这本好书,便为时不晚。

王洪浩

"58同城"副总裁

"58同城"CMO

PREFACE 2

我们为什么要读这本如何买房子的书？

我跟本书的作者羊迪主要有过三次接触：

第一次：他作为一个初出茅庐的大学生坐在我公司的会议室里，和过关斩将获得了入职资格的同学们一起跟我座谈。座谈中羊迪话不多，略显生涩，但我明显能感受到他渴望成长、突破自我的决心。我最初对他印象深刻是因为他的姓——羊，我当时脑子里知道的另一个"羊"姓之人只有魏晋时期著名的"羊叔子"以及源于他的那句"人生不如意事十之八九"，这不禁让我对眼前这个年轻人也有些好奇与期待。

第二次：他作为业绩优异的销售精英，突然提出离职，我当时出面挽留。一个多小时的交谈中，我发现他是一个有深度独立思考能力的年轻人。这项能力在一个人云亦云的信息碎片化时代里非常稀缺，更重要的是，他还有着践行思考的意愿和行动。于是，我的挽留变成了鼓励，房地产行业不缺这一个销售精英，而社会中也需要更多"不一样"的年轻人，他们可以有独立的思考，最终走出一条属于自己的路。

第三次：2018年年底我当时刚离职前一家公司，媒体上对此的各种报道沸沸扬扬，无意中在新浪乐居中阅读到一篇力挺我的文章，而作者署名正是"羊迪"。好奇之余一番查阅后，我才发现这个小伙子居然从一个工科生变成了房地产销售精英，后来又蜕变成了笔耕不辍的购房问题研究者、解读者和意见领袖。这实在是很有意思！

因此，阅读这本书的读者可以发现，本书的作者是一个有点故事、有点意思的年轻人，似乎和你自己以及身边的许多年轻人一样，但肯定也有许多不同。至于有什么不同，你在本书后面的文字中定能找到答案。

在我看来，这本书不仅仅是一本指导购房的技术书，更涵盖了一个有意思的年轻人不断的成长与思考。

当然，既然提到了"技术"，本人作为一个有着二十年房地产从业经验的"老司机"，就不得不告诉各位读者，购房真的是一项"高级技术"。能否掌握并正确应用这项技术，关乎你的身家、财富、生活质量，甚至会影响你的婚恋与终老。即便是租房，其实也是一种资产配置行为，在某种意义上它和购房并无二致。

特别有意思的是，单从目录来看，作者就已经搭建了一个理论与实践相结合的清晰构架，可见其用心、用力的程度。

最后，从我的经验来看，租房、购房除了技术外，也永远有那么几分运气使然，政策、市场变化难测，地域、城市发展并不均衡，商家、产品差异明显，这些恐怕不是阅读一本书就能够完全解决的。

衷心地希望读者们能和本书的作者一样"独立思考、认真实践"，找到真正属于自己的"未来之家"！

孔鹏

清华大学建筑学院可持续住区研究中心　联合主任

中国房地产经理人联盟　第十一届轮值主席

北京支持雄安产业发展促进会　副会长

北京华锦益泰城投置业有限公司　董事长

前言
PREFACE

当好友知道我为了专心写这本书而选择裸辞时,吃惊地问我:"现在还有几个人会去读书?又有几个人会在买房之前去耐着性子买本书来读?你做这些,值得吗?"

在这个时代里,能够沉下心来读完一本书的人确实越来越少,更何况是一本关于"房产"的工具书。但当你打开这本书时,便证明你并不是人群中的大多数。本书就是为了这样的你而写就的。

我之所以想要撰写这本书,只是因为这些内容在我的脑海里已经翻腾许久,只得将它们全部倾泻而出。就像《月亮与六便士》里的主人公——斯特里克兰德,他并不是冷酷无情,而是被梦想"击中"后,只能义无反顾地追寻一样。我也如着了魔一般,在清华大学出版社的吴雷编辑通过知乎的私信联系上我,并希望我写一本关于指导买房人的图书后,这个"想法"就一直萦绕在我的心头,最终我毅然地选择辞职,并将这本书的内容用自己的双手从脑海里搬运出来。

市面上有不少从经济学、城市规划乃至投资炒房角度论述"房产"的书籍,却罕有一本以"自住"为目标的买房指南,更难找到一本房产营销从业者从自身经历与视角出发的房产"揭秘"书。这本书中,提出了一些问题,也回答了许多问题,力图帮你解决实际买房过程中遇到的诸多困惑。

自从通过校园招聘成为房产营销管理培训生的那一天起,我就一直全职或兼职从事着房地产营销相关工作。从"甲方"到"乙方",再到"买房咨询师"与"房产内容创作者",这一路走来,我懂得了买房最重要的并不是预测房价涨跌,而是针对买房人的实际情况,做出最适合自身的购房决策。

理查德·道金斯（Richard Dawkins）在《自私的基因》一书的序言中提到，他在写作时脑海中会出现三位假想的读者：第一位读者是不太熟悉相关领域的一般人；第二位读者是个有些挑剔的专业人士；第三位读者则是从外行向内行过渡的学生。而我在写作的过程中也不断地思考，如何让这本书可以同时面对这三类读者：如何向一个从未买过房的年轻人，通俗易懂且有干货地传授买房经验；如何向一个从业者，精确新颖且不拖沓地提供房地产内容；如何让一个对房产有所研究的投资人，循序渐进且有深度地加深对房地产的认知。

我十分肯定：若你通读并实践了书中的方法，在买房过程中一定会比其他人少花很多"冤枉钱"。同时，这本书不仅是一部实用的买房指南，更是一部写给年轻人的房地产行业科普书。希望你在通读本书后，可以大致把握中国房地产的发展脉络，至少不会把"崩盘"挂在嘴边。这本书，还是一部写给有理想、有抱负的房地产从业者们俯视全局的著作，帮助他们学会从客户角度思考问题，实现职场的快速发展。

通过鉴往，能够知来，所以我引用了不少既往的数据、观点，甚至是费孝通先生那跨越百年，却依旧闪光的文字。通过他国的发展路径，也利于预测出未来中国的房地产发展进程，于是我也找来了美国、日本、德国、法国的相关案例。一段段真实的买房经历，可辅助读者进行买房决策，于是我也在书中穿插了自己在做房产咨询师时，遇到的若干真实购房案例。

威尔（Will）和爱丽尔·杜兰特（Ariel Durant）在《世界文明史》中写道："文明就像一条筑有河岸的河流，河流中流淌的鲜血是人们相互残杀、偷窃、争斗的结果，这些通常就是历史学家们所记录的内容。而他们没有注意的是，在河岸上，人们建立家园，相亲相爱，养育子女，歌唱，谱写诗歌，甚至创作雕塑。"

房地产行业亦然。在过去一段时间，我们过多地关注房价的涨跌，却忽略了房地产行业的内在逻辑，忽略了房子所承载的家庭与生活意义。买房很简单，难的是去理解行业、读懂时代，以及不忘初心地坦荡过一生。

羊迪

2019年7月

目录
CONTENTS

第一部分 当年轻人在谈论房产时，他们在谈些什么

第1章 站在房产大门外的年轻人——房价很高，又怎样？ 3

1.1 为什么大多数年轻人谈房产而色变？ 4
1.2 房价这么高，是谁在买房？ 6
1.2.1 为什么当地人的买房比例这么高？ 7
1.2.2 为什么中国买房人平均年龄更为年轻？ 7
1.3 为什么中国的房价这么高？ 8
1.4 为什么德国的房价那么低？ 16
1.5 年轻人该如何面对房价？ 18

第2章 生活于出租屋中的年轻人——未曾漂泊，不足以谈人生 21

2.1 租房青年之"中介奇缘" 21
2.2 遇到租房侵权，应该怎么办？ 26
2.3 当今房客处于一个怎样的租房时代？ 28
2.4 未来可不可以一辈子租房？ 30

第3章 辗转于城市间的年轻人——大城市的床，小城镇的房 32

3.1 用于辅助决策的城市数据与排名 33

3.2 关于城市，你需要了解的一些"真相"　36
3.3 评判城市时需要考虑的客观因素　41
3.4 选择城市时需要考虑的主观因素　43
3.5 一个"北漂"的肺腑之言　44

第 4 章　从事于房地产的年轻人——有人的地方，便有江湖　46

4.1 真实的房产营销人　47
4.2 一套房产的房价构成　49
4.3 跌宕起伏的房产历史　56
4.4 房地产泡沫与金融危机　61

第二部分　人生首套房操作指南

第 5 章　如何判断买房时机？　71

5.1 自身：我该买房吗？　71
5.1.1 犹豫不决的买房人　72
5.1.2 "智猪博弈"决策是否买房　72
5.1.3 量化买房"需求指数"　75
5.2 市场：何时能买房？　77
5.2.1 如何预测房价？　78
5.2.2 关于房价有哪些假说？　87
5.3 买房的最佳时机是什么时候？　90
5.3.1 买"新房"的最佳时机　90
5.3.2 买"二手房"的最佳时机　93

5.3.3　关于买房最佳时机的其他判断　95

第 6 章　如何选择好房子？　97

6.1　形形色色的房产　97
6.1.1　大产权房与小产权房　98
6.1.2　公房：军产房、央产房、校产房　100
6.1.3　商业用地上的建筑：商铺、商住、商办　100
6.1.4　居住用地上的住宅：平层、洋房、叠拼、联排　102
6.1.5　不同政策的住宅：经济适用房、共有产权房、限竞房　104
6.1.6　房屋状态：房改房、抵账房、法拍房　106
6.1.7　建筑形态：塔楼、板楼、板塔结合　107
6.1.8　建筑结构：砖混、框架、剪力墙、钢结构　111

6.2　什么才叫"户型"好？　112
6.2.1　男女老幼，各有所爱　113
6.2.2　客、卧、厨、卫，逐一评说　114
6.2.3　复式跃层，各有不同　117
6.2.4　优质户型，一网打尽　118
6.2.5　户型选择，快速决策　126

6.3　什么才叫"物业"好？　128

6.4　什么才叫"楼盘"好？　130
6.4.1　容积率与楼间距　130
6.4.2　绿化率、绿地率、层高、净高与得房率　132
6.4.3　楼层：一层顶层，层层比较　133
6.4.4　房屋位置与梯户比　136
6.4.5　自采暖 VS 集中供暖　136

6.5　什么才叫"地段"好？　137
6.5.1　"地理"上的好地段　137

6.5.2 "工作"上的好地段　139

6.5.3 "生活"上的好地段　140

6.5.4 "教育"上的好地段　141

6.5.5 "交通"上的好地段　143

6.5.6 "配套"上的好地段　144

6.6 什么才叫"风水"好？　145

第 7 章　如何准备买房子？　148

7.1 罗列购房资源　148

7.1.1 金钱：确认自己的首付及月供能力　149

7.1.2 时间：明确可以使用的时间与精力　151

7.1.3 人员：寻找自己的"买房顾问"　151

7.2 明确购房需求　152

7.3 提升购房认知　155

7.3.1 购房简明流程　155

7.3.2 年轻人首套房购房须知　156

7.3.3 房产小白购房须知　158

7.3.4 自住性住宅购房须知　159

7.3.5 投资性住宅购房须知　160

7.3.6 制订购房计划可参照的方法　161

7.4 制订购房计划　162

第 8 章　如何选购新房？　166

8.1 如何选择楼盘与搜寻信息？　167

8.2 如何选房、看房与避开套路？　172

8.2.1 到达售楼处前的准备工作　172

8.2.2 到达售楼处后，有哪些流程与陷阱？　174

8.3　如何砍价以争取最大优惠？　180

8.4　"火热"的开盘　184

8.4.1　开盘的各种套路　184

8.4.2　如何在开盘时选房　186

8.5　买车位的注意事项　186

第 9 章　如何选购"二手房"？　190

9.1　是否应该找房产中介？　190

9.1.1　房产中介的罪与罚　190

9.1.2　如何选择"好中介"？　193

9.2　买"二手房"前的知识储备　196

9.2.1　"新房"VS"二手房"　196

9.2.2　"满二唯一"VS"满五唯一"　198

9.3　买"二手房"的流程与注意事项　200

9.3.1　如何线上选房，决胜于千里之外　200

9.3.2　如何线下看房，练就"火眼金睛"　202

9.3.3　如何查看产权调查，确保万无一失　205

9.4　二手房如何砍价？　207

第 10 章　如何签约与付款？　211

10.1　如何做出正确的买房决策？　211

10.1.1　确认手中意向房源的可靠度与丰富度　211

10.1.2　做出正确决策的重要原则　213

10.1.3　买房决策的操作路径　214

10.2　如何签约与付款？　216

10.2.1　签约与付款时的操作建议　216

10.2.2　"新房"的签约与付款　218

10.2.3 "二手房"的签约与付款　225

10.3 买房中的付款与贷款　235
　10.3.1 付款的主要方式　236
　10.3.2 首套房付款方式建议　238

10.4 买房中除房款外的各种费用　240
　10.4.1 买"新房"的各种费用　241
　10.4.2 买"二手房"的各种费用　243

10.5 房产证应写谁的名字？　244
　10.5.1 关于"加名"的真实案例　245
　10.5.2 只写一人名字　246
　10.5.3 写二人或以上的名字　248

第 11 章　如何验房与收房？　250

11.1 "新房"收房　250
　11.1.1 关于"新房"收房的真实案例　250
　11.1.2 "新房"收房前的注意事项　251
　11.1.3 "新房"收房流程　253
　11.1.4 "新房"验房注意事项　254
　11.1.5 "精装房"收房时如何验房？　255
　11.1.6 "毛坯房"收房时如何验房？　257
　11.1.7 收房后的系列操作　257

11.2 "二手房"收房　258

写在最后　260

主要参考文献　261

第一部分

当年轻人在谈论房产时,他们在谈些什么

整体架构图

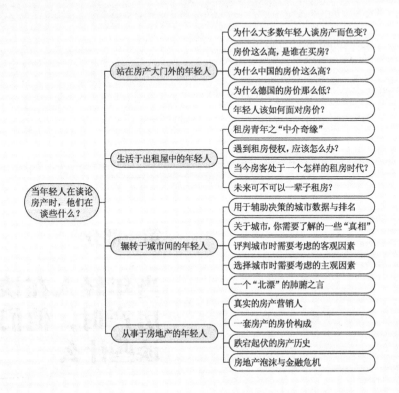

直击痛点

❶ 为什么中国的房价这么高？

❷ 未来可不可以一辈子租房？

❸ 如何选择落脚的城市？

❹ 房产的前世与今生都是怎样的？

你必须有浓厚的兴趣去弄明白正在发生的事情背后的原因。如果你能够长期保持这种心态，你关注现实的能力将会逐渐得到提高。如果你没有这种心态，那么即使你有很高的智商，也注定会失败。你若想在任何领域拥有竞争力，就必须熟练地掌握该领域的方方面面，不管你是否喜欢这么做，这是人类大脑的深层结构所决定的。

——查理·芒格

第1章
站在房产大门外的年轻人
——房价很高,又怎样?

"除非崩盘,否则我这辈子都不想买房。"

Amanda斩钉截铁地说了这句话,便立即把话题转到美剧《摩登家庭》(*Modern Family*)上。Amanda并不是外国人,而是位"95后",大四学生,学习动画专业。她不愿道出真名,只允许我这样称呼她。我与她是在重庆这个"网红"城市偶遇的。她告诉我,自己是被抖音的短视频"圈粉"后,才决定来重庆"考察"一下的。

"但我不会买房,我才不做房奴,不当'韭菜',也不当接盘侠。"

在得知我从事的是房地产行业后,她就右手握拳举于半空,在我的面前左右挥舞,原本小小的眼睛睁得很大,头上的刘海儿也随着身体来回摆动。似乎她瞬间把我变成了假想敌,当然,也可能真的把我当成了敌人。总之,我从她的话语中,听出了划清界限的坚决。

原本我准备就"房产"话题展开滔滔不绝的论述,可还没开始,便已经结束了。此时,我才意识到,自己可能已经处在一个关于房产的"信息茧房"[①]中,而忽视了年轻人的真实情感。我希望告诉年轻人关于房产的全部信息,但他们似乎对房产的一切内容都提不起兴趣。如果我不了解年轻人的想法,

---

① "信息茧房"是指人们的信息领域会习惯性地被自己的兴趣所引导,从而将自己的生活桎梏于像蚕茧一般的"茧房"中的现象。

又怎能让他们去认识房产呢？

为什么越来越多的年轻人开始谈房产而色变？带着这样的疑惑，笔者开启了本书的创作。

1.1 为什么大多数年轻人谈房产而色变？

知乎里有这样一个问题："年轻人该不该接盘高房价？"18 067 人关注，2 896 个回答，21 227 466 次浏览。85% 及以上的回答，都是"不该"，所有的高票回答，或嘲讽，或抗议，或哀怨，都表达了不该接盘的想法。关于房产，尤其是北京、上海的房产，年轻人的观点似乎非常一致："太小、限购、买不起"。可是，为什么年轻人会如此"厌恶"高房价呢？

1. 初入社会，理想与现实的碰撞

众多回答里，有这样一个在校生的回答，使我印象深刻，久久无法释怀：

他们没有房子、没有车子、没有爱情、没有存款、没有满意的工作、没有闪闪的学历，也没有上一代积累下的关系与背景，他们喜欢美食但不一定负担得起高昂的价格，想去旅游但大概率是安排不开工作的时间，有点宅又有点丧，怀揣着一颗尚未磨平棱角的心，窝在大城市繁华喧嚣的褶皱里笨拙地照顾着自己。远处万家灯火闪烁、渐渐黯淡，如同他们正在熄灭的梦想。

知乎 ID：濮先森

忧伤的文字、流畅的文笔，反映出这个时代中年轻人的真实状况：

他们具有比前几代人更高的文化素养，更开阔的眼界，也更懂得享受生活与表达自我，更具有独立思考的能力和改变世界的欲望。他们或许不优秀、不富有，也没什么"远大志向"，但他们有主见、敢追求，更希望按照自己的方式，而非他人的指导度过一生。他们会努力奋斗，也会自嘲自黑，偶尔"皮"一下会很开心，"丧"一下也懂得分寸。这样的年轻人，在面对高昂的房价时，自然也不愿意"坐以待毙"。

他们不愿意掏空父母的钱包，更希望凭借自己的努力，开心地活在这个世界上。如果房价高过他们忍耐的极限，需要以牺牲未来的自由以及父母的积蓄为代价,他们宁愿选择"流浪远方",也不会向开发商和炒房客低下"骄傲的头颅"。

每个时代都会有年轻人需要面对的困难与挑战,只是在这个年代的"困难"是"高房价"。

2. 高昂的房价,低廉的薪资

国家统计局发布的 2017 年平均工资显示,全国城镇非私营单位就业人员年平均工资为 74 318 元,城镇私营单位就业人员年平均工资为 45 761 元。换算为月薪,全国城镇非私营单位就业人员年平均月薪为 6 100 元,城镇私营单位人员年平均月薪为 3 800 元。相比于人均工资,刚毕业尚未买房的年轻人,工资还要更低一些。即便是 6 100 元的月薪,想在动辄每平方米 5 万元以上的北、上、深、广买下一套房,也如痴人说梦一般。

其实,房价高、年轻人买不起房,并不是近几年才出现的现象,如图 1.1 所示,早在 1989 年的报纸中就可以感受到。

图 1.1　1989 年报纸某版面内容

2006 年,有青年网友自发地组织了一场规模盛大的"不买房运动",10 天时间,参与者已经高达 1.6 万人。活动中还有一句至今看来也很理想化的口号:"楼价一日不降到市民可以接受的程度,我们就坚决不买房。"

同样是来自国家统计局的数据，2018 年全国居民人均可支配收入 28 228 元，是 2010 年的 2.3 倍；2010 年全国住宅商品房平均房价为 4 725 元/平方米，2018 年为 8 737 元/平方米，增长了 1.8 倍。虽然很多人都在哭着、喊着说自己的工资跑输了房价，但从权威数据来看，房价的涨幅也并没有那么可怕。虽然这个世界还没有足够好，但真的正在越来越好。

除此之外，越来越多的保障性住房，完善的住房公积金体系，最长 30 年的低息商业贷款，以及存款丰盈的父母，在年轻人买房时也都帮得上忙。既然以前的年轻人都是这样过来的，为什么我们就过不去呢？

当然会过得去，道理谁都懂，只不过是自己不甘心罢了。而在面对高昂的房价时，你一定有过这样的疑问："房价这么高，是谁在买房呢？"

1.2　房价这么高，是谁在买房？

这个问题，笔者太有发言权了！

一开始，笔者在北京从事一线的房产营销，后来作为线上买房咨询师，陪伴着全国各地的买房人。而无论是做一线营销，还是做买房咨询，笔者都会问清楚买房者们如下几方面的问题：**职业、收入、家庭房产持有量、购房资金数量、家庭财产年化收益率。**

虽然笔者不敢说完全地了解买房群体，但却敢说自己接触到的都是最真实并且最后都买到房的群体。往往我们认为的很多"理所当然"，实际上也可能是"完全错误"。例如，**北京的房子，并不是被外地人炒起来的。**

笔者在北京从事房产营销时，一开始是做刚需改善型项目，如叠拼别墅，90% 及以上的客户，都是北京人，而且都是地地道道的"老北京"，至少也在北京生活了十几年、二十年。真正用北京市工作居住证、连续五年纳税和社保买房的，少之又少，而这类人主要购买的是之前的经济适用房、自住型商品房，以及共有产权房。请注意，这类房子都是福利房，只是少数，大部分人还得买商品房。

后来笔者又做过商住两用的楼盘，当年还是不限购、不限贷，只要有钱就可以购买，而且项目当时的主打概念是"首付 50 万，置业北京城"，但即便如此，那个商住两用的项目 80% 及以上的购买力还是来自于北京当地人。

1.2.1 为什么当地人的买房比例这么高？

因为买房的门槛实在太高了，不仅是钱，还有限购政策。

大家想要买房，尤其是买靠近市区、环境好一点的新房。很多人都是卖小换大、卖旧换新，必须先把手里的房子卖掉，才能再买。否则，一套房首付 300 万元的话，一般人也很难一下子拿出如此大量的闲置资金。而且，北京还限购、限贷，原本凑够首付款就已经很困难了，如果没有买房资格，连售楼处的门都进不去。因此，北京原本是全国人的北京，但近些年，已经逐渐回到了北京人的北京。

笔者之前在望京和丰台住过，但都是四环、五环外的新小区，主要是租房群体，后来又搬到了国贸附近，住在一个 20 世纪 90 年代的老小区里，于是就见到了只有在中国才会有的现象：在最繁华地段的居民区，有大量白发苍苍的老人家，他们在小区里遛弯儿，在菜市场里砍价，这在国外是难以想象的。

一般在西方的发达城市，富人和老人多住在郊区的别墅或大房子里，而"贫民窟"或"酒店式公寓"，甚至"精致的鸽子笼"多集中在市中心或闹市区，多为年轻人所居住。

之所以在中国会有这样的反常现象，是因为人口很难流动以及资源的过度集聚。老年人不敢卖自己的房子，因为在郊区没有好的医疗条件；年轻人买不到市中心的房子，因为又贵又少又限购。

大家可能觉得很奇怪，为什么在网络上有很多快销品以及汽车的广告，却很少看到房地产项目的广告。这主要是因为房地产行业的获客费效比最低的是"渠道"。简单来说，就是在地铁口发传单，在小区或超市门口做展位，更易吸引当地客户的购买。加之，房地产又是"不动产"，即便你真的看上了乌兹别克斯坦的一套房子，但又不能经常去，买下来意义也不大。

1.2.2 为什么中国买房人平均年龄更为年轻？

贝壳研究院发布的《2018 年全国购房者调查报告》显示，2018 年中国全国购房者中"80后"占比达47.8%，2018年中国购房者平均年龄为29.5岁，对比其他国家，加拿大与墨西哥购房者的平均年龄为31岁；美国、英国的则为35岁；邻国日本的更是高达41岁，中国人的购房平均年龄显然更为年轻化。

究其原因，一方面是由于我国仍然处于高速的城镇化进程中，买房用于自住仍然属于房地产市场的主要需求，年轻人购买首套房，仍然占最大的比重。但这并不是说，中国的年轻人与国外的年轻人相比更有钱，而是因为中国大部分年轻人在购房时得到了父母的支持。这一现状在当前高房价、租房环境差的中国房地产市场中也是可以理解的。另一方面则是由于中国多地针对房屋买卖的限购、限贷措施。首套房在首付比例、贷款利率、交易税费中都会有相应的优惠，但二套房、三套房则会被要求提高首付比例和贷款利率，有些地区如北京更是禁止名下已有2套房的买房人继续购房。在这样的政策限制下，父母利用子女的"名额"进行购房的现象也非常普遍。但也正因为有这样的限制，极易让人们无意间掉入"稀缺效应"的陷阱中，因为越是稀缺的，往往就是人们越会去购买的，从而间接地推高了中国的房价，背离了政策制定者的初衷。

1.3　为什么中国的房价这么高？

2018年国家统计局的数据显示，全国商品房销售面积为17万亿平方米，销售额为14.9万亿元，在双双创造历史纪录的同时，商品房销售均价仅为8 736元/平方米，其中住宅均价为8 544元/平方米。相比于6 100元的人均工资，这样的房屋均价并不算高。可能是因为媒体宣传的缘故，我们常常把北京、上海等城市的新闻，当作自己身边发生的事情，也往往会把一线城市的高房价，视为全国的高房价。

实际上即便是2019年，甘肃省玉门市嘉峪关某小区的二手房，也只要2 700元/平方米，而这种"18线城市"，在中国还有很多，如黑龙江省的鹤岗市，在2019年4月还曾因2万元一套的50平方米毛坯房而"走红"网络。但"高房价"也并不是无稽之谈，因为北、上、深、广四个一线城市，以及部分热点二线城市的房价也确实远远高于当地普通居民的家庭收入。

国际上通行的房价收入比①在 4~6 之间，不过，中国自 1998 年房改以来，就一直长期处在高于"正常值"很多的状态。Numbeo 是一家专注于生活成本及质量的国外研究机构，也是全球最大的城市生活资源数据分析网站，让我们看一看这个网站在 2018 年年中对全球 302 个大中城市的房价收入比统计的情况，如图 1.2 所示。

Rank	City	Price To Income Ratio	Gross Rental Yield City Centre	Gross Rental Yield Outside of Centre	Price To Rent Ratio City Centre	Price To Rent Ratio Outside Of City Centre	Mortgage As A Percentage Of Income	Affordability Index
1	Caracas, Venezuela	163.20	4.53	4.71	22.07	21.25	3408.46	0.03
2	Hong Kong, China	46.89	1.89	1.93	52.78	51.82	293.60	0.34
3	Beijing, China	44.34	1.42	1.69	70.33	59.19	350.17	0.29
4	Shanghai, China	44.00	1.60	1.70	62.55	58.76	344.54	0.29
5	Shenzhen, China	39.86	1.37	1.51	73.18	66.03	316.52	0.32
6	Colombo, Sri Lanka	31.21	3.49	3.11	28.67	32.19	477.97	0.21
7	Mumbai, India	30.99	2.28	2.91	43.78	34.39	339.93	0.29
8	Kathmandu, Nepal	29.41	1.98	3.12	50.57	32.08	379.49	0.26
9	Algiers, Algeria	25.98	2.83	3.10	35.35	32.25	227.40	0.44
10	Rio de Janeiro, Brazil	24.58	3.84	3.89	26.08	25.68	295.91	0.34
11	Guangzhou, China	23.10	2.13	2.23	46.85	44.80	191.40	0.52
12	Jakarta, Indonesia	22.54	5.06	5.27	19.75	18.96	248.25	0.40
13	Ho Chi Minh City, Vietnam	22.43	5.50	6.30	18.19	15.88	235.01	0.43
14	Bangkok, Thailand	21.75	4.17	3.75	24.00	26.66	174.82	0.57
15	Bogota, Colombia	21.70	4.31	4.30	23.20	23.27	274.05	0.36

图 1.2　房价收入比 TOP15 榜单

资料来源：https://www.numbeo.com/property-investment/rankings.jsp.

从图 1.2 中的数据能够看出，中国四座城市雄踞了前五位里的四个席位，分别是中国香港 46.89（意味着普通香港家庭 46.89 年的收入才可以买得起一套房）、北京 44.34、上海 44.00、深圳 39.86。

排名前十的城市，分别来自委内瑞拉、中国、斯里兰卡、印度、尼泊尔、阿尔及利亚。包括中国在内，全部都是发展中国家。排名第一的是委内瑞拉首都加拉加斯，其房价收入比高达 163.20，是第二名中国香港的 3.48 倍。但

---

① 房价收入比：住房价格与城市居民家庭年收入之比。

委内瑞拉从 2013 年前总统乌戈·查韦斯病逝，马杜罗接任后，因长期承受美国等西方国家施加的经济制裁，加之国际原油价格的持续低迷，国内爆发了严重的金融危机。国际货币基金组织 2018 年 7 月，发布了拉丁美洲地区经济报告，预测委内瑞拉通货膨胀率 2018 年年底将达 1 000 000%。而据另一家当地媒体报道，委内瑞拉日通货膨胀率为 3.5%，年通货膨胀率高达 1 700 000%。

由此得见，排名第一的加拉加斯是因为经济危机导致的货币贬值，从而致使房价收入比奇高。那么，中国的房价收入比为什么也会如此之高呢？接下来，让我们分析一下热点城市房价与居民收入偏差较大的原因。

1. 中国大陆采用的是从中国香港借鉴而来的、由地方政府主导的土地拍卖制度

万通控股董事长冯仑，早在 2003 年就将房地产开发模式分为以下两类。

（1）一类是中国香港模式。中国香港是城市经济体，可供开发的土地面积极其有限，实行"低税收、高地价"政策，政府的主要财政收入来源于卖地。政府对土地实行垄断，实行高地价可给政府带来极大的收益，另外几大房地产开发商也垄断了 70% 的新房供应量。政府和房地产商博弈的结果就是"高地价、高房价、高利润"。

（2）一类是美国模式。美国是大陆经济体，土地随着城市化的进程不断被开发。在美国，土地是无限供应的，只要修路、架轨（城铁）、挖洞（地铁）就会有大片的土地被开发出来吸引大批人群去工作和居住。另外，房地产公司又充分竞争，垄断局面并不明显，因此地价、房价都由供求关系决定，房地产公司也无暴利可言。由于充分竞争和高度发达的不动产金融，房地产公司不得不采用高度专业化和以长期收益为主的商业模式，在细分市场上取胜，靠长期经营获利。

以上两种模式在本质上没有好坏之分，只有适用与否的区别。虽然中国香港的房价收入比远高于美国的众多城市，但香港的"低税收"也同样保证了经济的繁荣，促使其成为亚洲的金融中心。虽然美国的土地归个人所有，享有永久的产权，但房屋所有者每年却要缴纳高昂的房产税，而且公共设施的更新也十分缓慢。

20 世纪 80 年代前，我国曾经在西安、贵州、青岛等地进行了多次商品房

销售试点，但人们购房意愿惨淡，且房屋开发启动资金也很难筹措。而借鉴了香港土地拍卖制度的深圳，使得政府不仅不用出钱，还可以从土地中一次性获取大量现金，开发商也能通过房屋预售制度，在建成之前就从购房人手中获得购房款，对当时的中国来说，这种土地拍卖与房屋预售制度，非常先进且有效。

地方政府可以通过土地拍卖，在早期以廉价供应土地来吸引开发商建造商业楼盘与住宅。在城市发展中期，通过抬高土地价格，从而可快速获得大量的土拍财政收入，对基础建设继续进行大量投入，吸引更多人落户发展，并继续抬高土地价值，反哺城市经济，形成"城市—土地—城市"的正向循环。

但凡事有利便有弊，土地归政府所有，统一由政府进行招标、拍卖、挂牌出让，这样的垄断人为地造成了供求关系的不平衡。开发商经过了十几轮激烈的公开竞拍后，拿到了高价拍到的土地，加上建造成本、各种税费、营销成本和预期利润后，呈现在买房人面前的便是一个"让人绝望"的高房价。

2. 公共资源分布不均，为了享受城市资源需要购买房产

在过去一段时期，中国的贫富差距较大。国家统计局数据显示，我国基尼系数①自 1997 年以来，几乎一直在扩大，在 2009 年达到 0.490 的巅峰，这几年稍有回落，2017 年年末为 0.467。

这样的贫富差距，代表着资源的集中度很高，即大部分的资金集中在少部分人手中，而拥有着大部分资金的少数人群，则可以推动任何一种商品的价格上涨。优质的教育、医疗、公共设施高度集中的大城市，自然成了这些少数人群投资的绝佳选择。

一二线城市的房价这么高，不买房可以么？确实也可以不买。但这样一来，你也很难享受到作为这些城市居民而有的各种待遇，如养老、医疗、社保和子女的就地教育。大多数买房人的购房目的，根本不是为了炒房或投资，也不是为了自己，而是为了子女未来的教育。

以教育资源无出其右的北京市为例，在链家地产官网上，一套建成于 1944 年的二手房，在 2019 年的链家网挂牌价高达 137 201 元 / 平方米，位于

---

① 基尼系数：判断年收入分配公平程度的指标，其越大代表的贫富差距也就越大。0.2～0.3 视为收入比较平均；0.3～0.4 视为收入相对合理；0.4～0.5 视为收入差距较大。当基尼系数达到 0.5 以上时，则表示收入悬殊。

二环内西四地铁站旁，是其价格高昂的原因之一，但其对口的西城区重点小学黄城根小学，才是它单价逼近 14 万元的关键所在，具体内容如图 1.3 所示。

图 1.3　西城区某学区房挂牌价格

资料来源：链家地产官网

不过随着城市化的不断推进，户籍制度正在逐渐瓦解。人才新政、入学新政、租售同权，也在一点点撼动着"户口"与"学区房"这两个高房价的基石。2019 年 4 月，国家发改委印发的《2019 年新型城镇化建设重点任务》就有如下内容：

积极推动已在城镇就业的农业转移人口落户。继续加大户籍制度改革力度，在此前城区常住人口 100 万以下的中小城市和小城镇已陆续取消落户限制的基础上，城区常住人口 100 万～300 万的 II 型大城市要全面取消落户限制；城区常住人口 300 万～500 万的 I 型大城市要全面放开放宽落户条件，并全面取消重点群体落户限制。

3. 轰轰烈烈的城镇化运动与人口的积聚，拉大了城市间房价的差距

在中国轰轰烈烈的城镇化运动中，由于外来人口大量涌入，一二线城市房价不是由当地居民收入水平决定的，而是由城市经济整体财富水平、富有阶层迁入、房屋供应能力等因素决定的，因而这些城市的房价会比当地居民的平均收入高上不少。加之，人们在此时购买的不仅是房产当下的居住属性，也是他们对城市未来的预期价值。

正如贷款的本质是对未来的高度自信，人们之所以愿意负债购买北、上、深、广等热点城市的房产，也是因为对国家、大城市以及自己的未来充满信心。而中国过去数十年来的飞速发展，也确实值得人们期待。

毋庸置疑的是，在这片有着五千年悠久历史的土地上，人口从未如此这般地自由流动，而高房价只是这种自由的微小"代价"。

4. 长期的居民收入增长与货币超发，让居民手中的货币增加

国家统计局数据显示，2018年全国居民人均可支配收入28 228元，比上年名义增长8.7%，扣除价格因素，实际增长6.5%。而在1998年，这一数字才仅为5 425.05元。20年的时间，增长了5倍。居民的收入增长后，购买力也会有所提升，房产作为刚需型商品，价格也自然会随着居民收入的增加而水涨船高。

在居民收入快速增加、中国经济飞速发展的同时，也会伴随着一定程度的良性通货膨胀与货币超发，自1996年，M2/GDP① 超过1之后（1996年为1.069 1），20多年来，货币一直处于超发状态，2017年年末，M2指标值为1 676 800.00亿元，GDP绝对值为827 122.00亿元，M2/GDP更是达到了2.027 2。超发的货币，很轻易就会流入楼市，与其他因素一起，共同构筑起中国房价只涨不跌的神话。

5. 我国除房产外，居民其他投资渠道相对匮乏

久居一线城市的人可能会有一种错觉：买房的首付至少要有100万元才行。但实际上，对于不少的中国人而言，当有20万元的存款时，便可开始考虑是否需要进行房产投资了。因为我国金融市场暂时仍不完善，居民对于理财的知识也非常匮乏，而他们能够接触到的稳妥理财渠道又相对不足。因此，对于普通老百姓来说，最稳妥的投资就是背靠政府的房产。

在中国，私募的投资门槛大概是500万元，而银行理财产品的年化收益率有限，P2P风险很大，股票市场也在常年上演着"庄家割韭菜"的故事，手里有钱却没有多少理财知识和精力的普通人，自然而然会把目光聚焦到房产上。

6. 极低的房贷利率和持有成本

中国银行的商业利率，在快速的经济发展过程中，长期处于被有意压低

---

① "M2/GDP"是指广义货币与国民生产总值的比值。

的状态，不仅降低了融资成本、鼓励了投资，也加快了资本积累的速度。尤其是低息长期的公积金贷款，以及商业银行的住房贷款，几乎是一个普通公民可以享受到的国家提供的"最优福利"。

房屋贷款，即便不是公积金贷款，对于首套房的年轻人来说，也能享受最久长达30年，最低可低至4%，最高也不过6.37%的商业住房贷款（银行基准利率4.9%，不同时期会有0.8~1.3倍的情况出现），而且贷款通过率也极高。这是在其他国家根本做不到的事情。

与极低的房贷利率相伴而来的，是极低的持有成本。过去很长一段时间，房产的持有成本，除了少量中高档小区需要缴纳的物业费外几乎为零。虽说房产税的呼声极高，也一定会落实，且早在2011年便于沪、渝两地进行了房地产税征收试点。但直至2019年，仍有包括完成住房普查、明确房屋性质界定、完善税法等若干环节需要推进。

7. 房产是家庭财产的重要构成

2007年中国居民部门债务占GDP的比重不足20%，到了2017年下半年，这个比重已经突破了53%。美国用了40年的时间才完成了20%到50%的提升，在中国则仅用了不到10年的时间。可对于美国而言，居民债务中房贷的比重并不大，包括各种各样的消费贷，而中国则是因为过去一段时间的房价快速上涨，引起了一波又一波的恐慌性贷款购房，从而使得贷款激增。

但买房者，并不都是购买首套房的年轻人。援引中国家庭金融调查与研究中心《2018年一季度城市家庭资产指数报告》：

在过去十年间，新购房为首套房的占比在持续下降，新购房为第二套或第三套及以上住房的比例持续上升。2008年新购房中，首套房占比为70.3%，到2017年该比例下降至45.8%，2018年一季度进一步下降至30.8%。新购房为第二套房的比例逐年上升，从2008年的26.5%上升到2017年的39.2%，2018年一季度进一步上升到43.8%。新购房为第三套房及以上的占比也呈增加趋势，从2008年的3.2%增加到2017年的15.0%，2018年一季度进一步上升到25.4%。

这一数据表明，投资性、投机性购房，已经占到居民购房总量的半数以上。2017年，中国家庭金融调查（CHFS）和美国消费者金融调查（SCF）

数据显示，中国家庭的房产在总资产中占比为 69%，同时期美国的占比为 36%，几乎相反。

2019 年，广发银行与西南财经大学在调查国内 7 大区域、23 个城市的近万户家庭后，发布了《中国城市家庭财富健康报告》，该报告显示：从资产规模来看，2018 年我国每户城市家庭平均拥有 161.7 万元资产，户均资产不及美国家庭的 30%；从家庭财富配置来看，我国城市家庭更偏好买房，住房资产占比高达 77.7%，是美国家庭住房资产占比（34.6%）的 2 倍之多。

8. 房产是国家经济的支柱产业

世界上大部分国家的房地产总市值，可以达到年度 GDP 的 2～3 倍，且普遍是可变价财富总量的 50% 及以上，这是股票、债券、实物商品、收藏品，乃至任何资产都无法匹敌的。

经历了 2017 年至 2018 年房地产市场的上涨后，有人按照商品房成交均价、二手房成交均价，以及城市房屋保有量估算了一下，2017 年年末，我国房地产总市值已经高达 430 万亿元，这还不包括大量隐形的小产权房。而 2018 年国家统计局的数据显示，中国当年的 GDP 仅为 90 万亿元。

2017 年中国全年国内生产总值 827 122 亿元，其中房地产开发投资占比 13.2%。考虑到制造业投资一半左右与房地产相关，地方基础建设投资很大程度受地方土地财政支撑，相当一部分服务业投资，如旅游、餐饮与房地产相关，房地产产业链带动的相关投资占全社会固定资产投资的 50% 左右。

《2017 年全国房地产开发投资和销售情况》原文摘录如下：

2017 年，房地产开发企业房屋施工面积 781 484 万平方米，比上年增长 3.0%，增速比 1—11 月份回落 0.1 个百分点。其中，住宅施工面积 536 444 万平方米，增长 2.9%。房屋新开工面积 178 654 万平方米，增长 7.0%，增速提高 0.1 个百分点。其中，住宅新开工面积 128 098 万平方米，增长 10.5%。房屋竣工面积 101 486 万平方米，下降 4.4%，降幅扩大 3.4 个百分点。其中，住宅竣工面积 71 815 万平方米，下降 7.0%。2017 年，房地产开发企业土地购置面积 25 508 万平方米，比上年增长 15.8%，增速比 1—11 月份回落 0.5 个百分点；土地成交价款 13 643 亿元，增长 49.4%，增速提高 2.4 个百分点。

2018年6月，国家统计局公布的数据显示，1～5月份，全国房地产开发投资 41 420 亿元，同比增长 10.2%；全国商品房销售面积 56 409 万平方米，同比增长 2.9%；全国商品房销售额 48 778 亿元，同比增长 11.8%。

也许大家对 48 778 亿元没什么概念，2017 年"双十一"期间，天猫、淘宝两个平台再次创造了奇迹，共卖出了 1 682 亿元的商品，而 2017 年 1～5 月份，全国被各种限购、限贷、限售政策打压得很惨的房地产交易额，也要让"双十一"的销售额持续足足一个月，才能与之比肩。

既然我们已经知道中国房价收入比如此之高的原因，那么如何来降低房价收入比，如何让人们可以买得起房呢？要回答这个问题，就需要先了解一下其他国家是如何将房价收入比维持于低位的。

1.4 为什么德国的房价那么低？

德国的房价有多低？实际上远不如美国的大部分城市低。从汉堡到杜塞尔多夫再到柏林，房价也有不小的差异。以斯图加特靠近市中心的三层小楼中的一层举例，100 多平方米的住宅，房价在 20 万欧元左右，换算为人民币则不到 200 万元，虽然不算贵但仍然不能称为便宜。

可是，我们还要继续参考德国人的收入情况：世界经合组织（OECD）的数据显示，德国在 2018 年的人均月收入为 2 600 欧元，且据统计，德国人每周工作时间仅为 27.37 小时，按照 1 周工作 5 天计算，平均每天的工作时间只有不足 6 小时。再用 2 600 欧元的月收入来对比 20 万欧元的房价，1 个普通的德国人只需要不足 77 个月，也就是 6 年多的工作时间，便可以全款买下一套属于自己的 100 平方米的住宅。即便如此低廉的价格，德国的联邦统计局公布的数据也表明，在德国 8 000 多万的人口，4 000 多万的家庭中，仅有 45% 的家庭名下有自己的住房，且近 10 年来基本都是如此。

1977 年至 2018 年，德国人均收入上涨了 3 倍，但同期名义住房价格仅上涨约 60%。低廉的房价，使得德国人生活幸福指数位居全球前列，也有助于形成精益求精的"德国制造"。

为什么德国的房价那么低？以下是一些主要原因。

1. 对租房市场的严控与对租客权益的保障

德国采取强制出租政策，所有由合作社建造的住房必须用于出租，不能出售，而合作社住房占全国总数量的1/3。而且，德国的《住房租赁法》和《租金水平法》可以有效保护承租人的利益。

《住房租赁法》规定，一般的租房合同都是无限期的，承租者可以提前几个月提出退租要求，但出租者不允许主动收回房屋。《住房租赁法》还规定，房租涨幅不能超过政府规定的合理租金的20%，超过后房客可以向法庭提起诉讼，如果超过50%，房东就构成犯罪。

2. 持续的保障性住房制度与稳定的房贷制度

德国的《住房补助金法》《住房建设发》等相关法律，从制度层面保障了社会的住房供给。自1978年起，每户家庭就已经拥有1.21套住宅。除此之外，86%的德国人可以享受到不同程度的租房补贴。

与美国、中国等国家的房贷制度不同，德国实行"先存后贷"与房贷固定利率的制度。"先存后贷"，指的是需要德国人先在银行中积攒一定数额的存款之后，才能进行贷款，这个数额通常是合同金额的50%。房贷固定利率指的是不受通货膨胀和银行货币政策影响，只采取5%的贷款利率，并维持不变，这样一方面遏制了部分人的投机需求；另一方面又避免了部分人的恐慌性购买。

3. 多城市发展策略与不依靠房地产策略

据德国2006年的官方数据显示，在国土面积不足36万平方公里的状态下，德国有11个城市群，占总人数比例为71.98%，其GDP占比为73.14%。因为多城市发展，所以居民可以在全国范围内按照职业发展与兴趣随意选择工作，他们常常在柏林工作一段时间后，又搬家至汉堡生活，这也是德国人不愿买房的原因之一。

与中国、日本等国家不同，德国完全不依靠房地产的收入作为国家财政来源。相反，德国却把住房作为社会福利体系的重要组成部分，先后出台了多项举措遏制住房投机，包括对未满十年出售的住房征收25%的"资本利得税",以及给开发商设立合理房价红线,出售的房屋不得超过合理房价的20%。

除德国之外,在非洲大陆最南端的"彩虹之国"南非,一片一万平方米的土地连带其上的房产,标价仅为 499 000 兰特,折算成人民币,这块土地加房产的售价是 40 万元人民币。与中国不同的是,南非的土地是私有的,一旦购买,便可终身拥有,并可作为私人财产传给子女。但是,南非的物业税费和土地管理费很高,会按照土地面积的 10% 收取,且近些年每年都以 10% 的幅度上升。

此外,南非政府规定,需要及时维修自己的房屋,如果房屋损坏后置之不理,很快就会收到来自政府部门的巨额罚单。南非的水电费也相对昂贵,两人生活的情况下,每月仅电费就要 1 000 多元人民币。南非对于"租客"的保护,也在某种程度上压低了房价:在南非,即便租客无法及时缴纳房租,房主也不能强制将租客赶走。因为南非的贫富差距极大,所以政府也会在制度上保障穷人的基本生存权。

德国与南非的例子说明,不同国家土地和劳动力的资源禀赋不同,决定了不能简单地将房价收入比作为判断房价是否合理的标准。

房价收入比本质上反映的是特定国家或地区土地和劳动力这两种要素价格的比例关系。但是对于发展中国家,这两种关系并不"稳固",因为居民收入差距比发达国家要大,而且这些数据本身的统计口径也会有差异,各个国家的土地与住房政策,税收与传统文化,更是不能混为一谈。因此,单纯用房价收入比去衡量国家间的经济状况,不仅不严谨,还非常荒诞。

在了解这一切之后,作为年轻人该如何面对高房价呢?

1.5 年轻人该如何面对房价?

面对"高高在上"的房价时,青年人的选择并非只有抱怨与置之不理。希望还没迈出校门或刚踏入社会的年轻人,可以像面对学业一样游刃有余地面对它。

1. 与年长而开明的前辈交流

如同在学习中遇到问题一样，面对高房价最好的方法就是将自己的困惑与年长而开明的前辈交流。他们明白你正经历着怎样的阶段，现在绊倒你的不过是人生路上的一根螺丝钉，也许你百思不得其解的问题，也是他们曾经的困惑。

请不要将过多的时间用于与同龄人相互抱怨，更不要与同龄人相互攀比，虽然与优秀的同侪交流，确实有助于个人成长，但大多数时候，你们面对的都是相同的、未曾见过的难题，除了互相安慰之外，并没有多少实际的益处。你没有经历过那种买完房的踏实感，也没有体会过租房时的颠沛流离，更没有通过房产交易赚到翻倍的财富，因此就很难做出真正客观冷静的决策。

2. 阅读可以解答自身疑惑的书籍

虽然与学习不同，人生没有标准的答案，但人生中的每一个苦恼，都可以在恰当的书中找到解答。与那些跨越时间与空间，经历无数次删改，才能付梓印刷的文字互动，你定会得出属于自己的答案。

当你理解了高房价产生的原因，懂得房地产运行的规律后，自然就会消除愤恨与迷茫的情绪。王小波曾说："人的一切痛苦，本质上都是对自己无能的愤怒。"而知识，则是可以武装自己的最佳武器。通过阅读本书，也希望你能够收获从容，做出最佳的买房决策。

3. 逆向思维，换位思考

就像解题一样，很多的难题当我们用正向的思维去思考时，往往困难重重，而一旦选择了逆向思维、调换角度，便能迎刃而解。关于高房价的困惑，也是如此。

笔者至今仍然记得那个在大学思政课堂上抨击高房价的自己，但万万没想到，刚出大学校门的自己，就成了一个房地产营销从业者。但也正是如此，让笔者得以从开发商、卖房人的角度，去看待高房价。

其实，开发商和销售员所期望的并不是房价有多高，而是"成交"：开发商要的是"高周转"和"现金流"，而销售员要的是卖房的"佣金"。他们并不是高房价的幕后推手，也并不是与买房者站在水火不容的两端。

4. 不要在情绪的裹挟中过早地做决定

如果在你看来，你的人生有买房之外更精彩的可能，如果你可以说服自己的父母、伴侣接受自己一辈子无房，其实不买房也无妨。这是一部关于房产的书籍，但并不是一本怂恿你买房的书。你作为具有自由的个体，拥有自我决定的权力。

只是作为一个过来人，笔者希望年轻人不要急着去做决断，而是应在未来获得了买房的资本与资格后再重新思考。不要在冬天的时候砍树，因为你看到的只是光秃秃的树干，也不要在心情不好时做决定，这样只会让后来的自己追悔莫及。年轻人首先要做的，是让自己更加强大。在没有足够话语权时，在对一个事物还没有整体的认知时，你可以先保留自己的想法，并以质疑的眼光审慎求证，或许在了解情况之后，你就会有微小的改变。毕竟，当你开始租房后，才会知道：为什么那么多人，拼了命也要买一套属于自己的小房子。

第2章
生活于出租屋中的年轻人
——未曾漂泊，不足以谈人生

予观夫租客惨状，在城市一隅。黑中介、烂房东，浩浩汤汤，"坑"无际涯，欺诈手段，层出不穷。此则房客之大悲也，前人之述备矣。然则无人整理，良莠不齐，新新租客，难辨真伪，租房之痛，如何救乎？

先看看下面这个故事。

2.1 租房青年之"中介奇缘"

本故事由真实案例改编而成

叶子（化名），女，22岁，从事广告策划行业，应届毕业生。与其他所有人一样，叶子一出校门就有了租房的需求。可怎么找房子呢？叶子先去公司附近的房屋中介问了下价格，发现中介费要一个月的房租，她嫌太贵。所以她决定在网上找房东直租，闲鱼、58同城、豆瓣租房小组，她都不放过。皇天不负有心人，终于在豆瓣上刷出一个标有"房东直租""无中介费"，照片也非常精致的房源，价格还比其他房源便宜200元。

叶子在帖子下发现了电话，于是开开心心地打了过去，对方很爽快，约定第二天上午看房。"嘿，遇到了个有空的房东，我真是幸运"，叶子想。第二天上午，叶子准时去了预定地点，到了之后才知道对方是个中介。但对方保证，因为他们把房东房源直接租过来，装修后再租出去，所以他们本身就是房东。中介还承诺，绝对不收叶子中介费。接下来，这位中介会经常出现，我们就称他为"片子"（化名）。

　　来都来了，叶子也懒得折腾，而且片子也说不收中介费，房子还便宜200元，不如看看再说。叶子跟着片子，开始看房了。进去后，叶子发现房间灰暗，长长的过道，网上的照片根本都是假的。原来，片子把房子租来后，对房间进行了"改造"，原本的客厅和厨房都没了，硬生生地把三居室变成了五居室。叶子也是有常识的，说道："你们这是隔断，违法的。"片子回答："北京房租贵，不这样，你哪能在这么好的地段租到这么便宜的房子？这样吧，如果你诚心租，我可以跟主管申请，每月再便宜50元。"

　　"又便宜了50元，这下可就便宜250元了，反正自己天天加班不做饭，只是把这当作睡觉的地方，还可以将就。"叶子内心动摇了。但是，房间里除了一张床，什么都没有，这就让叶子为难了。难道其他的家具、家电，都要叶子自己买么？片子看出了叶子的疑惑，主动说："放心，你先住进来，咱们签好合同，我们下周开始就把家具、家电配齐。"于是，叶子彻底放心了，也没注意卫生间里老旧的洗衣机、污秽的坐便，更没有主动去问其他租户的租房体验，便决定和中介签约。但是，习惯性纠结的叶子还是决定回家想想，货比三家。片子这时有些为难，对叶子说："昨天有个客户已经想要这间了，今天上午打电话告诉我把房留给他，可是公司规定，谁先签合同，就把房给谁"，他怕叶子回家一考虑，煮熟的鸭子就进了别人的嘴里。

　　在叶子犹豫的时候，片子又说："房东直租，都是押一付三，跟我们，只需押一付一，每个月还有保洁，多好？"最终，叶子当即签了约。拿过合同，叶子正准备看时，片子说："一看你就是第一次租房，我们这是公司统一的合同，根本不允许修改，直接签就成。"叶子想了想，反正押一付一，也没多少钱，就直接签了字。

　　签了合同，交了押金，片子才告诉叶子，因为他们提供保洁和管理服务，所以，叶子还要再交保洁费和管理费。不过也不多，加起来每个月才200元。但需要提前支付一年的费用，叶子由于知道其他的中介也会收这笔钱，虽然有些失望，但还是交了2400元。接下来，片子又说，虽然约定是一年，但因为中介和房东签的主合同是11个月，这一次和叶子的合同，也是先签11个月，但最后一个月还让叶子住，绝对没问题。付款时，片子直接让叶子办理某互联网金融平台的租房分期。片子说，他们和这个平台有合作，以后叶子不用每个月把钱给片子，可以自助缴款，非常方便。不过，叶子看了下说明，原来这个平台每个月还会收取租金4%的手续费，她还是有些心疼。

就这样，从最初找房子到办完手续，叶子还没用完24小时。拿着片子给的合同，叶子感到一丝成就感。但后来，叶子才明白当时的自己超级傻。因为片子拿走了钱后，就不怎么管叶子了，起初她还担心自己被骗，但还好片子真的是个中介，因为她真的可以住在房子里。只是片子说好的柜子、椅子、空调，叶子直到搬走，都没有见到。给片子发的所有微信，从未回复，打电话也是爱答不理。叶子本想拿着合同去告他，但却发现合同里原本就没有桌、椅、电器的条款，全部都是关于她应负的责任。本想退租，但是自己已经通过网贷平台支付了全年的租金。叶子死了心，才自己买来家具、家电，解决了生活所需。再后来，叶子渐渐知道，所谓的保洁服务，其他室友从来都没见过。厕所旁边的洗衣机，还在5户人每天频繁的折磨下"寿终正寝"。但无论叶子和室友怎么联系片子，他都不派人维修。就这样，拖了足足1个月，室友们没办法，才凑钱请了师傅。再后来，灯泡坏了、马桶出毛病了，他们也不再麻烦中介，自己动手、丰衣足食。

到了租房的第10个月，也就是叶子名义合同租期的1个月前，片子终于主动联系叶子了。片子告诉叶子，需要在15天内搬走，或者再签一年的合同，不过房租要涨300元，理由是房东对他们也涨价了。叶子冲着片子吼道："说好的让我住满一年，结果你言而无信，最后的一个月也不给我住，还要提前赶我走，就15天你让我怎么找房子？"片子解释道，"他也没办法，房东就是这样，但只要叶子再续签，就不需要搬。"后来叶子才知道，之所以有一个室友去年续租了，就是提前15天才告诉他要搬家，嫌麻烦，便续签了。叶子早就受够了这里，再也不会继续续租。最终，她搬了出去。

但搬走后的叶子，跟其他室友一样，直到现在，也都没要回自己的押金。而关于押金，中介说搬离后要扣除打扫房间的保洁费300元、电器维修费300元、每个人的水费400元（电费是室友们实用实交），杂七杂八，叶子的押金还应该退回1 400元，但需要在叶子本人退房后的7个工作日内退还，否则还要扣违约金。叶子当真在7个工作日内去了片子的公司，这是叶子第二次见到片子，也是最后一次。可片子说，因为领导不在，不能签字，所以叶子只能下次再去。过了两天叶子再去，这一次是片子不在，叶子依旧退不了。叶子最终崩溃了，一个普通的上班族，怎么可能为了1400元天天折腾。她这时才意识到，片子就是骗子，她的押金永远也退不回来了。而叶子也不会为了1400元去打官司，因为她知道，很多人被黑中介吞了三、四个月的押金也是有的，这1400元，就当作买了个北漂的"学费"。在新租的高价品牌公寓内，叶子呼吸着房间内因首次出租而弥漫着的浓浓甲醛，进入了甜甜的梦乡。

故事讲完了，让我们梳理一下整个过程中叶子都遇到了哪些租房陷阱？

1.冒充房东，发布不实信息

在豆瓣上刷出了一个标有"房东直租""无中介费"，照片也非常精致的房源，留了电话，价格还比其他房源便宜200元。

豆瓣、58同城、闲鱼等开放式平台上，常有很多中介伪装成房东，等到租客现场看房时，才亮明身份，以此吸引租客上钩。

注意：真房东不会在各大平台每天都发3～4次相同房源的信息，真房东也不会直接公开自己的电话，真房东的房源更不会比同区域其他同质量房源租金低超过20%，真房东也不会一天24小时随时守候在手机旁，还把每间房都拍出样板间的效果。在58同城、闲鱼等网站上，我们可以点开发布者的历史消息，一旦发现以上任何一种行为，90%的可能性是中介。

简而言之，真房东一般都是"高冷范儿"，因为其往往有自己的事业，没有太多闲暇时间与你交流；中介都是"热心人儿"，因为他的职业就是把房租给你，所以心里、眼里全是你。

2.以不收中介费、廉价为由，留住租客

他还承诺，绝对不收叶子中介费。

中介不收中介费，就一定会从其他地方收费，如服务费、管理费、清洁费，甚至将其直接算在每个月的房租里。而房租廉价，也一定会从其他地方节省出成本，如隔断间、廉价的家具家电、低劣的服务等。虽然房东的房子可能便宜又好，但中介的房子，绝对是"一分价钱一分货"。

3. 改变房屋居住属性，违法隔断

片子把房子租来后，对房间进行"改造"，原本的客厅和厨房都没了，硬生生地把三居室变成了五居室。

《商品房屋租赁管理办法》中规定，出租居住房屋的，应当以一间按照住宅设计规范设计为居住空间的卧室或者起居室（厅）为小出租单位，不得分隔搭建后出租。按照住宅设计规范设计为餐厅、厨房、卫生间、阳台、过厅、过道、贮藏室、地下室、半地下室等其他非居住空间的，不得出租供人员居住。但客厅可以作为出租单位向外出租供人居住，前提是符合各个城市最小租住面积的规定，以及城市租房法规的规定。

以北京市为例，北京市《关于公布本市出租房屋人均居住面积标准等有关问题的通知》规定，出租房屋应当以原规划设计为居住空间的房间为最小出租单位，不得改变房屋内部结构分割出租，不得按床位等方式变相分割出租。厨房、卫生间、阳台和地下储藏室等不得出租供人员居住。据此规定，房屋出租的，必须按照建设时原有的房间出租。自行分割，将一个房间分为2个以上的，都属于违规行为。

4. 口头承诺，事后否认

片子看到了叶子的疑惑，主动说："放心，你先住进来，咱们签好合同，我们下周开始就把家具、家电配齐。"

对于口头承诺的内容，最好的办法就是落实于合同之中，并且在对话时就进行录音，如果都无法做到，至少也应有相关内容的聊天记录。这样，对方即便想否认，也无可奈何。

5. 利用网贷平台，套取全年房租

付款上，片子直接让叶子办理某互联网金融平台的租房分期。

办理租金贷款本身并不是违法行为，但是租金贷款的办理，无形中增加了租客的租房成本，也让长租公寓公司可以利用从金融平台直接收到的全年房租来高价收房，这样不仅很容易推高当地的房租价格，而且企业也可能因为资金链断裂而直接破产。

因此，作为租客，应尽量规避租金贷这一形式，而如果租房时只有这一种付款形式，那就应立即离场，因为这很有可能是一场"黑中介"的骗局。

6. 逃避履行房东应尽的义务

厕所的洗衣机，终于在5户人每天频繁的折磨下"寿终正寝"。但无论叶子和室友怎么联系，片子都不派人维修。

遇到此类明显的违背合同法的行为，可直接拨打"12345"黑中介投诉热线。

7. 提前清退租户，蓄意涨价或侵吞押金

到了租房的第10个月，也就是叶子名义合同租期的1个月前，片子终于主动联系了叶子。片子告诉叶子，需要在15天内搬走，或者再签一年的合同，不过房租要涨300元，因为房东对他们也涨价了。

原本12个月的合同，只签11个月，并在第10个月清退租客，是"黑中介"的惯用伎俩。如果发现此类套路，最好的策略就是"不租"。如若租下，就要做好扯皮的准备。

8. 装修后空置期短，甲醛超标，危及租客健康

在新租的高价品牌公寓内，叶子呼吸着房间内因首次出租而弥漫着的浓浓甲醛，进入了甜甜的梦乡。

在我国目前的租房法律中，"甲醛超标"并不违法，而且责任认定也非常困难，遇到此类情况，租客可以要对方提供空气检测证明，要么确认房间非首次出租并已经使用超过半年，要么立即离开，不再继续租住。

2.2 遇到租房侵权，应该怎么办？

国务院办公厅于2016年5月17日发布的《国务院办公厅关于加快培育和发展住房租赁市场的若干意见》中明确指出，应健全法律法规、落实地方责任、加强行业管理。不过对于普通租客，最好还是应防患于未然。

尽量选择房东直租，正规中介，实地看房，然后给自己至少1个小时的

犹豫期，签合同时注意阅读每个细节，并录音、留下微信聊天记录，索取对方公司、个人的营业执照与身份证信息。

但是，如果还是不幸被侵权，又该怎么办？此时，可收集好房东或中介的身份证、通信地址，相关租房合同以及提供房东违约的证据（微信聊天记录或录音等）。之后，再按照次序，先曝光、再投诉、再诉讼，具体步骤如下。

①可先在各个社交网络上对房东的行为进行曝光，将曝光链接发给房东，用舆论迫使房东履行合同；②拨打12345市民热线，对房东的恶劣行为进行检举，由政府相关部门督促房东履行合同；③最后，撰写诉状，前往事发地法院上交诉状，以法律诉讼强制房东履行合同。

这里需要说明一下，因为租房纠纷涉及的"标的额"很小，所以无须请律师，只需在诉讼时交纳各项诉讼费用即可。如果不清楚相关费用，可以搜索"诉讼费计算器"，以涉案财产5 000元计算，所需缴纳的费用包括：受理费50元，执行费50元，保全费70元，共计170元整，还可以在诉讼中，申请由败诉一方支付。下面，是笔者给叶子提供的租房诉讼模版。

民事起诉状（通用）

原告：叶子（租客），女，汉族，1995年5月5日生，住址（联系地址），联系方式（电话）

被告：片片资产管理（北京）有限公司

法定代表人：片子

住所地：北京市朝阳区片片路233号

联系方式：12345678910。

诉讼请求

1. 判令解除双方签订的《房屋租赁合同》；
2. 判令被告支付原告违约金1 500元；
3. 判令被告返还原告房屋租赁费用7 500元。

事实与理由

2017年10月1日（时间），叶子（原告）、片子（被告）（人物）签订《房屋租赁合同》（事件），约定：由原告租赁被告位于北京市朝阳区金盏楼梓庄村7号2幢1002室朝北次卧，租期自2017年10月5日至2018年9月

> 5日，月租金2 500元，付一押一，被告按照居住标准向原告提供房屋，含冰箱、洗衣机、热水器等电器，若双方违反本合同约定，承担20%的违约责任。（简要描述合同内容）
>
> 原告依约支付房屋租赁费用和押金共计7 500元，于2017年10月5日入住该房屋，入住第二天，原告发现热水器无法使用，天气寒冷，遂告知被告维修或更换热水器，但被告提出由原告及其他租客凑钱更换，双方意见分歧。（过程描述）原告多次找被告协商解除租赁合同退还租赁费用，均无果。
>
> 根据《合同法》第94条、《民事诉讼法》第21条等相关规定，因当事人一方迟延履行债务或者有其他违约行为致使不能实现合同目的，当事人可以解除合同。原告为维护自身合法权益，特诉至贵院，望判如所请。
>
> 此致
> 北京市朝阳区人民法院
>
> 具状人：叶子
2018年4月15日

最后，让我们总结一下，如果遇到房东、二房东、中介侵权时，我们该如何维护自己的权益？

（1）收集：收集对方侵权的证据，包括但不限于聊天记录、语音、图片。

（2）曝光：将相关问题曝光于微博、公众号、知乎等社交平台，并将相关链接发送给对方，以舆论压力促使对方停止侵权。

（3）投诉：12345市民热线中，有专门的"黑中介"投诉热线，说明具体情况，并告知对方自己希望的维权结果。

（4）诉讼：整理相关投诉材料，包括对方姓名、住址（公司名称、公司地址）等，按照民事起诉状模版进行撰写，并邮寄给当地法院。

2.3 当今房客处于一个怎样的租房时代？

据国家统计局2018年数据显示，我国目前在籍人口为13.83亿人，其中

2017年的流动人口规模近2.5亿,而以租住私房作为居住模式的人数占到流动人口的67.3%。贝壳地产研究院的数据显示,实现"租购并举"的发达国家,租房率高达35%以上,而我国当下的租房率仅为21%。

之所以只有这么低的租房率,是因为中国当下的租房环境:①"黑中介"十分普遍;②无理房东随处可见;③奇葩室友频频出现。甚至有时,房东突然有一天告诉你:"房子我卖出去了,一周之内请搬走。"房子是租来的,生活却不是,但若一不小心租到了"坏房子",完全可以毁掉美好的生活。

好在这一代年轻人已经完全拥抱互联网,更可贵的是,他们已开始逐渐学会用法律的武器、合理的渠道来维护自己的权利。而租房市场,也一定会在租客维权意识提升以及国家"租售并举"的双重推动下越发完善。

刚毕业的年轻人,往往没有较高的工资,只能租住于相对廉价的出租屋内。笔者在北京的双井,曾经见到过图2.1中的合租环境。

图2.1 凌乱的群租屋

在一个三居室里,密密麻麻地塞满了上下双层的床铺,即便是客厅与阳台的空间也被床铺占满。不足100平方米的空间里,拥挤着36个"床位",却只有一个卫生间、一个厨房。逼仄的空间,凌乱的物品,拥挤的住户,这就是当下存在于大城市中真实的租房情况。这种群租房的出现,往往是因为经济因素所致。"过度的拥挤,是因为极端的贫穷。"

而类似的现象,在曼哈顿、伦敦、柏林、纽约、芝加哥等大都市同样存在过,历史的发展如此相似。19世纪初的曼哈顿,城市规划师彼得·霍尔(Peter

Hall）在《城市的可怕之夜》中这样描述道：

"在一个宽200英尺（61米）、长400英尺（122米）的地块中，挤进了31座出租公寓楼，共605个独立住宅单元，居住了2 781人，但仅有264个抽水马桶，没有一间浴室；其中，有441个房间没有任何通风，另外635个房间仅仅通过一个狭长的通风井通风。"

20世纪的芝加哥，玛格丽特·格莱布（Margert Garb）在《城市的美国梦》中指出："美国委员会的劳工研究表明，有73%的芝加哥人只能使用户外的厕所。"

在国家经济快速发展的过程中，一段时期的贫富差距以及大城市的"贫民窟"现象，是必然会存在的问题，但却并不是无法解决的问题。当前，纽约、东京、墨尔本的高层小公寓，中国香港的"太空舱"，以及北京、深圳的廉租房，都在一定程度上解决了这样的"大城市病"。只是一切问题的解决都需要时间。

2.4 未来可不可以一辈子租房？

在发达国家，确实可以。

法国从1956年开始，遵循"高收入者买房，低收入者租房"的原则，出台了一系列法律法规，保障低收入者的住房权利，使法国的租房比例占到全部住房的45%，其中37%的家庭租住在社会公益型住房中。

澳大利亚则一直拥有梯度房产税，当高于某一额度时就会开始征收，且房产税额度为每年总房款的1.2%～2%。与此同时，租客的权力也十分大：只要租客没有找好其他的住处，房东就不能让租客搬走，且不能增加房租。

2017年是中国"租售同权"的元年：7月17日，广州市率先推出"租售同权"。同年7月18日，住建部、国家发改委、公安部等九部门联合发文，要求加快大中城市发展住房租赁市场，并选取广州、深圳、南京、杭州、厦门、武汉、成都、沈阳、合肥、郑州、佛山、肇庆12个城市，开展首批住房租赁试点。同年8月17日，北京市发布《关于加快发展和规范管理本市住房租赁市场的通知（征求意见稿）》，短短一个月之内，"租售同权"的概念已经"遍地开花"。

随着中国住房租赁市场的日益健全，相关法律的逐渐完善，居民文化素质的日渐提升，"租售同权"等保障租客权利的政策推进，以及各类公租房、保障房、廉租房、共有产权房、长租公寓的崛起，相信在不久的未来，中国一定可以发展出与发达国家类似的成熟住房租赁市场。相信未来，我们真的可以在中国放心地租一辈子房。但是，我们也应看到，距离这一目标确实还有很漫长的一段路要走。

　　因此，我们应当从租房出发，先成为一个知法、懂法、守法、用法的好租客，再一点点扭转这个在我们眼中有些不太完美的社会。如果你想了解更多关于租房的内容，也建议去看一看笔者和朋友合著的电子书——《租个好房子：租房青年生存指南》。

第3章
辗转于城市间的年轻人
——大城市的床，小城镇的房

"毕业几年后，我渐渐意识到选择比努力更重要。"

高剑（化名），26岁，产品经理，北漂，毕业于北京科技大学。高剑毕业后回到了家乡河南省安阳市，并与自己的高中同学在工作后的第二年买房结婚，他们婚后的生活虽称不上十分完美，但也算恬淡美好。只是在高剑的心里始终有一道过不去的坎：他想干出一番大事业。

不过，他毕业后的第一份工作，是通过亲戚托"关系"找到的，在当地一家茶叶公司做秘书，每日朝九晚五，从不加班，工资也只有几千元。虽然小城市的工资很低，但好在消费也低。

"毕业后我在北京曾拿到过几个非常不错的Offer，但因为家庭的原因，还是回到了家乡，当看到自己的大学同学在朋友圈里经常晒加班、晒在北京的吃喝玩乐，想到自己曾经也热血过，心里非常不甘。"

毕业的第三年，高剑最终还是带着自己的老婆"杀"回了北京。现在的他，是一家互联网公司的产品经理，老婆也找到了一份英语教育机构的工作。虽然二人的工作压力不小，但他觉得这样的生活才是自己想要的。

谈及对城市的选择，高剑说："虽然北京有很多不尽如意的地方，但在北京，我可以赚到更多的钱，更好地实现自己的价值。虽然在加班过度时也怀疑过人生，甚至也有过辞职回家的冲动，但我内心还是喜欢北京，因为这里有我想要的一切，但家乡还没有。"

毕业之后，我们是应该留在大城市，还是回小城市？去一、二线城市，还是三、四线城市？对城市的选择，是每个年轻人都要慎重思考的问题。

在我们的一生中，会与若干城市产生关联：祖籍所在的城市、出生的城市、成长的城市、求学的城市、工作的城市、旅游的城市、买房的城市、养老的城市。有的人，会把万千城市化为一个，"生于斯、长于斯，也长眠于斯"，但对大部分人来说，一生总会穿过很多座城市，并在几个城市中选择去留。这时，我们应当如何进行抉择才最为明智、最为妥当呢？

3.1 用于辅助决策的城市数据与排名

如果你暂时还没有思路，不如看看其他人关于城市的选择。

《智联招聘 2018 年大学生求职指南》中的数据显示：

在 2018 年应届毕业生眼中，期望就业地比例最高的是新一线城市，占比为 40.18%，同比上升了 2.68%；二线城市获得青睐的程度有所上升，占比为 25.94%，同比上升了 4.74%。对比 2018 年应届毕业生实际签约数据可以发现，实际签约地点比例最高的依然是新一线城市，占比为 34.47%，而一线城市的实际签约率为 29.29%。

无论是对高校毕业生的吸引力，还是最终就业的实际吸纳能力，以成都为代表的新一线城市已经成为吸引人才的"新磁场"。除智联招聘外，麦可思研究院的调查结果则显示：2018 届毕业生就业首选"新一线"城市比例（37%）超越传统一线城市（31%）。

猎聘发布的报告同样显示：

从 2016 年四季度到 2018 年一季度，在全国人才净流入率方面，一线城市的排名相对靠后。深圳、上海、北京、广州分列第 5 名、第 11 名、第 12 名、第 14 名，人才净流入率分别为 9.62%、6.87%、5.65%、5.03%。

可以看出，"新一线"城市、一线城市、二线城市是毕业生选择的主要方向。人口仍然在向大城市集聚，只不过正从"北、上、深、广"的"四选一"，变为在"一线城市""新一线城市""二线城市"中进行选择。

1. 中国城市商业魅力排行榜

中国城市商业魅力排行榜,每年都会由"新一线城市研究所"整理发布,"新一线城市研究所"是《第一财经周刊》一个定位于做城市数据的团队。该团队会依据最新一年的170个品牌商业数据、19家互联网公司的用户行为数据,以及数据机构的城市大数据,对中国338个地级以上城市进行排名。该指标使用了商业资源集聚度、城市枢纽性、城市活跃度、生活方式多样性和未来可塑性五大指标,并采用了一级指数的权重,以新一线城市研究所专家委员会打分的方式计入,二级指数以下的数据,则采用主成分分析法的算法指标。以此综合计算得到的2019年的排名结果如下。

4个"一线城市"依次为:**上海、北京、深圳、广州。**

15个"新一线"城市依次为:**成都、杭州、重庆、武汉、苏州、西安、天津、南京、郑州、长沙、沈阳、青岛、宁波、东莞和无锡。**

30个"二线城市"依次为:**昆明、大连、厦门、合肥、佛山、福州、哈尔滨、济南、温州、长春、石家庄、常州、泉州、南宁、贵阳、南昌、南通、金华、徐州、太原、嘉兴、烟台、惠州、保定、台州、中山、绍兴、乌鲁木齐、潍坊、兰州。**

70个"三线城市"按照次序依次为:**珠海、镇江、海口、扬州、临沂、洛阳、唐山、呼和浩特、盐城、汕头、廊坊、泰州、济宁、湖州、江门、银川、淄博、邯郸、芜湖、漳州、绵阳、桂林、三亚、遵义、咸阳、上饶、莆田、宜昌、赣州、淮安、揭阳、沧州、商丘、连云港、柳州、岳阳、信阳、株洲、衡阳、襄阳、南阳、威海、湛江、包头、鞍山、九江、大庆、许昌、新乡、宁德、西宁、宿迁、菏泽、蚌埠、邢台、铜陵、阜阳、荆州、驻马店、湘潭、滁州、肇庆、德阳、曲靖、秦皇岛、潮州、吉林、常德、宜春、黄冈。**

2. 中国城市安居指数报告

2019年2月28日,58同城、安居客联合上海师范大学房地产经济研究中心,从宜居环境、城市关注度、买租房成本、生活成本四大维度入手,分析得出35个重点城市的安居指数,表3.1是相应的排名。

表 3.1 35 个重点城市安居指数排行榜

排名	城市	得分	排名	城市	得分	排名	城市	得分
1	成都	1.09	13	沈阳	0.54	25	昆明	0.43
2	深圳	0.87	14	福州	0.53	26	太原	0.41
3	北京	0.82	15	宁波	0.52	27	兰州	0.41
4	西安	0.78	16	郑州	0.52	28	南京	0.40
5	上海	0.77	17	杭州	0.49	29	石家庄	0.38
6	重庆	0.77	18	大连	0.49	30	呼和浩特	0.38
7	广州	0.75	19	南昌	0.49	31	济南	0.37
8	武汉	0.62	20	海口	0.49	32	长春	0.36
9	西宁	0.61	21	天津	0.48	33	南宁	0.34
10	厦门	0.60	22	银川	0.46	34	乌鲁木齐	0.34
11	长沙	0.58	23	青岛	0.44	35	哈尔滨	0.28
12	贵阳	0.55	24	合肥	0.43			

根据 58 同城、安居客《2018—2019 中国城市安居指数报告》显示，北京排名城市关注度指数第一名，其次是重庆、西安、上海、成都等城市。北京的租房搜索关注度和买房搜索关注度，分别排名全国第一名和第三名，从这两点可见，北京是全国人才的首要流入地。

此外，重庆的买房搜索关注度和租房搜索关注度，分别排名全国第一名和第六名，是外省市居民买房的重点城市，其城市关注度也超过上海、广州、深圳等一线城市，排名全国第二。重庆推出的众多人才落户优惠政策，使之成了人才的"大吸盘"。而重庆较之一线城市更低的房价，让人才落户具有更高的可能性，也使得重庆成为购房者关注的焦点。

在宜居环境方面，58 安居客房产研究院数据显示，深圳的宜居环境指数名列第一，其教育、医疗、交通、环境治理等方面均在全国前列。值得注意的是，深圳人均教育财政支出为 11 209 元/人，居全国首位，远高于第二名的北京。深圳的医院覆盖率、公路覆盖率、空气质量指数也在全国名列前茅，优美的环境、优质的资源、优秀的服务，使深圳成了理想的宜居城市。宜居指数紧随其后的是厦门、宁波、上海、福州、海口等沿海城市。在这一维度的评选中，南方城市普遍表现较好，尤其是沿海城市几乎占领了前十名。其中，上海的宜居环境指数排名全国第四，主要由于医院覆盖率、公路覆盖率较高，上海的医疗条件好、城市交通相对便利。但作为人口密集的城市，上海的通勤距离较长、拥堵指数较高，这也让上海的宜居指数有所"减分"。

以上罗列的只是一些导向性的评分，回到"城市选择"的问题本身，还需自身进行客观全面的分析。鞋舒不舒服，只有脚知道，城市合不合适，只有你知道。

3.2 关于城市，你需要了解的一些"真相"

在选择最适合自己的城市方面，你并不需要成为城市规划专家，但至少应该知道城市可以被规划。你无须研究人口流动，但可以通过他人的研究成果来辅助自身进行决策，最好也知道一些城市数据背后的逻辑。以下是关于城市，你需要了解的一些"真相"。

1. 城市环境和外在因素对个体的影响，比大多数人想象的要大得多

"英雄造时势，还是时势造英雄"似乎没人能说得清楚。但在恶劣的环境下、浮躁的氛围中，仍能不忘初心、不受影响的人，值得被每一个人称赞。对于大多数人而言，环境、城市、家庭都会对其思想乃至命运产生重大的影响。

我们都知道海洛因会让人上瘾，但我们却不知道糟糕的环境更容易让人沉迷于酗酒、赌博与毒品。1970年，一位名叫Bruce Alexander的科学家为了验证环境对成瘾的影响而做过两组实验：实验组和对照组都分别提供了纯净水和装有海洛因水的两种饮用水。但对照组是普通的小白鼠饲养箱，小白鼠在其中孤独、单调，只有两种水和按时投放的饲料。实验组则除了两种水和食物之外，还有其他小白鼠，以及花草、玩具和更广阔的活动空间。实验的结果是：对照组小鼠全部对海洛因上瘾，且无法自拔；实验组小鼠全部都只喝纯净水，且没有任何对海洛因上瘾的表现。

这一结果不仅揭示了"上瘾"不单是由上瘾物（如毒品）本身导致的，更是受环境的影响，这也让我们从侧面看到了"原生家庭"与"社会大环境"（包括城市环境）对个体的深远影响。

你所在的城市，决定了你的视野，也影响着你的未来。小城市有小城市的惬意舒适，但也有甩不开的裙带关系和人情世故，对于一个想要有所作为的年轻人，最应该前往的是充满活力、拥有最多聪明头脑与最佳机遇的大城市。

2. 人口的自然流动应该被鼓励，而非抑制

我国自古就有安土重迁的传统，直至今日，人们的乡土情结和部分区域的户籍限制制度，依旧阻碍着人口的自由流动。

陆铭在《大国大城》中写道："在货币一体化的区域（或者国家），人口的自由流动是必需的，否则地区之间的劳动生产率趋同就难以实现。欠发达地区劳动生产率较低，如果人没有流动起来，社会福利、公共服务的支出却是刚性的，工资调整又面临障碍，想通过货币政策来促进经济增长也是不行的。于是，靠举债来弥补收入与支出之间的差额就难以避免。目前，部分城市的财政赤字、新城变鬼城、资源浪费，就是资源流动与人口流动脱节的表征。"

在一个可以自由流动的国家或地区，人们会朝着更易生存、更易赚钱的地方涌去。直到该地区与其周边地区的收入差距相差不大时，才会停止流动。在经济学中，用区域经济份额与区域人口份额的比值来表示这种关系，全球高收入国家 50 万人以上城市功能区的经济／人口比值的中位数为 1.01，平均值为 1.07，而由于户籍制度的存在，北京、上海的这一比值高达 1.9，这也注定了会有大量人口涌入早已"人满为患"的城市。

3. 互联网不仅没有削弱"距离"，反倒促进了线下交流与人口集聚

爱德华·克莱泽（Edward Glaeser）在《城市的胜利》中写道："尽管长途旅行或者从密苏里州到阿塞拜疆的远程办公已经变得非常方便，但还是有越来越多的人正在越来越近距离地聚集在大型的城市地区"。

网络出现之初，我们曾天真地以为人们可以完全"线上办公"，而不再需要"聚群而居"。但经过数十年的发展后，我们惊奇地发现："人们更加密集地聚居到了一起，以互联网从业人员为例，他们大都密集地集中于少数城市的特定区域，如北京的后厂村、中关村。"人们越是在网络上了解了大

千世界，就越渴望在现实中体验那种身临其境的感觉。线上培训、网络交流，不是真实生活的替代品，而是加强剂。许多真正的知识、技能乃至创新，都不是通过阅读与学习获得的，而需通过深入一线的实际接触而掌握。

互联网通过新技术发展降低人类的沟通成本，增加了信息传输的速度；城市则通过人的聚集提高了效率、降低了生产成本。即便是时下大热的电子商务与物联网，也需要依托于密集的人口和相对低廉的人力成本。

4. 在中国，不同城市间的差异比不同国家间的差异还要大

中国幅员辽阔，但自古以来就有着从政府层面限制人口流动的举措。在中国人的文化传统中，土地情结和安土重迁的思想也抑制了人口流动。在这样的大背景下，南方某些省份之间，即便相隔百里的两个村镇之间，也有着迥然不同的方言和习俗。

中国不同城市之间的差异，甚至比不同国家之间的差异还要大。自改革开放以来，"先富带后富"允许了差异化发展，东南沿海各个省份，快速拉开了与西部诸省在经济方面的距离。发展至今，即便在国家大力倡导均衡发展的背景下，我们依然可以看到"北、上、深、广"四个一线城市与二、三线城市，以及小县城之间的巨大差距。

仅从房价这个侧面分析，北京、上海、深圳、广州的房价虽一直在调控，但自1998年起，就几乎一直在上涨。相较而言，其他的二、三线城市乃至"十八线"城市的房价，虽都有明显的涨幅，但却难以比拟。而房价背后城市价值的提升，就更无法估量了。

5. "在集聚中走向平衡"是区域经济学的精髓

不要持有"大城市的人已经很多了，怎么可能还有那么多的工作机会等着我呢？"这样的观点，也不要抱有"在大城市与我有相同能力的人太多，只有在小城市里我才是有价值的"这样的想法。农耕社会中，在同等的土地上确实无法养活足够多的人，所以才需要分散。但在现代社会里，第二产业与第三产业只有集聚才能降低成本、增加效益，并创造更多的价值和就业机会。中国真正的问题，是人口的集聚落后于经济的集聚。

在"东德、西德"统一之初，"东德"的收入不及"西德"的一半，其

后的 20 年，"东德"的人口大量流入"西德"地区，当东部地区的薪资也达到了西部的 80% 时（2014 年数据），才基本上达到了"平衡发展"。

北、上、深、广这类大城市更能为年轻的创业者提供资金、团队、交流与机遇，也更能为每一个有能力、不怕吃苦的年轻人提供实现梦想的舞台。除此之外，随着人们收入的增长，大城市也能为高净值人群提供更好的社会服务与配套资源。

6. 轰轰烈烈的城镇化运动之后，是城市群崛起的大时代

2005 年 10 月，中国住建部出台了《关于推进东北地区棚户区改造工作的指导意见》，给予了自发的城镇化进程在政策上的支持。2015 年 6 月，"棚改"以实物与货币安置并重、被拆迁人自愿选择为主，转向了以货币化安置为主。2018 年 12 月 5 日，政府购买棚改服务模式被取消。具体而言，对于新开工的棚改项目，不得以政府购买服务的名义变相举债或实施建设工程，而是要求以发行地方政府债券方式（棚改专项债）为主进行融资。至此，轰轰烈烈的棚改城镇化运动进入了下一个阶段：城市群。

2018 年 11 月 18 日，中共中央、国务院发布的《中共中央国务院关于建立更加有效的区域协调发展新机制的意见》中明确指出，以城市群推动国家重大区域战略融合发展，建立以中心城市引领城市群发展、城市群带动区域发展新模式，推动区域板块之间融合互动发展。

接下来的中国，将不会是城市之间的角逐，而是城市群之间的"团战"。如果说之前是选择一个个独立的城市，那么下一步我们将选择的则是以若干个大中小城市组成的城市群。

巴黎、伦敦、东京、首尔城市群 GDP 均占到了本国 GDP 的 25% 以上，虽然法国、英国、日本、韩国都是国土面积较小的国家，但即便是美国，纽约城市群 GDP 也占到了本国 GDP 的 8%，远高于上海的 3.6% 和北京的 3.36%（2018 年国家统计局数据）。考虑到中国仍处于快速城镇化阶段，未来以北、上、深、广为核心的城市群，无论从人口层面还是经济层面都必将继续增长，这是政策无法阻挡的。大城市群具有更强的聚集效应、规模效应，更具活力、更节约资源，这也是城市发展的必然规律。

7. 中国人口密度的二八分界线：胡焕庸线

中国的人口聚集，有着一条非常有名且"不可逾越"的自然地理线——胡焕庸线，即自黑龙江瑷珲至云南腾冲的一条直线，线东南区域36%的土地上供养了全国96%的人口，西北区域64%的土地上，却仅供养了4%的人口，二者平均人口密度比为42.6∶1。

"胡焕庸线"在某种程度上也成为目前城镇化水平的分割线。这条线的东南各省区市，绝大多数城镇化水平高于全国平均水平；而这条线的西北各省区，绝大多数城镇化水平低于全国平均水平。如果没有明确的规划，最好的选择就是去人多的地方。

8. 拉文斯坦移民法则

拉文斯坦（Ernst Georg Ravenstein）是德裔英国地理学家，他提出了著名的九条人口迁移法则。

（1）每一次移民潮出现后，都会再出现一次反向的移民潮。（Every migration flow generates a return or counter-migration.）

（2）大多数迁移为短途迁移。（The majority of migrants move a short distance.）

（3）那些选择长距离迁移的人，更倾向于迁往经济活跃的大城市。（Migrants who move longer distances tend to choose major sources of economic activity.）

（4）乡村居民比城镇居民更具有迁移倾向。（Urban residents are often less migratory than inhabitants of rural areas.）

（5）年轻人比家庭更容易选择国际移民。（Families are less likely to make international moves than young adults.）

（6）大部分的迁移人群是成年人。（Most migrants are adults.）

（7）大城市的人口增长主要来源于移民而不是出生人口。（Large towns grow by migration rather than natural population growth.）

（8）大部分移民者为男性。（More long distance migrants are male.）

（9）大部分远途移民是成年个体，而非带着未成年子女的家庭。（More long distance migrants are adult individuals rather than families with children.）

3.3 评判城市时需要考虑的客观因素

1. 历史：需要阅读的不仅是城市历史，也包括城市的基因

"日光之下，并无新事"，我们若能读懂一个城市的历史，也就可以把握这个城市的未来。

北京之所以可以成为北方第一大都市，与它的首都地位有关，而北京之所以能成为首都，则与它的历史紧密相关，更与它独特的地理位置有关。上海之所以是上海，广州之所以是广州，不仅仅是因为它们是曾经的通商口岸，而且是因为珠三角和长三角的地理与环境优势，在人口聚集与商业繁荣中才孕育出了这两个"超级都市"。如果一座城市在历史上出现过许多伟人与先哲，则说明城市的文化底蕴深厚；如果一座城市在历史上经历过数次战争，则表明它的地理位置非常重要。我们不仅可以查看城市的相关简介，也可以通过城市的历史遗迹，探寻它的过去，预测它的未来。

2. 经济：注重 GDP 的同时，也需要看重"经济质量"

现在城市间的比拼大多是经济层面的较量，只是除了 GDP 之外，我们还可以有更多元的视角，比如一座城市中企业的数量。企业数量越多的城市，证明了其民间商业越活跃，城市越包容、人口越聚集、资源越集中，也相对更公平和自由，这样的城市在高度不确定性的未来更易立于不败之地。例如，长春的企业主要是国企，且多为汽车工业的上下游企业，它的商业活力明显不及同在东三省且非省会城市的大连。

除了城市的企业数量之外，我们还可以参考其他商业指标，如服务业占整体经济的比重、新房价格，甚至城市中星巴克的开店数量都可以反映当地的经济情况。

3. 人口：不只要看数量，还要看素质、收入、结构

在进行城市的选择时，也应对人口进行分析，其中最重要的是人口数量。由于我国的特殊国情，在人口足够多的城市更容易获得摆脱人际关系束缚的自由。如果你不喜欢攀附关系、借助人脉，想要凭借自己的才能闯出一方天地，

那么请尽量到常住人口在一千万以上的大城市。

除人口数量外，受教育程度也非常重要。优质的教育，可以给当地居民的子女提供更多的选择性，也会让人口素质不断提升。我们可以从当地对教育的投入程度、重点大学数量、高考一本录取率等方面，对城市的教育发达程度进行判断。

最后一点是人们的收入状况。如果当地居民的收入水平偏低，并且低于国家平均线，即便人口基数大，受教育程度高，但人口依然可能外流到其他收入更高的城市；相反，如果当地居民的平均收入高，则会产生"虹吸效应"，不断吸引其他城市的优质人口，如北京、上海等城市，每年都是大学应届毕业生及海归优秀人才的首要流入地。

4.定位：不仅要看想做什么，也要看做了什么，能做什么

深圳在改革开放前是一个小渔村，改革开放后成为南海门户、经济特区，经过了数十年的发展，更是跻身于一线城市的行列。雄安新区的发展是"百年大计"，虽然历史上并无根基，但它的目的是"打造北京非首都功能疏解集中承载地"，是目前19个国家级新区之一，未来注定"光芒万丈"。但是，并不是每一个特区、新区都可以发展顺遂。

以"国家级新区"为例，发展至今的新区中，仅上海的浦东新区真正意义上做到了资金与人才的充分引入，并有超越浦西老城区的经济实力。而包括天津的滨海新区、大连的金普新区在内的大部分新区，最终都沦为了一座座房多人少的"空城"。城市定位很重要，但也要看到定位背后的硬实力是否可以与之相匹配，更要看到在城市定位之后，是否真的发生了改变以及改变了多少。

5.环境：是否喜欢且适应当地环境

是否适应当地环境，指的不仅是气候等自然环境，也包括城市特有的文化习俗，一般这些都需要在当地生活居住至少一年以上，才可以确认清楚。例如，虽然笔者很喜欢家乡的气候，但是因为自己在每年的春季都会对某类花粉严重过敏，流涕不止，所以即便非常喜爱自己的家乡，为了避免此类剧烈的过敏性反应，也只得在此期间"背井离乡"。

6. 房价：自身能否承受

很多年轻人在选择城市时，往往会把房价当成第一考量因素，但这是完全错误的。相反，其应该作为选择城市时最后考量的因素。因为刚毕业时，年轻人的收入普遍不高，甚至对自身所在的行业都不太清楚，在这样的情况下若你盯着房价看，只会限制了自己的视野和格局。

更何况，越是在房价高昂的城市，越有针对年轻人的福利型住房，包括公租房、共有产权房、廉租房等，而且这样的城市中租房环境也相对好很多。

3.4 选择城市时需要考虑的主观因素

1. 家人亲友

国家卫计委预测，到 2020 年，我国 60 岁及以上老年人口将达 2.55 亿人左右，占总人口的 17.8% 左右，未来老人的赡养问题，将会成为人们选择城市时考虑的重要因素。除此之外，兄弟姐妹、同学、亲戚以及伴侣的选择偏好，也会影响我们对城市的选择。在选择城市时，应当尽量与家人进行充分讨论。

2. 工作机遇

如果你的工作与互联网相关，一线城市具有更多的互联网企业与更密集、更优秀的同行，与众多的三、四线城市相比对你的职业发展和工资增长更为有利；如果你的工作与农业相关，则可尽量选择在郊区生活，或者在相关行业的龙头企业周边生活；但如果你还不知道自己应该从事什么行业，并且没有找到好的机会，那么更应该去自身能够到达的最大的城市寻找工作机会。

3. 城市记忆

城市记忆，指的是个人关于某座城市留下的美好或悲伤的回忆。我们确实可以冷静客观地对城市的每一个指标进行分析，但也需要考虑个人对于城市的喜好。在一个充满着美好回忆的城市生活，会比在伤心之地生活要幸福得多。

3.5 一个"北漂"的肺腑之言

当你犹豫是否要选择在某一座城市发展时,最常听到的建议是:认真做调查,访谈很多人,进行相应的测试并得出结论,在列出决策平衡单后,做出一个最好的决定,然后坚持下去。

而在本章的最后,笔者想分享一个完全不同的方法——AB 测试[①],即做一个"AB 人生原型",然后再开始小范围试错。

例如,你可以请假尝试去大城市或者老家找找工作,趁寒暑假去感兴趣的城市旅居一段时间,与当地的朋友交流,探访自己感兴趣的当地企业,并最终得出最切身的结论。

也许仅仅是资料的收集,就要耗费你半天的时间,量化各种模糊的偏好,更是会让你不知所措,而前往特定的城市,还会让你支出不少的时间与金钱。但请相信,这样的操作与尝试,非常值得。相比于摇摆不定、心力交瘁,探索本身就是非常高效的事情。因为你正在做的是继高考选择大学与专业后,又一影响深远的人生决策。对于这样的人生决策,请务必尽量多地罗列出可能性,查找相关资料,询问能够找到的最靠谱的学长、老师与亲友,前往特定的城市体验生活,最后再进行决策。

而作为一个往返停留于几十个城市的先行者,笔者对你的建议如下。

如果你并不厌恶自身所学专业,并且该专业也适合自己,那么请先坚守于该专业,并选择本专业中最优秀的企业、同行、团队最多的城市,然后不断提升自己。

如果你并不喜欢自己原本所学的专业,或者所学的专业并不适合自己,那么可按照自己的喜好、能力进行选择,如果此时还是不清楚自己所想要的,那么可以去工资水平高、人才聚集、工作机会多的地方。

毕业后的前两年,由于个人工作能力有待提升,人脉资源需要进一步积累,此时,静心积蓄自己的能量才是关键。

---

① AB 测试:AB 测试是为 Web 或 APP 界面或流程制作两个(A/B)或多个(A/B/n)版本,在同一时间维度,分别让组成成分相同(相似)的访客群组(目标人群)随机地访问这些版本,收集各群组的用户体验数据和业务数据,最后分析、评估出最好版本,再正式采用。

在工作后的第3～4年，如果你足够幸运，已经具备了养活自己的本事，甚至已经有了一定的存款，而且你已经喜欢并享受了当前的工作状态与城市生活，那么不如就静心地做一个更长久的人生规划。

但如果你对原本的工作状态并不喜欢，即便赚了点小钱，但依然无法找到生活的意义，那么，不如停下来，好好地看看这个世界。静静地穿过一座座城市，与不同的人交流，亦可探讨"我是谁""我从哪里来""我要到哪里去"这种人生命题。然后，再对自己想去的城市，按照内心的排名进行筛选。忙碌充实一场也好，静谧安详一刻也罢，听从内心真实的声音才是美好快慰的一生。

选择往往是一件很困难的事，所以我们常常把选择权交给别人。但是，只有自己选择的人生，才会真正无愧于心。选择自己热爱的，然后热爱自己选择的，不论是所在的城市，还是从事的行业。笔者经历了许多，最终选择了从事房地产行业，虽然它并不完美，但我依旧发自内心地热爱着它，并希望借由自己的经历，向大家描述房地产行业中的那些江湖故事。

第4章
从事于房地产的年轻人
——有人的地方，便有江湖

"我不是卖房子的，我做的是房产营销。"

吴昊，2015年毕业于北京某"985"大学，通过校招的方式成为一家房地产企业北京区域事业部的营销管理培训生。第一年，他在营销中心和两个项目之间分别轮岗；第二年，他便成为一个项目的销售冠军；第三年，他当上了一个项目的销售主管；第四年，他被集团安排集中培训后，调往贵阳成为一名新项目的项目经理。此时，他也是该集团最年轻的项目经理。由于笔者经常发布一些房地产行业相关的文章，后来我们通过网络而相互认识。

与大多数人相比，他确实是同龄人中的佼佼者：名校毕业、思维灵活、勤奋刻苦、升职迅速。但在他的内心深处，始终有一道过不去的坎：房产从业人员，尤其是房产营销从业者，很难得到社会应有的理解与尊重，人们普遍认为这是一个暴利且不那么光彩的行业。

实际上，房地产行业聚集了大量资金、商品与人员，而有人的地方就会有江湖，有江湖的地方就会有跌宕起伏的故事。本章，我们将从房地产营销的三个职位说起，去探究房地产公司的构架、房产的成本与利润、房地产的近代史等知识，以便读者更加全面、深入地理解这个行业。

4.1 真实的房产营销人

房产营销从业者，按就职公司的类型可分为：经纪公司的经纪人、代理公司的置业顾问与房地产开发商的自有营销团队。经纪公司，如"链家""我爱我家""21世纪不动产"。代理公司，如"中原""思源""世联行"。自有营销团队的房地产开发公司，如"融创""绿地""龙湖"。

这三种类型的房产营销从业者中，经纪公司的经纪人在短期内所接触的房源、了解的房产知识会最多，因为新房、二手房、卖房、租房都要同时涉猎；代理公司的置业顾问，最容易被快速激发营销潜能，因为其生存机制最为残酷，结果导向也最为明确；开发商的自有营销团队，最易内部转岗，职业发展路径也更为宽广，因为销售团队隶属于房企营销部，可以跨部门学习与工作，也更容易更换城市和楼盘。

1. 劳心的房产策划

房产策划负责"营销"中"营"的部分，也是营销的"大脑"。在大部分公司中，策划需要统筹除销售外的所有事情，并辅助开展各类销售活动。因此，房产策划的日常工作大致包括：管理项目营销费用，联系各种乙方公司制作销售物料和办活动，制作项目每周汇报的PPT，大型项目开盘的统筹。

大部分时间，房产策划比房产销售轻松，而且一周双休，但也分公司和项目。与置业顾问相比，房产策划更累心。在收入方面，同级别的房产策划收入在顺销楼盘中不及置业顾问。与置业顾问相同，房产策划同样是"底薪＋提成"的薪资构成。不同的是，房产策划底薪更高，提成视整个项目的销售情况而定，计算后划归至个人。房产策划最繁忙的时间是在项目拿地之后以及开盘之前，因为要制作汇报PPT、准备项目开盘的方方面面，所以会经常通宵达旦。但项目开盘后房产策划的工作就会少很多，只需要与活动公司、广告公司、公关公司协同配合即可。

但如果你想要展现自己的创意，体验更多的成就感，则应该去乙方广告或活动公司，而非在甲方的地产公司。房产策划更多扮演着运营管理与统筹的角色，也正是因为这一定位，未来的转岗潜力也比置业顾问大一些，但由于营销是注重实绩的，置业顾问的实绩更容易考核，房产策划的实绩却可能受到整个项目各类情况的制约。

2. 劳力的房产渠道

房产渠道主要分为"外巡""展位""电开"三种方式。"外巡"人员没有固定的岗位，常常流动地寻找楼盘潜在客户，普通人在路边看到的把传单插在车上，或塞到行人手里的那群人，就是"外巡"人员；"展位"人员相比"外巡"人员有固定展示的位置，一般在以下位置的附近展开派发传单的活动，包括超市、商场、小区的出入口；"电开"人员则是通过电话拜访的方式询问、介绍、邀请潜在买房人前往售楼处购房，他们的电话资源，大多是从集团同城市的其他项目、同区域的其他楼盘或者同区域的某些中介处索要、购买来的。单从辛苦程度看，在置业顾问、房产策划、房产渠道三个岗位中，渠道人员最为辛苦，而且成功率最低，相应地，在买房人买房成功后，分给渠道专员的提成也更多。

渠道专员的门槛很低，以单纯地出卖劳力与消耗时间为主。笔者在渠道专员轮岗时，自己的搭档就是一位不满二十岁的女生，她在那个月，因为有一个来访的客户最终买成了别墅，所以仅一套房便赚到了一万多元。但大部分时候，她的薪资都在 5 000 元左右。虽然不算高，但对于没有学历与技能的年轻人来说，薪资也还算让人满意。

房地产行业因为属于不动产，所以其区域性非常明显。不像汽车、快消品可以做各种各样面向全国的平面与互联网广告。房产的购买人群多来自于项目所在城市、区域，而且项目与项目之间的购买人群差异极大，不是说房地产公司不愿意打广告，而是经过多年的实践，房产营销人员发现在项目周边发传单或打电话才是最经济实用的宣传方式。

3. 劳心劳力的置业顾问

"置业顾问"就是房产销售，但之所以"改头换面"，一方面是因为"销售"长期的污名化；另一方面是因为房产销售正在向专业化的路线迈进——成为买房人在置业过程中的咨询顾问。

一个合格的置业顾问，不仅要熟悉项目沙盘、销售说辞，清楚每一套在售房源的售价、底价、优势与缺陷，还要对周边竞品项目有所了解，对区域市场时刻关注，并知晓实时的限购政策、贷款政策。此外，还要有一定的"营销能力"，懂得掌握客户心理以及营销技巧。因此，优秀的置业顾问，绝对不可能一蹴而就。

工作方面，置业顾问大多实行"做6休1"的调休机制。一旦遇上项目开盘、清盘、年中与年终冲刺，很可能连续一个月，甚至两个月全月无休。工作时间通常为上午9点至下午7点，但不同项目、不同时期的强度会很不一样。笔者在做置业顾问期间，经常有工作至凌晨的情况。置业顾问的主要工作内容是按照接访顺序，对前往售楼处的买房人进行接待、讲解、协助购房决策，以及后期的看房、签约与收房等。除此之外，还需要参与早会、晚会以及去其他项目踩盘。

收入方面，所有销售类岗位都实行"底薪＋佣金提成"，只有处于保护期内的"管理培训生"才是固定薪资。销售类岗位的底薪大多在 3 500～4 500 元，某些高端项目也偶尔有 10 000 元底薪的销售。佣金提成大多是按照销售额进行计算，比率大多为 1.5‰～5‰，有时也按照销售套数结算，并会叠加签约、回款的时间系数。在部分时期的部分项目，也有房款总额 1% 的高佣金。有些旅游地产、海外地产的佣金最多时可高达 10%，但此类地产很难卖，所需要的知识储备与能力也更高。

一套 100 万元的房产，销售员的税前收入大概是 1 500～3 000 元，不过并不是当月就可以提取，大多都要等待半年甚至更久。除此之外。成交时的房产价格、买房人付款的时间长短，也会对销售的佣金产生影响。即便是 2016 年北京房地产最好的时期，一个普通销售员的月佣金也只在 20 000 元上下。年薪百万的销售员确实存在，但也需要天时、地利、人和，并且必须足够刻苦，足够幸运。

4.2 一套房产的房价构成

2019 年 2 月 25 日，天气依然凉意逼人，北京市春节假期后的首场土地拍卖宣告结束。这场土地拍卖共出让了两宗位于大兴的地块，其中一块在瀛海，另一块在黄村。最终两宗地块都没有高过最高限制地价，分别以 44.4 亿元和 24.6 亿元被"中海"与"金地"竞得。

以黄村地块为例，首先，该地块为 F1 用地，规划建筑面积 70% 为住宅，剩余 30% 为公建性质用地，也就是说，这块土地未来建成的建筑中，70% 的建筑面积为供人居住的住宅，30% 的面积需要建设符合地方政府规划的公共用地；其次，地块中应配建教育设施，这说明 30% 的建筑面积将被要求修建教育场所，可能是幼儿园、小学、初中、高中，具体的规划会在竞地之后陆续发布；最后，地块均设定了"90/70"的规划条件限制，且限定了商品住宅售价。"90/70"政策，是指建筑面积 90 平方米以下的户型不得低于总产品量的 70%，商品住宅后期的限价为 55 580 元/平方米，最高不超过 58 500 元/平方米。

这两宗地块都采用的是"限地价，竞自持"的竞价方式，但因为都未触及政府的最高限制地价，所以没有启动"竞自持"部分。什么是"限地价，竞自持"呢？

政府首先会对这一地块进行规划与测算，包括容积率、出让面积，以及商品住宅的均价和最高销售单价。经过测算后，对即将出让的土地设置起始拍卖价和最高限制地价，若符合资格的开发商（竞买人）的竞价均不超过最高限制地价，则价高者得，当竞买人报价达到最高限制地价后，竞价转为竞争自持经营的比例，而自持比例若达到 100%（或预先规定的最高自持比例）还未分出胜负，则继续开始竞争自持时间，并最终完成当次竞拍。

开发商在过去很长一段时间里都是在融资、拍地、盖楼、卖房、回款的循环中滚雪球式发展。自持的运营对整个公司的长期管理能力是一个非常大的挑战，毕竟无法销售，只能以长租公寓进行出租，但我国大部分城市的租售比都在 1∶800 左右，远远低于 1∶200 的国际标准，这样开发商自然会尽量避免自持，在某种程度上，"竞自持"也限制了地价的无节制上涨。而这种"限房价、竞地价"的项目，也被称为"限竞房"，在 2018 年北京房地产市场上取得预售许可证的项目中，限竞房的比例高达 60%。

对于此类限竞房，开发商的利润大概只有 8%，但并不是所有房产项目开发商的利润都只有这么低。那么一套住宅中各部分成本所占房价的比例都是多少呢？图 4.1 是以某已售项目进行大致的估算，其中各项成本所占比例对于不同的项目会有不小的区别,但越是地价高的城市,其地价所占的百分比就会越多,有时地价甚至可以达到整个项目成本的 50% ~ 60%。

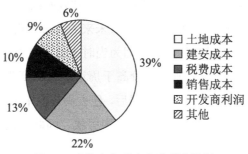

图 4.1　房价中各成本大致所占比例

(以北京某 2016 年交房的小区为例)

1. 土地成本

以本小节开篇中提及的北京大兴黄村的地块为例,其中 24.6 亿元的土地拍卖价格,就是该地块的土地总成本。笔者检索了北京市规划和自然资源委员会的相关公告,看到该地块的公告中列明,规划建筑面积应小于等于 94 338 平方米。该地块楼面价为出让土地价格(24.6 亿元)除以规划最大建筑面积(94 338 平方米),即 26 076 元 / 平方米。

只不过,因为该地块还有 30% 的土地是需要建设学校类公共建筑,该部分的土地无法给房地产开发商带来盈利,所以需要对楼面价进行修正,除去 30% 的建筑面积进行计算,修正后的结果大致为:37 252 元 / 平方米。参考该地块 55 580 元 / 平方米的均价限价,仅土地拍卖一项,就占了该项目的 67%。也正是因为有这样的限价,才使得房企的拍地热情骤减,在 2018 年的北京,甚至出现了历史上罕见的地块流拍和以底价成交的现象。

但并不是每个城市都像北京一样,以广东省佛山市南海某楼盘为例,2016 年的拿地价为楼面价 9 459 元 / 平方米,2017 年的售价为 20 000/ 平方米,占比 46.8%。而 2015 年全国 11 个主要城市的土地出让金占比大致为 40%,2014 年为 34%。[①]

越是房价高的城市、地区、楼盘,其楼面价占房价的比例就越高,越是

---

① 资料来源:中国指数研究中心。

房价低的城市、地区、楼盘，其楼面价占比也就越低，但占比普遍都在30%以上，除非某些开发商在拿地之后储备多年再进行开发。不过，如果房价在8 000～20 000元/平方米，同时该地块没有被政府限价，那么该地块的楼面价乘以2（1.8～2.2），就基本为该地块未来的入市价格。2015年至2016年的房价之所以经历了一轮暴涨，也是因为当时出现了在土地市场上罕见的"面粉贵过面包"的现象，即土地楼面价高于周边在售的新房房价。如果我们当时就知道这样的规律，在"地王"出现后，便去周边尚未涨价的楼盘进行购房，就可以省下少则十万元，多则百万元的购房款。因此，很多聪明的买房人都会关注土地拍卖信息。

2. 税费成本

不仅买房人在房屋买卖的过程中需要缴纳契税、公共维修基金等税款，开发商在土地拍卖完成后，也需要缴纳各种各样的税款，其中的五个为房地产特有税种，而人们一直激烈讨论的"房产税"，在房产进行正式销售之前，已经有一种同样叫作"房产税"的税种由开发商提前征收了。除此之外，并不是我们在买房时不需要缴纳个人所得税，而是在新房买房之前，已经由开发商替买房人代为缴纳了。

房地产企业涉及的税费分别为：营业税，土地增值税，房产税，城镇土地使用税，契税，耕地占用税、固定资产投资方向调节税，企业所得税、外资和外国企业所得税，个人所得税，印花税，城市维护建设税，城市房地产税，三资企业土地使用费以及教育附加费。

税费成本详解

3. 建安成本

2009年6月27日清晨5时30分左右，上海闵行区莲花南路、罗阳路口西侧"莲花河畔景苑"小区内一栋在建的13层住宅楼全部倒塌。好在倒塌的高楼尚未竣工交付使用,所以事故并没有酿成特大居民伤亡。因为整个13层的建筑虽然倒塌却没有散架,就像是一个喝醉酒的人由于没站稳而倒地一样,所以网友们调侃其为"楼倒倒"(见图4.2)。

图4.2 "莲花河畔景苑"小区内倒塌的建筑

紧随着"楼倒倒"的是2009年成都某小区的"楼歪歪"、2011年河南某小区的"楼脆脆"。"楼歪歪""楼倒倒"等事件频频出现,引发了公众对建筑质量的担忧。2014年9月26日,住建部宣布,对建筑工程终身负责。今后,在工程设计使用年限内,项目建设、勘察、设计、施工、监理这五方主体将承担相应的质量终身责任。开工前五方负责人必须签署质量终身责任承诺书,工程竣工后设置永久性标牌,载明参建单位和项目负责人姓名,一旦出现问题,哪怕项目负责人离职或退休,也将被追责。至此之后,严重的建筑工程问题便逐渐淡出了人们的视线。而这些事故的背后,都与"建安成本"有着密不可分的关系。

建安成本,是房屋建筑成本和房屋设施、设备安装成本的简称。房屋建筑成本是建设房屋的投入,安装成本是安装房屋设施、设备的投入,两者都包括材料成本投入和人工成本,主要是建筑部分的基础工程、主体结构、墙体、门窗,水电工程的强电、弱电(安防、有线电视、电信宽带),以及给水(含纯净水、中水)、排水(雨水、污水、空调排水)等材料和人工成本投入。建安成本决定了整个房屋的质量,钢筋越足、混凝土浇筑越多、墙体越厚、打桩越深,房屋质量越好,建安成本也就越高。

对建安成本具体细分，包括了桩基工程、钢筋、砼、砌体工程、抹灰工程、外墙工程、室内水电安装工程、屋面工程、门窗工程、土方、进户门、烟道及公共部位装饰工程、地下室、电梯工程、人工费、室外配套工程、模版支撑脚手架工程、吊塔升降梯等机械、设计费、监理费、检测试验管理费、临时设施费等各种费用，若是精装修，还要有精装修相关费用。

由于近些年人工、钢材等成本逐渐上升，普通多层小区的建安成本大概在 1 300～1 500 元／平方米，小高层与高层普通住宅大概在 1 800～2 000 元／平方米。品质越高，价位也就越高。越是单价低的项目，建安成本占的比例也就应越大。虽然全国各地房价可能相差十倍，但同类型的小区，建安成本却基本不会相差一倍。

需要特别指出的是："精装修交付"并不是开发商必须的交付标准，但在房价上涨时，可以将精装修的费用算入总房款隐形提升房价，或以 500 元／平方米的装修标准顶替 5 000 元／平方米的原始标准；在房价下降时，可以将精装修变成毛坯交付，或者降低精装修交付标准来隐性降价。可谓是"进可攻、退可守"，所以被越来越多"聪明"的开发商所采纳。

之所以北京会设置达到某一个拍地限价后转而竞争自持的"限竞房"规则，就是担心企业无限制地抬高地价，在摊薄利润的同时，使得建安成本分配不足，产生质量安全隐患。

4. 销售成本

销售成本，又称营销成本，包括了售楼处的建造、包装、传单、沙盘、现场物料、广告公司、活动公司、公关公司的费用，营销人员底薪、提成、广告投放、外联费用、团建费用等。其中，占比最大的是人员工资与售楼处搭建费用，整体销售成本应控制在项目总货值的 3% 以下，但如果后期超过营销预算，或者长期未能清盘，可能达到 4% 或更多。有的楼盘仅"外联费"（推荐成交后给推荐人的返利）就可能达到 1%，这也说明了不同楼盘的销售成本占比很不相同。

而一个售楼处，如果没有任何成交，仅是日常的维持费用，包括电费、人工费等费用在内，每月就要产生 10 万元至 20 万元的硬成本，所以销售的营销压力才非常大。这也是开发商希望"高周转"的原因之一，更是我们可以通过相对低的价格于"尾盘"扫货的根本理由。

5. 其他成本

除了以上主要费用外，还有公司经营所需的经营费用，包括办公楼的租赁，法务、运营、人力、财务人员的薪酬，品牌的维护等各种基础成本，以及开发项目时的融资成本。越是小型开发商，其破产风险越大，融资成本越高，常常可能高于10%；越是大型开发商，其破产风险越低，融资成本越低，甚至可以低至6%。不要小瞧这4%的融资成本差距，即便是1%的融资成本差距，都可以决定一个企业的存亡。当"房产寒冬"来临时，之所以大的企业更容易存活，不仅是因为其优秀的运营能力，而且是因为银行对其相对宽松的信贷支持。所有房企都会有多多少少的负债比率，大部分房企的负债率在80%上下，也有些比较激进的房企，负债率甚至可以达到180%～200%。

融创中国的创始人孙宏斌，在融创之前还拥有过一家名为"顺驰"的房地产开发公司。2002年，顺驰开发的房地产项目总面积达数百万平方米，占到了全天津市房产开发总量的五分之一。但是在激进拿地而回款不利、贷款被拒、上市受阻之后，顺驰出现了严重的资金链断裂，最终弹尽粮绝的"顺驰"只得以12.8亿元的价格，贱卖掉自己55%的股权。一匹快速超越的黑马，最终败在了资金链断裂上。

6. 开发商利润

房产开发商也是普通的企业，是企业就要追求利润的最大化。越是高端楼盘开发商的利润率就可能越高，甚至可以达到20%，但其销售的周期也可能很长。因此，开发商大多会选择建造刚需型、刚需改善型楼盘，并把自己的利润率控制在10%～15%。

在土地可以公开进行拍卖的初期，由于竞争少、需求大，能够拿到土地就不愁卖，所以开发商的利润率普遍很高，甚至达到50%，曾经有过开发商公开放言"低于40%利润的楼盘都是失败品"。不过，时过境迁，随着土地招拍挂制度的确立，房地产企业的竞争越发透明与激烈，利润率也逐渐下滑。2015年前后，由于拿地成本骤升，开发商的利润率也普遍下滑至7%上下，后来又逐渐回升至了10%左右。这样的利润率，对于很多行业都不算高。因此，很多房企才在利润之外选择"高周转",通过快速拿地、快速建造、快速销售、快速回款来达到快速的扩张,这一类型的代表就是"三、四线之王"碧桂园。

最后,让我们用一张开发商成本及销售价格组成明细表(见表4.1),来看一下真实的房价构成情况。

表 4.1　开发商成本及销售价格组成
（初次申报）明细表　　　　　单位：元/平方米

序　号	项　目	金　额
一、	土地使用权取得费	12 679.36
二、	住宅开发成本	3 458.42
1.	勘察设计和前期工程费	139.83
2.	建筑安装工程费	3 006.38
3.	附属工程费	180.74
4.	开发间接成本	25.17
5.	其他直接费用	106.30
三、	期间费用	1 051.40
1.	管理费用	237.81
2.	财务费用	569.75
3.	销售费用	243.84
四、	预期利润	1 601.50
五、	税金	1 116.81
六、	合计价格	19 907.49

4.3　跌宕起伏的房产历史

1975年的2月,位于陕西岐山南麓的董家村发现了一处周代的青铜器窖藏。在众多文物中,周恭王时期的一个卫盉尤其珍贵,它的盖内虽只有132个铭文,却记录了这样几个"故事":

周恭王三年,裘卫用价值八十朋的一块玉璋,租得矩伯的十田;

共王五年,裘卫用自己的五田与邦君的四田相交换;

共王九年,矩伯取裘卫一辆车和车马的饰件,裘卫另外送给矩妻四卷帛,矩伯便把一片土地和林木送给裘卫。

这些文字记录清晰地反映出在周恭王三年（公元前920年），我国就已经出现了对土地的租赁、交换与买卖。这不仅是中国最早的关于土地租赁与买卖的记载，也是世界上有据可查的，最早关于私人间土地租赁与买卖的记录。其后的数千年，华夏民族围绕土地的故事从未间断。在《中国哲学简史》一书中，冯友兰先生提到："**在一个农业国家里，财富的首要基础是土地。因此，在中国历史上，一切社会、经济思想以至政府的政策措施，都以土地的分配和利用为中心。**"

直到今日，即便中国已经不再是一个农耕国家，但整个国家发展的基石依旧是土地与土地上的房产。

1. 无须担心房价的公有住房时代（1949—1979）

时间回溯至中华人民共和国成立之初，当时尚不存在"房地产公司"，大部分的房屋都是之前的老宅，但随着时间的推移，老宅已经越来越无法满足城市居民的住房需求。1958年6月4日，由于城市住房困难，中央开始推行政府统一经营出租的经租房政策，动员有房者出租自己的私有房屋，从而尽量达到现有房屋资源的有效配置。

1964年7月，政府正式宣布：私人租赁性质的住房关系基本不再存在。

1978年，我国城镇住房中74.8%为公有住房。那时的人们根本不需要担心房价的问题，但人们担心的是房间不够的问题：经历了建国婴儿潮之后，家庭人口爆发式增长，可新建住宅的供应却相对缓慢，城市居民想要获得住房，大多只能依靠遗产继承和单位分房，即便家财万贯，也很难购买住宅。1978年和1950年相比，人均居住面积由4.5平方米下降到3.6平方米，缺房869万户，占当时城镇总户数的47.5%。

2. 野蛮生长的商品房拓荒时代（1980—1996）

公有住房紧张的状况持续到了1980年1月1日，时任深圳市房地产管理局副局长的骆锦星，与香港开发商刘天，签订了第一个实际意义上的房产开发合同。一周后，由他组建的全国第一家房地产公司"深圳特区房地产公司"成立。

1980年4月2日，邓小平在《关于建筑业和住宅问题的谈话》中，公开评论了建筑业与住房问题，关于建筑业，他说："**要考虑城市建筑住宅、分**

配房屋的一系列政策。城镇居民个人可以购买房屋，也可以自己盖；新房子可以出售，老房子也可以出售；可以一次付款，也可以分期付款，10年、15年付清。"

自此以后，房子便正式成为一种商品，在市场上被自由买卖。

虽然房产可以自由买卖了，但因为人们之前已经住惯了公房，突然之间需要自己出钱买房，一开始都有抵触情绪。

1987年12月1日，骆锦星以深房公司总经理的身份，高高举起"11号牌"，让深房公司获得了中国首次以公开拍卖的方式有偿转让的国有土地使用权。土地公开拍卖的历史，也从这一天开始。

1991年，国务院先后批复了24个省、自治区、直辖市的房改方案，房改全面启动，直接刺激了商品房需求和房价的上升，房地产开发公司，尤其是民营房地产企业纷纷成立。同年1月29日，万科的股票在深圳证券交易所挂牌交易，房地产和资本市场开始联姻，房地产企业有了一个支撑自己迅速做大做强的"加油站"。

1991年，海南房地产平均价格为1 400元/平方米；1992年，则猛增至5 000元/平方米；1993年上半年，房价达到顶峰，为7 500元/平方米。1992年，海南全省房地产投资达87亿元，占固定资产投资的50%。海口的经济增速达到83%，三亚也达到了73%，全省财政收入的40%来源于房地产行业。

1993年6月，国务院发布《关于当前经济情况和加强宏观调控的意见》，其中"16条"强力调控措施包括严格控制信贷总规模、提高存贷利率和国债利率、限期收回违章拆借资金、削减基建投资、清理所有在建项目等。火热的房地产市场迅速降温，一路高歌猛进的海南房产热也顿时被釜底抽薪。

3. 躺着赚钱的商品房黄金时代（1997—2007）

1997年，亚洲金融危机扑面而来，拉动内需的迫切需要使房改大决战进入了倒计时。1998年7月3日，国务院《关于进一步深化城镇住房制度改革加快住房建设的通知》发布，正式"停止住房的实物分配，逐步实行住房分配货币化"。福利分房成为了历史，住房商品化迈出了决定性的一步。"房子是最好的投资品"，也是从这一年起逐渐成为大部分中国人的"共识"。

2000年，在开发商的打折潮中（北京甚至有开发商打出了七折优惠），个人房产消费占到了全国房产消费的 70%，个人已经成为购房市场的主力军。房地产的消费模式完成了从"批发"到"零售"的转变。个人消费的增加带来的是房贷的增长，截至 2001 年年底，全国个人房贷规模达到 6 600 多亿元，较之央行出台《个人住房担保贷款管理试行办法》的 1997 年，增长了 35 倍。

2001 年第一季度，北京的房价涨幅达到 97.3%，令人目瞪口呆。房价的暴涨一方面是因为房贷利率降到了最低点，买房出租的收益率都比银行的利率高；另一方面，是因为当年的股市暴跌，便挤出的资金涌向了楼市。

2004 年 3 月，国土资源部、监察部联合下发了 71 号令，要求立即就"开展经营性土地使用权招标拍卖挂牌出让情况"进行全国范围内的执法监察，各地要在 2004 年 8 月 31 日前将历史遗留问题处理完毕，否则国家土地管理部门有权收回土地，纳入国家土地储备体系，这是供给端的调节。

2005 年 3 月起，先后出台了"国八条"和"新国八条"，重点是"保证中低价位、中小户型住房的有效供应""强化规划调控，改善商品房结构""完善城镇廉租住房制度"。但这种调节只是扬汤止沸，这一年中国住宅平均售价继续上涨 12.6%。也正是从这一年起，人们开始逐渐转变观念，认为"越调控，房价越涨"。

2006 年 5 月 17 日，时任国务院总理温家宝主持国务院常务会议，提出了促进房地产业健康发展的 6 项措施（简称"国六条"）。同年 5 月 29 日，首次提出"90/70"的小户型建设政策（70% 的房产为 90 平方米以下的小户型）。这一年，全国 70 个大中城市房屋销售价格同比上涨 5.4%，新建商品住房销售价格同比上涨 6.3%。

2007 年，高房价问题造成的社会矛盾加剧，随后中央一年数次发布多个文件，包括提高保障房建设数量和建设进度；二套房首付不低于 4 成，利率为基准利率的 1.1 倍；严格控制房地产开发贷款，项目资本金不达 35%，不得发放贷款等。系列组合政策出台后，立刻造成了许多城市的大量"退房"，房价也立即停止了上涨。那个开发商只要能够拿到土地便能赚得盆满钵满，利润率高达 20% 以上的商品房最黄金的十年，落下了帷幕。

4. "4 万亿"下的商品房后黄金时代（2008—2014）

2008 年世界金融危机，导致宏观经济形势恶化，房地产行业也呈现衰退的局面，土地流拍、地王退地、交易量萎缩、房价下跌、中介门店关门。为了拉动经济增长，政府在出台"4万亿"经济刺激计划的同时，也出台了房地产刺激政策，包括加大对自住型和改善型住房消费的信贷支持力度，对住房转让环节营业税暂定一年实行减免政策；支持房地产开发企业积极应对市场变化；支持房地产开发企业合理的融资需求，取消城市房地产税等。

2009年全年，商品房销售面积、销售额均创1998年房改以来最高水平，北京、上海、深圳等地房价也上涨至历史高点。根据国土资源部下属中国土地勘测规划院全国城市地价监测组的数据，住宅均价上涨了25.1%。2009年胡润富豪榜，排在前十位的中国富豪，有6位从事的是房地产开发行业。房地产行业的辉煌，可见一斑。

2010宏观财政开始重新收紧。财政部、国家税务总局、住房城乡建设部同年9月29日联合发出通知，要求各地加大调控力度，完善差异化的住房信贷政策，调整住房税收政策，增加有效供给，加大市场检查查处力度，从此拉开了第二轮调控的序幕。

2010—2014年，房价都维持在相对平稳的区间内。此时的房地产市场，出现了区别于初期的新现象：一、二线城市居高不下的房价，三、四线城市居高不下的房产库存。当人人都有房可住时，住哪里的房子，住怎样的房子，又成为人们新的购房问题。改善型的购房需求与新增的购房人口，是这一阶段购房的主力军。

5. 两极分化的房地产白银时代（2015—2019）

2015年年初，全国各地房产库存积压严重，"去库存"成为国家经济的重中之重。于是，2015年3月30日，中央出台了"330新政"，鼓励购房。各地政府纷纷跟进出台细则。从2015年年中开始，股市由牛市迅速转为熊市，使得大量闲置资金聚拢至房地产市场。与此同时，2015年6月国务院颁布《关于进一步做好城镇棚户区和城乡危房改造及配套基础设施建设有关工作的意见》，棚改补偿模式由实物货币安置并重转向货币安置优先。2014年，深圳的二手房均价只有2万多元，但到了2016年，便已经迅速涨至5万元，房价在不到两年的时间内翻了一倍。

2016年，国家层面提出了"房子是用来住的，而不是用来炒的"新定位。

2016年9月30日，北京打响了限购"第一枪"，大幅提升了首套房及二套房的首付比例。紧随北京，深圳、上海等城市也相继出台了不同程度的限购、限贷、限售政策，2017年3月17日新政出台后，标志着一线城市传统房地产开发模式走向终结，"去商品化"趋势明显。自2016年9月30日起，至2017年4月止，半年时间，共计36个城市或地区，出台了104次调控政策；77个地区出现了调控加码；14个城市甚至出台了购买后若干年内不得出售的"限售"政策。

2016—2017年前后，万科、龙湖、旭辉、石榴、金地、远洋等陆续进入长租公寓市场，万达地产出售旗下房地产资产，开始逐渐去地产化。恒大试水"大健康"，众多房企纷纷尝试转型。

2017年年中开始，随着限购政策的不断加码，棚改货币化安置的陆续叫停，一度疯狂的房价与成交量也迅速"冷静"下来。至2018年11月，北、上、深的房价与2017年同期基本持平。

2018年6月，深圳市发布"二次房改"，文件指出未来市场上的商品住房会占到供应量的40%，剩下的60%为人才住房、安居型商品房以及公共租赁住房。

2018—2019年，地方政府对于房价的调控仍未放松，但以西安、成都、沈阳、长沙、天津为首的近百个城市陆续放宽落户政策，并大幅度给予年轻人住房补贴与购房优惠。2019年4月18日，呼和浩特更是推出了针对毕业生的半价购房政策。截至2019年1月，一线城市房价与2017年年中基本持平，二、三线城市上涨10%～20%。

4.4 房地产泡沫与金融危机

1. 美国2008年的次贷危机

从2000年1月起，直到2006年6月的投机高峰，美国各大都市的房价上涨了126%，某些城市的上涨幅度更为惊人：华盛顿为150%，洛杉矶为173%，迈阿密更是达到了178%。在这次行情结束时，每个抵押借款人平均要将23.2%的月收入用于支付利息和分期贷款。在2006年之前的5年里，由于美国住房市场持续繁荣,加上前几年美国利率水平较低,美国的次级抵押贷款市场迅速发展。可是随着美国住房市场的降温,尤其是短期利率的提高,次级抵押贷款的还款利率也大幅上升,购房者的还贷负担大为加重。同时,住房市场的持续降温,也使购房者出售住房或者通过抵押住房再融资变得困难。这种局面直接导致了大批次级抵押贷款的借款人不能按期偿还贷款,进而引发了美国的"次贷危机"。

数据显示,与2008年危机之前相比,美国的收入分配和财富占有不平等的格局显著恶化。中位数以下的人群在总收入中所占的份额由13.7%进一步下滑到12.5%;而顶端1%人群的财富占比则由34%增长到了37%。

2009年年初,美国房价又回到了2004年的水平,350万套房产被强制拍卖。在内华达州,有近8%的房产被强制转手。将美国不动产市场变成全球金融危机导火索的,不仅是金融市场的创新以及监管的匮乏,还包括美国的经济与税收政策。

2. 日本1992年的金融海啸

日本在第二次世界大战之后,依托美国的经济援助与自身的后发优势,从20世纪50年代中期至70年代末,基本保持着两位数以上的经济增长。

实际上,日本房地产在1974年和1992年出现过两轮泡沫。1974年的第一轮调整幅度小、恢复力强,因为日本的经济当时仍然处于中速增长、城市化进程尚未停止,购房人口数量也维持在高位,但是1992年房地产泡沫的破裂,却足足让日本陷入了长达20年之久的经济衰落。

1985年9月22日,当时美元汇率过高而造成大量贸易赤字,为此陷入困境的美国联合其他四大经济强国(日本、德国、英国和法国)的财政大臣、央行行长在纽约广场饭店达成"广场协议",宣布介入汇率市场。此后,四国对美元汇率迅速升值。

为了弥补日元升值带来企业出口的损失,日本开始继续刺激内需,1986年9月19日经济对策阁僚会议上了通过了总额为36 320亿日元的"特别综合经济对策",其中2.8兆全部用于大型公共建筑设施的兴建。此后,又连年增加预算,整个20世纪80年代日本公共事业投资合计为2 913 439亿日元。20世纪90年代则变为4 602 869亿日元,翻了1.6倍。在"特别综合经济对策"

的刺激之下，日本的不动产投机变得火热，地价开始迅速攀升。从 1983 年开始，日本全国总平均地价从 11 万日元涨到了 1991 年的最高峰 59 万日元，整整翻了 5.36 倍。

高昂的地价与房价，使得普通民众的生活受到了严重冲击，从 1989 年 5 月开始，日本央行连续 3 次提高贴现利率。在短短一年多的时间内，日本银行利率从 2.5% 上调至海湾战争前夕的 6%。1992 年，日本政府又出台"地价税"政策，规定凡持有土地者每年必须交纳一定比例的税收。在房地产繁荣时期囤积了大量土地的所有者纷纷出售土地，巨大的地产泡沫自东京开始破裂，迅速蔓延至日本全境。

3. 泰国 1997 年的金融危机

这场危机在泰国被称为"tom yum kung crisis"，也就是"冬阴功汤危机"。泰国从 1980 年前后，便把出口导向型经济作为经济发展的重点。在当时的富豪总理马德祥的带领下，泰国的货币政策非常宽松，1987—1997 年的十年间，泰国房价每年都有 10%～40% 的上涨，在有的地区，甚至出现了房价一年上涨 10 倍的状况。

1996 年，泰国的出口受到中国、越南等其他新兴市场国家的冲击，贸易赤字增加。马德祥看到当时香港即将回归中国大陆，认为泰国可以取代香港成为亚洲金融中心，在错误的判断国际形势与自身状况后，1997 年 7 月 2 日凌晨四点半，泰国央行发表了一项重要声明：此前十余年盯住美元的泰铢，开始自由浮动。泰铢对美元当日即贬值 15% 以上。汇市、股市、楼市价格全线下跌，泰铢对美元直接腰斩，房价当年缩水便超过 30%，亚洲金融危机正式开始。

4. 中国 21 世纪的房地产环境

通过美国、日本、泰国的案例，我们能够看出房地产泡沫的形成大多是因为经济繁荣带来的低利率、高流动性。房地产泡沫的破灭，多是由于经济下行、银行加息、汇率波动和流动性紧缩。中国房地产的泡沫已经存在多年，但之所以没有破裂，一方面是由于政府组合拳式的有力调控，另一方面也是由于经济的持续向好。在经济向好的过程中，无论再大的泡沫，也会坚如磐石。

房产对普通人具有"投资"和"自住"两种不同的需求，对于国家经济则具有重要的影响，这是因为房地产的产业链条长，上下游带动了物业、装修、家具、家电、银行、广告、建筑、建材等一系列产业。一旦房地产行业产生衰败，区域经济势必会受到打击。

经济学家汤敏曾有一句非常经典的评论："对房地产的调控，全世界的政府都是失败者。"日本的楼市泡沫造成20年的经济大衰退，东南亚的楼市泡沫导致了亚洲金融危机。今天，各国经济学家最关注的是如何避免中国楼市泡沫，以防止第二次全球金融危机。

我国不像美国那样存在极高的全民负债情况，也没有享受人生的传统习惯，相反，我国民众乐于家庭储蓄以及吃苦耐劳的精神，都为我们提供了对抗经济下行的充足"弹药"；我国也不像日本那样受美国单一国家的"挟持"，没有1992年日本高达77.6%的城镇化率，相反，我国具有更多的出口对象，更大的经济体量，以及更低的城市化率现状，这让我们在面临美国的"贸易战"时可以更有底气；我国更不像泰国那样经济体量小、外汇储备少，无法应对汇率自由变化导致的金融危机，相反，我国拥有全球第一的外汇储备，拥有世界第二的GDP总值，可以将国际市场上的汇率控制在安全的范围内。经济危险的风险一直存在，但我们应对金融危机的"弹药"也长期充足。

而我国关于房地产的一系列调控政策，包括"房子是用来住的，而不是用来炒的"，以及区域的以连续纳税或社保来限制购买，提高贷款利率、非首套房房贷比率，福利型住房的推动、房地产登记制度联网，都是国家关于防止房地产风险所做的努力。

中央政府已经意识到过于依赖房地产的弊端，从2015年以来，就在强调供给侧改革。北京、上海、深圳等一线城市，也坚定地走在了去地产化的道路上。二次房改的深圳，更是把福利型住房的供应量调整到了50%以上。千年大计的雄安新区，则在建立的最开始，就完全选择了不靠买卖土地与房产的发展模式。可能几十年后的后辈，看当下人们对房地产的执着，就如现在的我们，看上个世纪的父辈对粮票的执着一般。

回顾历史，每一次限制土地供给，就会给下一次报复性上涨埋下伏笔；每一次收紧信贷，就会将房地产市场引入冰封；每一次放松金融管制，又会让房价快速上涨。从1998年开始，短短的二十多年，人们对买房、租房的态度就发生了"翻天覆地"的变化。

房地产市场未来会走向何方,房价又会走向何方?地方政府通过土地拍卖获得了初始的建设资金,但房价大涨也拉大了贫富差距,促进了社会投机情绪,抑制了百姓创新的热情。过高的房价还会将资金从实业中挤出,增加人们的生活成本,降低居民的幸福感。

如果人们只购买新房而不出售,或者极少出售,就如新婚夫妇购买的钻戒一样,楼市就永远不会成为"庞氏骗局",而一旦市场从新房市场转为存量房市场,火热、茫然、恐慌就会接踵而来,此时如果地方政府没有切实有效的监管,危机的产生就在所难免。当"接盘人"不再充足时,经济大衰退也就可能降临。

基于此,我国目前实行的是以"房子是用来住的,而不是用来炒的"为中心的系列政策,在逐步稳定房价的同时,也逐步转移着城市对房地产行业的依赖。总之,房价再想出现曾经十年四倍的快速上涨,几乎没有可能。

第二部分

人生首套房操作指南

恭喜你，已经读完本书的第一部分。

在第二部分中，我将按照买房的流程，为你详细介绍买房干货，但在介绍之前，我希望你能够尽量做到以下五点。

1. 不被市场和他人影响，等待属于自己的买房时机

杰西·利弗莫尔说："赚大钱的诀窍不在于买进卖出，而在于等待"，买房亦是如此。对于大部分买房人来说，房产的金额巨大，一生中的买卖次数普遍在3次以下。因此对于大多数人而言，买房都是一个低频且重要的决策。

年轻人的首套房产尤为重要，因为它拥有一生中最高的贷款比例、最优的房贷利率，最能长期稳定的持有，以及最刚性的真实需求。与此同时，房产交易的高昂税费、政策福利房的限售条件等，都决定了买房必定是一个审慎决策的过程，否则会丧失大量的金钱与时间成本。

因此，年轻人首套房的最佳策略便是等待时机，再用自己所能承受的极限，买下一套可以持有多年的好房子。注意：不要被市场影响、被他人左右，要有一套属于自己的评判标准。宁可不买，也不要买错；宁可被嘲笑，也要在时机来临时才果断出手。

2. 买房过程中不做复杂判断，只做简单决策

简单决策，就如在100元和50元的钞票中，选出面值最大的那张一样，而复杂判断，则是指A与B之间不能立即区分孰优孰劣，需审慎斟酌、筛选后才能进行决策的判断。例如，高考后专业的选择、应届毕业生工作的选择等。

聪明的买房人可以把复杂的判断逐层拆解后变成若干个简单的问题，并针对每一个简单的问题做出最正确的选择。

举例来说，对于一个复杂的买房决策，可以利用"5W1H"买房自测排查法（Who、Why、When、Where、What、How），来明确购房时，购房人所需具备的购房资格、购房原因、购房时间、购房地段、购房户型、购房方法这5个次级问题。此时，还可继续拆解次级问题，如买房资格，可拆解为是否符合当地限购条件、是否具有最低首付金额等，而这次拆解后的"是否符合当地限购条件"就是一个可以通过查阅限购政策而做出的"简单决策"。

3. 识别买房过程中的陷阱，避开其他人犯过的错误

不少初次购房者在看房时，会误认为自己遇到的是一个千载难逢的"简

单决策",而实际上往往是一个包装精美的"复杂陷阱"。

在售楼处,置业顾问们会从区域价值、居住价值、投资价值三大维度,告诉你"买到即是赚到",并在你思考时,让你看到他人争抢房源的场景,听到他人靠买房实现财务自由的经历。这时,你会产生"自己只需交了定金,就能实现稳赚不赔的幻觉"。但实际上,置业顾问的说辞都是精心设计过的。买房人仅做简单决策远远不够,更要具有识别"买房陷阱",避开普通人所犯买房错误的能力。通过如下办法,便可掌握这种非常重要的能力。

(1)掌握尽量多的房产知识:阅读并记录尽量多的买房书籍、买房人经验,并从中提取出属于自己的方法论。

(2)增加决策人数量与质量:邀请自己的伴侣、父母、同事以及了解房地产知识的好友,甚至也可付费咨询房产专家,协助自己共同决策。

(3)延长决策时间并充分思考:很多错误的决策之所以产生,是决策者根本没有意识到自己还可以有其他选择,而当延长决策时间为自己提供"冷静期"后,大多数人都可以做出恰当的决策。

4. 选择通用、恰当的买房技巧

仅仅避开"购房大坑"是不够的。此时,你还需要一条清晰可行的"看房、选房、砍价、签约、收房"的全流程指南。通过阅读本书的第二部分,你在掌握房产"常识"(这是阅读本书第一部分后读者可以实现的)的基础上,便可继续获得系列购房"技巧"。

房产市场是在不断变化的,在买房人砍价技巧被分享出来的同时,卖房人抬价的策略也已在微信群内广泛传播了,而我们此刻能够做的便是从原点出发,寻找那些通用、恰当、永恒的买房技巧。例如,在看盘时,可选一个备用手机,以防止后期自己的电话被频繁骚扰。又如,无论遇到多么"千载难逢"的机会,都给自己留有至少一天的"冷静期"。

5. 坚定持有,不被市场和他人影响

最后,当你终于买下一套心仪的房产后,你还须面对:说变就变的房产政策,阴晴不定的房地产市场,以及爱人、父母、朋友、同事,甚至路边大爷对你房产的指指点点。任何一套不算特别差的房产,只要是从自住角度出发而购买的就不能算赔,因为房产本身除投资属性外,还有很强的实用价值。即便买来投资,只要长期持有7年后再出售,也大多会有可观的收益。

以下是根据买房的先后顺序,从了解房产分类开始,至验房、收房为止

的完整过程。所讲内容都将以纲目的形式列出，以便读者根据自己的时间，反复思量、逐条实践。

整体架构图

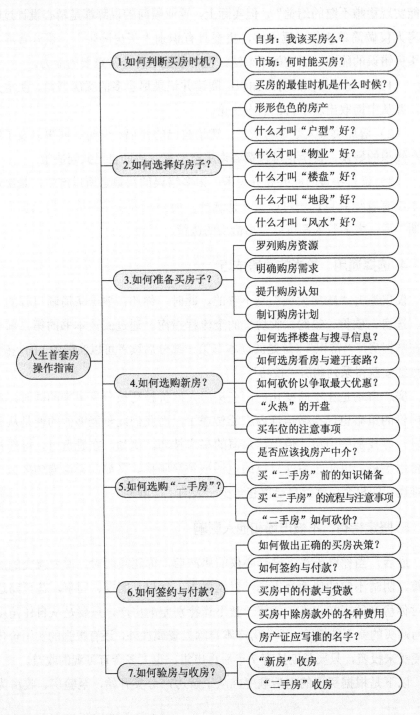

第5章
如何判断买房时机？

买房的最佳时机，是指在自己最适合买房时选对了市场的最佳入市时机。

5.1 自身：我该买房吗？

"我出差才半年，房价就涨了近一倍，现在真不知道自己该不该买房了！"

陈丰（化名），27岁，大连人，网络工程师。陈丰与我相识已久，印象中，他是一个乐观开朗的人。但这一次，我看到了一个迥然不同的他：焦虑、迷茫、悔恨。因为大连房价突如其来的上涨，使得他不得不多花几十万元来购买与一年前同等地段的房产。这样的现实，让他久久无法释怀。

"如果我不出差，就能早几个月买房，一下子就能省下几十万元了。"

大连房价在过去很长的一段时间都很稳定，即便其他一、二线城市房价疯涨，但这里的住宅交易市场也依旧平淡如水。不过自从2017年开始，大连房价便一路高歌猛进，到了2019年，即便出台了限购政策，也依然难以抑制房价上涨的势头。

陈丰一下子"疯了"，他不断翻阅房地产投资类书籍，学习房价预测的方法，分析经济对房地产的影响因素，并咨询了一个又一个房地产"专家"。因为笔者与他相识，自然成了他请教的"专家"之一。在帮他分析大连房产之前，笔者先要好好分析一下陈丰这类买房人。

5.1.1 犹豫不决的买房人

笔者将陈丰这类购房者，称为"懊恼型购房者"。这类购房者往往因为错过了"买房的最佳时机"，而需要比其他人多支付几万元乃至几十万元的购房款。他们曾有一套自己的盘算，但却被偶然的市场、政策、工作因素打乱了阵脚，从而懊恼烦闷，病急乱投医。

陈丰的状况不算是最糟的，比他更"惨"的是"恐慌型购房者"。2015—2017 年，全国房价都出现了一定程度的上涨，北、上、深、广尤甚。当时还在一线做营销工作的笔者，眼睁睁地看着一个楼盘从 2015 年的 32 000 元/平方米，上涨到 2017 年的 60 000 元/平方米。2016 年年初，笔者参加了北京市六环外顺义区一个商住两用项目的开盘，目睹了一位五十多岁的阿姨，冲着电话的那头声嘶力竭地喊着："你快点过来啊，再不过来就买不到了。"而当天，这个单价 20 000 元/平方米的商住两用项目开盘大捷，日销售额高达 18 亿元。

据说 2016 年涨幅最疯狂时，一个北京的买房人和房东砍价，砍了一整天终于从最初的 400 万元，砍到了 410 万元才成交。而这位买房人与前文中提到的阿姨一样，都是典型的"恐慌型购房者"。

买房人这样的心态，是因为市场导致的么？当房价并非处于高速上涨，而是处于平稳或略微下跌的周期时，买房人的心态又会怎样？2019 年 2 月，上海的一位"宝妈"联系到笔者，其实在此之前，她已经足足看了一年多的房产，但越看越焦虑，越焦虑就越难做出决策，从此陷入了持续看房而无法决断的死循环中。她有购买改善型住房的需求，但一直担心自己买在了高点，担心未来房价会"崩盘"，也担心房价突然间再次上涨。

诚然，对于买房人，外界环境的多变是你无法进行冷静决策的重要原因，但缺少切实可行的方法，才是造成踌躇不前的关键。

5.1.2 "智猪博弈"决策是否买房

懊恼的陈丰、恐慌的阿姨、焦虑的"宝妈"以及所有犹豫不决的买房人，在买房之前都会面临一个选择：买，还是等等再买。在这个过程中，如何做到不被外界环境所影响，做出恰当地判断，才是我们需要关注的重点。此时，我们可以引入博弈论的内容，把买房的决策看作"买房人"与"房价"之间的一场博弈。经典的"智猪博弈"模型，就非常适合进行买房决策。假设猪圈里有一头大猪、一头小猪。猪圈的一端有猪食槽，另一端安装着控制猪食供应的踏板，踩一下踏板就会有 10 个单位的猪食进槽，但是谁踩踏板，就要首先付出 2 个单位的成本。10 个单位的食物如何分配，取决于哪一头猪先到猪食槽以及它的体型大小。如果大猪先到，则它可以得到 9 个单位，小猪则只能得到 1 个单位。相反，倘若小猪先到，则可以得到 4 个单位的食物。如果它们同时到达，则小猪能得到 3 个单位的食物。对于这样的状况，大猪与小猪最终会如何博弈呢？

此时，我们可列举所有的情况：①大猪选择行动，小猪选择等待时，小猪可得到 4 个单位的纯收益，大猪得到 6 个单位的收益，付出 2 个单位的成本，实得 4 个单位的纯收益；②小猪和大猪同时行动，同时到达食槽，分别得到 3 个单位和 7 个单位的收益，但也分别付出 2 个单位的成本，实得 1 个单位与 5 个单位的纯收益；③大猪选择等待，小猪选择行动，小猪获得 1 个单位，大猪获得 9 个单位，且小猪付出 2 个单位成本，纯收益是 -1 个单位；④大猪与小猪都选择等待时，大猪与小猪的纯收益都为零。通过表 5.1 可以看得更加明晰。

表 5.1　两猪得益矩阵

收益		小猪	
		行动	等待
大猪	行动	5, 1	4, 4
	等待	9, -1	0, 0

小猪踩踏板只能吃到 1 份，不踩踏板反而能吃到 4 份。对小猪而言，无论大猪是否踩动踏板，小猪都将选择"搭便车"策略，也就是等在食槽边，这便是最好的选择。再看大猪，因为小猪有"等待"这个优势策略，大猪只剩下两个选择：①等待，1 份也得不到；②踩踏板，得到 4 份。因此，"等待"就成了大猪的劣势策略，当大猪知道小猪是不会去踩动踏板时，自己亲自踩踏板总比不踩强，为了一点残羹，它只好不知疲倦地奔忙于踏板和食槽之间。

从这个模型来看，大猪的需求弹性小，因而总是要去踩，而小猪只需要等待就可以免费搭便车。最终的最佳均衡决策便是，大猪行动与小猪等待。这是一个非常经典的"不对称竞争"模型，而这个模型的结论非常具有现实的指导意义："**需求弹性小的一方，可以搭需求大的一方的'便车'，从而确保自己的利益最大化，而需求弹性大的一方必须行动，否则将会损失惨重。**"

买房人是"大猪"还是"小猪"？这取决于我们对房产本身"需求弹性"的大小：需求弹性越小，也就是刚性越高，越应当买房；需求弹性越大，也就是刚性越小，越可以耐心地等待"买房的最佳时机"。

举例来说，陈丰属于年轻人首次买房，并且是为了结婚准备的婚房，他是大连本地人且在大连工作，家里只有20世纪父母单位分的一套老房子。对陈丰来说，他买房的"需求弹性"很小。无论房价这只"小猪"如何选择，他都应当尽快采取行动。否则，不仅可能再损失几十万元，还可能误了自己的"终身大事"。而即便房价出现震荡，只要陈丰持有的时间足够长，并充分利用房产的使用价值，依然可以在未来赚到足够的收益。

而那个五十多岁的阿姨，很可能是被售楼处的氛围唬住了。从年龄推测，她是一个房产投资者，拥有极大的"需求弹性"，这类投资性需求的买房人，不应因销售氛围而打乱阵脚，而应在了解价格的同时与自我预期价位进行对比，并与家人协商后再做定夺，否则很可能会造成一次失败的投资。而事实证明，在随后的2017年3月，北京商住限购，无论是否为北京户籍，购买人必须在北京拥有连续60个月的纳税或者社保，且必须全款购买，商住房产价格应声下跌，成交量更是跌至冰点，阿姨这次冲动的投资，一下子被深度"套牢"。

至于迷茫的"宝妈"，之所以越看越迷茫，越看越焦虑，是因为自己曾经有过一次"失败"的投资，同样是在上海买房，其他人的房产涨了200万元，而她买的房产却只涨了100万元。因此，她才要在这一次的改善型购房中把曾经吃过的亏"捞"回来。改善型需求，确实可以更加从容，在市场平稳阶段，也确实可以更加慎重，但如果不给自己的时间设置一个期限，不断投入的时间成本，也会是一个深不见底的无底洞。

"刚需越早买房越好""投资有风险，买房需谨慎"这些老生常谈的"论调"虽然人尽皆知，却并不是人人都懂得运用。

当我们在决定是否买房时，首先要盘点自己的处境，分析"需求弹性"。买房人的未来与房产关联越小，"需求弹性"越大，就越可以"搭便车"，越可以谋定而后动；相反，买房人的未来与房产关联越紧密，"需求弹性"越小，就越要早些购买，以防止让自己懊恼不已的事情突然发生。测量自己的"需求弹性"可以通过量化买房"需求指数"来实现。

5.1.3 量化买房"需求指数"

通过如下 8 个问题，可以量化自己的买房需求指数。针对每一个问题，如果你的答案为"是"，那么请给自己的需求指数加上一分，反之则无须增加，并计算自己的最终得分。

1. 自身及其家庭是否有资格在当地购买特定房产

不同地方的限购标准不同，尤其是北、上、深、广这类一线城市，需要检索"城市名称+最新限购政策"，以了解自身是否符合相关买房资格，并提前进行准备。

2. 自身及其家庭是否有足够的资金购买房产，并能支付足额首付款

对于北京首套"新房"：共有产权房公积金贷款的最低首付比率为 20%，商业贷款最低为 30%，普通型商品房最低为 35%，非普通商品房为 40%，而沈阳则只要是首套房，就是 20%。结合当地新房房价，按照最低首付比例相乘，再加 5 万～10 万元（契税、贷款补足款、公共维修基金等），便是你需要承担的最低首付款金额。

大部分地区的"二手房"，需要以房产评估价（通常比真实成交价低 10%～20%）来放贷，"二手房"的首付比例以实际成交价计算，可能会达到实际成交价的 40%～50%，但我国有些地方也可以人为"做低"至最低首付比例，这还需要咨询当地中介以确认比率。

3. 自身是否确定以后会生活于这个城市

如果不确定以后会生活于这个城市，请慎重购买，毕竟买完房后还需要打理，也会产生诸如物业费、水电费的支出。如果未来房产税执行后，你又不在这座城市，房子租不出去的话，它很可能会变成负债，而不是资产。

4. 如果未来房价波动，5～10年都无法上涨，自身能否承受相应的精神压力和房贷压力

大部分国家的经济危机都是从房地产开始，并伴随着房价的下跌和工资的缩水。不过一般经济危机大多只有3～5年，只要挺过这段时期，经济就会再度繁荣。而能够承担房贷的最重要因素，就是稳定的工作、丰厚的资产和富足的亲友。

5. 如果现在不买房，是否会影响自身的户口、规划等既得利益

很多年轻人买房是为了安置自己的"户口"，因为就职单位或者落户城市规定，只有买房才可以将户口从集体户口中迁出，利于日后工作的更换和长久发展。此时，房产是"户口"的容器，而如果不买房就可能损失这个户口以及户口背后的隐性资源，如子女的教育资源。

6. 是否全家人都支持自身买房

买房不是一个人的事情，除非你完全用自己的钱来购买，否则，请在买房之前说服每一个家庭成员，至少要让家庭成员认可你的买房决策。

7. 如果不买房，你的理财年化收益率是否在8%以下

8%的理财年化收益率是理财的门槛，在8%以下，一般是活期、定期、货币基金和众多的银行理财；而8%以上的年化收益率，是P2P、基金定投、股票、私募、民间借贷。在保证资产不缩水的安全性下维持年化8%的增长，是一件非常困难的事情。但过去20年的房产，均摊到各个年份里，一、二线城市的房产基本做到了8%的年化增幅，且是各种资产中，少有的没有"跑输"通货膨胀的。

如果你没有很好的理财能力或充沛的理财精力，又有足够支付买房首付的闲钱，那么即便你对户口并不在意，仍然建议进行基础的资产配置。不是为了炒房投机，而是单纯地平衡资产结构。

8. 如果当下不买房，未来 3 年内是否也要买房

有时买房不仅是为了解决当下的居住需求，还要考虑未来的个人和家庭规划。即便当前的买房需求不迫切，但如果未来 3 年之内，还有必须买房的原因，如夫妻结婚的婚房，增加人口与空间的改善房，也应该遵循"越早买房越好"的刚需买房原则。

以上 8 个问题，分值越大，需求刚性越高，分值为 8 分，则可以称为"刚需购房者"，应当立即启动买房规划，5～7 分则说明你还有些没解决的买房问题，可以强行"上车"，但记得系好"安全带"。若得分低于 5 分，说明你并不具备买房的刚需，即便买房，也应该从投资的角度充分客观地衡量。在确保自己不会断供，房贷不会影响自己生活质量的前提下，仍然可以买房，只是"买房"对于现在的你，并不是"最佳决策"。

5.2 市场：何时能买房？

"2019 年下半年的北京，适合买房么？"

刘亮（化名），26 岁，培训机构教师，北京人。在父母的催促、未婚妻的暗示、丈母娘的威逼下，再倔强的刘亮也只得乖乖规划买房。但因为自己之前完全没有关注过房产，手里的资金还非常有限，偌大的北京城，竟让他瞬间觉得无处立锥。于是他找到了我，希望我陪着他从判断时机起，至买到房产为止，把他的这套年轻人首套房完完整整地买下来。

笔者说："没问题，不过我正在写一本关于年轻人买房的书籍，可以把你的买房经历作为教学案例在书中展现出来，帮助读者们掌握买房的知识、经验与技巧么？"

刘亮："当然可以。那就先帮我预测一下北京今年什么时候买房比较合适吧。"

看到刘亮愿意为众人献身，我非常高兴，于是立即摆弄起了手中的"八卦盘"，决定回答他的问题。此时，我想到了经济学家约翰·肯尼斯·加尔布雷思说过的那句话"经济预测的唯一功能，是让占卜学变得令人尊敬"。

笔者无法预测未来，但却可以告诉你如何凭借过去的数据，帮助自己判断与理解当下。也可以告诉你哪些现象和时机的出现，可能导致房价的上涨和下降，哪些政策和制度的施行，能够导致房地产市场的变化。虽然房价无法预测，但并不总是无迹可寻。"未来学"的基石，就是相信未来可以预测，相信过去的数据和经验可以昭示未来。债券投资专家比尔·格罗斯曾经告诉加州大学洛杉矶分校安德森商学院的学生："我的书房咖啡桌上摆的并不是彼得·林奇的《战胜华尔街》或我自己的著作，而是历史学家保罗·约翰逊几本有关19世纪和20世纪的历史书。就确定未来而言，没有比历史更好的老师。"过去的经验可以告诉我们行动的方向，但过去的经验并不总是十分靠谱，我们能够做的，便是不断地理解历史、分析数据，并警惕可能出现的"黑天鹅"与突然发疯的"灰犀牛"。

5.2.1 如何预测房价？

虽然预测房价是一门"玄学"，但普通买房人依然可以通过一些现象和指标来判断未来的走向。除普通买房人之外，还有很多专业人士同样关心着房价的涨跌，而他们的日常工作，就是分析与研究房价的变化，如中国社科院城市发展与环境研究中心的研究员、房价数据分析与咨询机构的分析师、房地产投资发展部的投资经理，以及靠写分析文章谋生的房产自媒体。不同的人有不同的途径与方法，接下来的几种房价预测方法，是每一个像刘亮这样的普通人，都可以自主预测的"靠谱"方法。

1. 常住人口与户籍人口

房产与其他商品最大的不同在于，房产是依附于人而存在的，是无法移动的。这表明：**当一个城市人口增加时，房价即便不上涨，也很难下跌；当一个城市人口减少时，房价即便不下跌，也很难上涨。**美国的汽车之城底特律，在人口大幅度缩减之后，房价也跌到了空前的低位，而即便日本陷入了"失落的20年"，但东京圈的房价却一直保持着坚挺。一个城市的人口流入与流出，是最容易被观察到的现象，但也是最容易被买房人忽视的现象。

以北京市为例，北京 1998—2018 年常住人口数据，如图 5.1 所示。

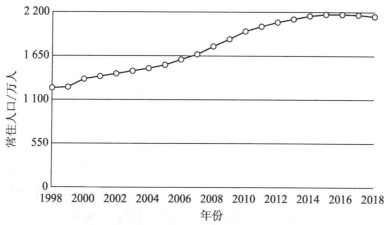

图 5.1　1998—2018 年北京市常住人口数据情况

数据来源：北京市统计局

从图 5.1 中可以看出，北京市常住人口自 2014 年开始，便出现了明显的增速放缓，2016 年常住人口达到最高的 2 172.9 万人后，2017 年下降至 2 170.7 万人，2018 年更下降至 2 154.2 万人。是北京这座城市不再具有吸引力了么？肯定不是。2015 年公布的《北京城市总体规划（2016—2035 年）》中给出了答案：

"第 14 条 严格控制人口规模，优化人口分布。

按照以水定人的要求，根据可供水资源量和人均水资源量，确定北京市常住人口规模到 2020 年控制在 2 300 万人以内，2020 年以后长期稳定在这一水平。

通过疏解非首都功能，实现人随功能走、人随产业走。降低城六区人口规模，城六区常住人口在 2014 年基础上每年降低 2～3 个百分点，争取到 2020 年下降约 15 个百分点，控制在 1 085 万人左右，到 2035 年控制在 1 085 万人以内。城六区以外平原地区的人口规模有减有增、增减挂钩。山区保持人口规模基本稳定。"

可见，北京最晚自 2015 年起，就已经开始控制城六区及北京市总人口，并规划将北京市总人口长期维持在 2 300 万人以下。在这样的规划之下，北京市的人口很难持续增长，但考虑到这属于政策性调控，所以房价可以长期保持稳定，若政策一旦松动，则房价可能再度出现"井喷"式上涨。

2. 商品房去化周期[①]

房产虽然具有投资、自住的双重属性，但归根结底还是一种商品，其价格也会受供求关系的影响。通过商品房的待售面积与此前 12 个月的月均成交量之比，可以计算出该城市的去化周期。通过去化周期，能够直接地判断该城市房产交易的"活性"。

①当去化周期在 12 个月之内，说明供不应求，房地产市场火爆，房价上涨概率极大；②当去化周期在 12～24 个月之间，说明供求基本平衡，房地产市场稳定；③当去化周期大于 24 个月，说明供过于求或者市场惨淡、观望情绪浓厚，购房人的买房欲望极低，房价稳定或可能出现下跌。

获取这些数据的途径有很多，普通人并没有必要像地产企业那样支付高额的费用来获取查询房地产数据库的权限。通过查看统计局、房管局发布的数据（北京为"北京市统计局"与"北京市住房和城乡建设委员会"）就能够看出一些端倪。

统计局的数据当然会滞后，但任何显示出来的房产数据，通常都会比实际的市场状况滞后 2～3 个月，甚至更久。此外，统计局、房管局显示的价格也会比真实的成交价格要低一些，"新房"可能额外收取团购费、茶水费、装修款，"二手房"也可能为了避税而少报"网签价"，总之，统计来的数据在填报之初就会比真实情况"少一截"。但随着制度的逐渐完善，这些现象也在不断减少。

因为房产不会像股票那样在短时间内发生剧烈的变动，即便存在 2～3 个月的间隔，统计局公布的相关数据也足够权威，甚至能够反映地方政府的真实意图。下面，我以刘亮所在的北京市来进行分析，2018 年北京市房地产开发面积及销售面积情况如表 5.2 所示。

---

① 商品房去化周期 = 商品房市场库存量 / 商品房单月销量。商品房的库存周期，代表着按照当前的销售速度，市场上的所有库存销售完所需的时间。

如何判断买房时机？

表 5.2 北京市 2018 年房地产开发面积及销售面积

单位：万平方米

项目	2018 年 1～12 月	同比增长（%）	按用途分					
			住宅	同比增长（%）	办公楼	同比增长（%）	商业营业用房	同比增长（%）
房屋施工面积	12 962.6	2.8	5 877.1	6.7	2 220.5	-8.6	1 160.1	-7.1
其中：新开工	2 321.1	-6.2	1 233.6	0.6	221.3	-39.3	108.3	-32.0
房屋竣工面积	1 557.9	6.2	731.2	21.1	249.9	-22.2	162.8	-2.5
商品房销售面积	696.2	-20.4	526.8	-14.0	75.8	-30.0	35.0	-53.1
其中：现房销售面积	313.8	-13.6	202.4	-12.6	48.6	8.7	17.0	-46.2
期房销售面积	382.4	-25.3	324.3	-14.9	27.2	-57.3	18.1	-58.0
待售面积	2 153.3	2.9	833.7	2.8	390.6	16.2	373.4	-13.1

资料来源：北京市统计局

单看住宅方面：北京市 2018 年 1～12 月房屋施工面积同比增加 2.8%，房屋新开工面积却同比减少了 6.2%，这说明全市房屋施工时间有所延长，未来的入市面积有所减少；房屋竣工面积同比增长 6.2%，待售面积增加 2.9%，但商品房销售面积大幅减少了 20.4%，说明 2018 年北京市房地产销售量下降，且不是因供应端而是需求端导致的。

通过计算，北京 2018 年房产的去化周期为 37 个月，根据国家土地局规定当去化周期大于 36 个月时，将停止土地供应，所以接下来的一段时间，北京市场上的新增土地将会减少。但也不排除会在 2019 年推出某些政策快速缩短去化周期，毕竟 2018 年北京市房地产去化周期增加的原因也是政策调控。

3. 房地产相关金融指数

房地产的价格波动、销售情况与宏观金融数据和银行贷款利率、房地产企业融资成本密切相关。通过过去二十多年的数据分析，如果必须要找出一个与房价有强相关性的数据，那就是"M1 与 M2 的剪刀差"[①]：**当剪刀差开始大于零，房价进入上涨通道；当剪刀差开始小于零，房价进入下跌通道。"M1 与 M2 的剪刀差"，会较房价变动领先 1～3 个月。**

究其原因，"M1 与 M2 的剪刀差"是一种货币现象，通常 M1 与 M2 只是货币供应量的不同维度，大概率应为同向，一般 M1 的波动率更大。而 2016 年至 2018 年年初，M1 和 M2 的剪刀差从正向转为负向，反映了经济现象的重大变化。2016 年正剪刀差时，M1 高企，M2 平稳，保证金与存款出现较大幅度下降，说明居民在股指下跌后资金从股市撤出，并以 M1 形式流入房地产商和地方融资平台，此时的居民采取了"卖股买房"的投资策略。

2018 年剪刀差转向，体现在金融去杠杆下的货币派生减弱，居民住房贷款申请困难且贷款利率逐渐攀升，限购也更加严格，从而使得居民买房热情、

---

① "M1 与 M2 的剪刀差"：M1，叫作"狭义货币"，是指以流通中的现金，加上企业、机关、团体、部队、学校等各种社会单位在银行的活期存款；M2，被称为"广义货币"，指的是以 M1 为基础，加上企业、机关、团体、部队、学校等各种社会单位在银行的定期存款，以及城乡居民个人在银行的各项储蓄存款与证券客户的保证金。一般 M1 的增长被认为是经济向好的表现，随着 M1 的增长，M2 常以略高于 M1 的增速而增长。但当 M2 的增长速度开始出现慢于 M1 的情况，并且在后续几个月里持续扩大增速差距时，这种 M1 增速反超 M2 增速的情况，则称为"M1 和 M2 的剪刀差"，这是 M2 增长放缓与 M1 激增共同作用的结果。

买房能力都大幅下降。房价因而逐渐平稳,部分城市更是进入房价下跌通道。伴随着 2019 年农历春节后 A 股的持续走高,"卖房炒股"的呼声开始此起彼伏。房地产进入寒冬后,股市的牛市又一次开始。

除"M1 与 M2 的剪刀差"外,每一次居民贷款利率的增加,也会导致房地产交易量的骤减,实现房价的下降或平稳。每一次居民贷款利率的降低,都会导致房地产交易量的暴增,形成房价的走高。过去二十多年的房地产历史中,皆是如此。

若房企的融资成本高,则说明银行担心当前房地产市场的发展状况,拒绝给房企发放贷款,房价很可能下降,严重时甚至会导致房地产企业破产,继而在市场上出现烂尾楼现象。若房企融资成本低,则说明银行认可未来房地产市场的发展,房企更有底气在土地拍卖会中拍下"地王"。2019 年的金融环境,更偏向于"定向放水",资金进入实业中,房地产则在放缓货币化安置的同时,坚持"房子是用来住的,不是用来炒的",严控一线城市房价涨跌,防止其他城市房价剧烈波动。

4. 住宅销售价格指数

房价在没有其他因素影响的前提下,一般会按照前 2 个月的平均环比增长率进行波动。不过遗憾的是,影响房价的因素实在太多。还是以北京市 2018 年 12 月住宅价格指数的数据为例,如表 5.3 所示。

表 5.3 2018 年 12 月北京市住宅价格指数 单位:%

项 目	2018 年 12 月	
	以上年同月价格为 100 的指数	以上月价格为 100 的指数
1. 新建商品住宅	102.3	101.0
90 平方米及以下	102.0	100.7
90～144 平方米	101.7	100.7
144 平方米以上	103.1	101.3
2. 二手住宅	98.1	99.8
90 平方米及以下	98.8	99.8
90～144 平方米	97.5	99.7
144 平方米以上	97.5	99.9

数据来源:国家统计局官网,2019.

从表 5.3 中的数据来看，新建商品住宅价格略有升高，但增长不多，仅为 2.3%，而二手房价格却不升反降，下降 1.9%。仅从这一数据可以看出：近一年北京市房价非常稳定，且当前投资属性不大。这与我们通常的想法有很大出入，因为在过去很长一段时间，投资北京的房产是许多人最明智的选择。此时，让我们继续看一下北京市住宅价格环比指数，具体情况如图 5.2 所示。

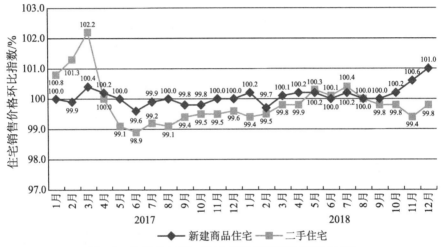

图 5.2　北京市 2017—2018 年住宅销售价格环比指数

数据来源：国家统计局官网，2019.

通过图 5.2 可以看出在 2017 年 3 月，二手住宅的销售价格环比指数有"断崖式"下降。结合当时的政策，恰好是 2017 年 3 月 30 日北京市限售政策的颁布时间。自此之后，新房房价在限价的基础上价格稳定且供应充足，二手房则在新房限价以及提高购房门槛的双重打压下不断走低。2018 年 12 月，北京房地产市场迎来了一个"小高峰"，原因是当时北京市"壹号院"等豪宅项目降价促销，拉高了成交均价。继续看一下北京市住宅销售价格同比指数，具体情况如图 5.3 所示。

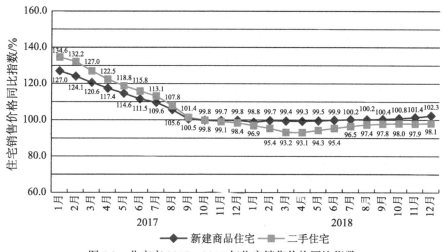

图 5.3 北京市 2017—2018 年住宅销售价格同比指数

数据来源：国家统计局北京调查总队，2019.

从图 5.3 的同比数据中，同样能看出 2017 年房价存在大幅上涨，但 2017 年 1 月至 2018 年 4 月，同比指数连续 16 个月下跌，表明北京房地产市场的"不景气"。而在 2018 年，房价几乎没有任何变化，无论新房还是二手房。

从以上数据我们可以得出的结论是：北京房地产市场在 2018 年的房价"极度"平稳，接下来的 2019 年，若没有新增变量，将大概率继续保持平稳。

5. 房地产政策

回看中国房地产的历史，每一次的"黑天鹅"或"机遇"，都是由于房地产政策变化导致的。1994 年的海南"房地产地震"，是由于中央 1993 出台了 16 条强力调控措施；2000 年的房价上涨，是由于中央 1998 年出台的房改方案；2010—2014 年房价的平稳，与"新五条"的出台更是密不可分；而北京 2017—2019 年的房产市场冰封，也与 2016 年 9 月 30 日至 2017 年 3 月 30 日的密集调控政策关系密切。

不过在房地产销售员的口中，任何政策都会被解读为促进房价上涨的政策。例如，当北京限购时，他们会举出 2003—2006 年期间房价"越限越涨"的历史；而当北京限购放宽时，又会解读为瞬间会增加大量有资格的买房人与你共同争抢房源，未来房价一定会快速上涨。

究竟什么政策会让房价上涨？什么政策又会使得房价下跌呢？

以下是可能使房价上涨的政策：

①首套、二套、三套房购房首付比例下调；

②减少银行存款准备金，房贷利息下降或有优惠；

③楼市税费补贴类政策落地；

④加强货币补贴，进一步加大棚户区改造力度；

⑤鼓励年轻人购房的政策；

⑥上调普通住宅标准；

⑦对于特定人群、特定楼盘给予契税优惠或减免；

⑧人才新政，降低落户门槛。

以下是可能使房价下降的政策：

①将首套房首付比例提高，提高二套房首付比例，禁止三套房购买；

②增加银行存款准备金，房贷利率上浮；

③楼市税费补贴政策取消，增加税种，如房地产税；

④取消棚改货币化安置，棚改结束；

⑤调整住房公积金政策，让使用公积金变难；

⑥提高外地人购房门槛，提高落户标准；

⑦大力发展租房市场，提供公租房；

⑧增加福利性保障性住房的供应。

最后，在各种关于房地产的政策中，中央政策重于地方政策；五年规划重于政府工作报告；红头文件重于城市规划且重于区域目标；落实性法规重于征求意见稿；公开性文件重于地方官员的公开性讲话。如果两种政策产生冲突，我们应尊重更高级、更临近、更具针对性的政策。

6. 新房来访量与二手房带看量

既然房价的成交数据通常滞后于真实的市场情况，那么是否有一种数据可以实时或者接近实时地反映出真实的市场情况呢？答案是肯定的。新房的来访量与二手房的带看量，可直接反映买房人对于市场的真实关注程度。

当新房来访量与二手房带看量同时逐渐上升时，便说明市场正在逐渐回暖，成交量会随之上升，房价也会大概率上升，尤其是二手房房价，因为二手房的房东不会错过任何一个可以涨价的可能。当新房来访量与二手房带看量同时逐渐下降时，便说明市场热度正在下降，成交量会随之萎缩，房价也会大概率下降或稳定。

当新房的带看量明显上升，而二手房的带看量没有变化或反而下降时，便说明市场处于"低风险""高监管"状态，此时，政府调控占据主导地位，可能是因为限制新房价格、限制二手房出售等强制性措施所致，如2018年前后的限价、限售政策。当新房的带看量没有明显上升，而二手房的挂牌量与带看量突然上升，便说明市场处于"高风险""高自由"状态，此时，市场占据主导地位，一方面可能是因为卖房人担忧未来而出现的大量抛售，导致人们争相看房；另一方面也可能是因为新房房价明显高于二手房房价，导致市场进入存量房的个人交易时代。

但是，现实生活中很少有人能了解到最真实的新房来源量与二手房带看量数据。此时，作为普通人依然可以"侧面"了解到新房与二手房的带看量：与新房销售员、二手房中介互加微信好友，查看对方每天的步数情况，步数越多，说明带看越多；步数越少，说明带看越少。不过，由于做地产的很多人也都是马拉松爱好者，所以最好添加没有长跑习惯的中介为微信好友。

5.2.2 关于房价有哪些假说？

除了以上的数据分析之外，人们在谈论房价的过程中，也逐渐沉淀出了一些可以称为"假说"的言论，笔者挑选整理之后，与诸君共品。

1. 长期看人口，中期看土地，短期看金融

恒大地产研究院院长任泽平说："我们判断一个地方未来房价是涨还是跌，先要判断未来这个地方人口是流入的还是流出的。人口流入的地方，未来房价长期来说会涨；人口流出的地方房价肯定涨不动。这就是为什么过去一、二线城市房价大涨，东北的房价不涨的原因。中期则看土地，如果这个地方人口是流入的，政府还不供地，这个地方的房价会大涨。短期看金融，如果一个地方人口是流入的，政府还不怎么供地，最近又有货币刺激政策，这个地方的房价会暴涨。"

这个"假说"非常知名，人口、土地与金融确实是影响房价非常关键的三大要素，但这三个要素相辅相成，不应单纯割裂。

2. 宏观调控不是让房价跌，而是稳涨

前华远地产董事长任志强认为："国家的宏观调控，无论是'国六条'，还是'国十条'，它们的目的都不是让房价下跌，而是让房价稳定上涨，以确保经济的平稳运行。房价牵扯的上下游行业、各个部门太多，天天吵着要降低房价的人，根本不懂经济。"

因为屡屡以犀利的言语表示看涨房价，任志强被人们称为"任大炮"。关于房价的影响因素，与任泽平相反，任志强说得最多的就是政策。什么政策是有效的，什么政策是无效的，什么政策是有害的，他都有犀利而精准的点评。

3. 房地产最大的利好在城镇化

中国城市和小城镇改革发展中心首席经济学家李铁认为："房地产最大的利好在城镇化"。他补充说："很多人关注房地产的发展，更多地是从风险的角度来判断。主要是基于美国和日本曾经发生的房地产泡沫带来的金融风险。如果对美国和日本当时的数据与中国当下的状况进行比较，中国的城镇化率才58.52%，而美国和日本发生泡沫的时候，城市化进程已经基本饱和。何况中国的户籍人口城镇化率仅为42.35%。"

2019年4月，发改委发布了重要文件《2019年新型城镇化建设重点任务》，其中就指出："城区常住人口100万—300万的Ⅱ型大城市要全面取消落户限制"。

推动着房价上涨的最大动力，就是不断涌入的人口，让房价下跌的最大基础，也是不断流出的人口。随着户籍制度的逐渐打破，城镇化、城市群未来的聚集效应也必将更为明显。从更宏观的维度来看，虽然城市之间的房价大战闭幕了，但城镇化的第二阶段，城市群之间的角逐才刚刚开始。

4. 房地产的"三年小周期"理论

究竟是谁率先提出这个理论已经无从考证，但它却是房产公司投资部经常会写入方案中的理论，也是房产从业者所谓的"常识"。这个理论的核心

观点认为：房地产是具有一定周期性的行业，它大概每隔三年会经历一次小的"荣衰变化"或者"冬夏交替"，"房价环比增长率"会有一个周期性的起伏。

以深圳为例：2006—2009年、2009—2012年，2012—2015年，分别有3个明显的房价周期，这期间无论是成交量、房价同比环比情况，乃至房价本身，都存在着"冬夏更迭"。

笔者认为，房地产的周期性主要来自三个方面：一是房地产空间市场本身的供需关系所形成的周期性，这种周期性因房地产的建设周期而得到强化；二是信贷市场所形成的周期性，更多来源于宏观的外部环境；三是中央与区域房地产政策的周期性，这种周期性常常是由中央传导至地方，再由地方反馈至中央。

5. 房地产的"七年必涨"与"七年轮回"理论

紧接着"三年小周期"理论的，是与之息息相关的"七年必涨"理论。因为中国房地产在整体趋势上看是向上的，也长期处在通货膨胀的环境下，所以经过两个周期（七年）之后，无论在上一个周期的什么位置买入，无论在哪一个城市、哪一个地段买入，房产的价格都会比之前买入的价格要高，这就是房地产的"七年必涨"理论。

2010年，北京通州区房价在三个月内暴涨了三倍，海南楼市在第一季度暴涨三倍，同年4月17日，"国十条"横空出世。每隔7年，市场都会出现"似曾相识"的情景，这就是房地产的"七年轮回"理论。

6. "板块轮动"理论

水库论坛的欧成效认为：

（1）一个板块的炒作时间约是3～4年；

（2）最前面的一年造势，最后面的一年退潮，高潮在中间2年；

（3）当一个板块达到高潮时，舆论媒体宣传报道会给予极大关注，同时开盘卖地等事盛行，但高潮过后，就会逐渐沉寂；

（4）同一时间段，高潮并不重叠，以免发生两个板块打架。

欧成效因为对房地产市场长期看多，并发展出"笋盘""凤变冰"等名词，成为炒房派口中的"欧神",他自称信奉奥地利经济学派,并建议加杠杆炒房。但在 2018—2019 年的房价动荡期,也让不少"信徒"过上了努力还贷的苦日子。

房产也是一种普通的商品,遵循着一般的经济学规律,受供求关系的影响,也会因恐慌、担忧的情绪波动而涨跌变化。笔者一直相信,将视野放大、周期拉长,万事万物都会有规律可循。而当你对一个行业了解得足够多时,自然会形成一些可以称为"规律"的东西,就像"每一把剃刀自有其哲学"一般。而以上的假说,就是几位房产相关人士,从自身经验出发关于房价总结出来的"规律"。

以上假说可以作为购房者的参考,却不可将其视为行事的准则。但是,只要从自身出发,购买"需求",而不是购买"增长",便一定不会"赔钱",也无需过分在意各种"假说"。

5.3 买房的最佳时机是什么时候?

了解简单的数据分析和若干房地产假说后,笔者和刘亮终于回到了最实际的问题:判断买房的最佳时机。什么时候下手才可以买到品质最好、位置最好、最便宜的房产呢?

5.3.1 买"新房"的最佳时机

相比于二手房,新房的装修全新,或者可完全由自己决定,首付款比例更低,流程更规范,维权也相对容易,只不过一旦买到了烂尾房,则会非常头痛,而且新房多为期房,看不见、摸不着,买房人常常被开发商任意宰割。

但因为 2016 年至 2019 年的全国性房地产调控,新房的房价被调控得更死。越是北、上、深、广等热点城市的楼盘,"限价房""共有产权房"等政策性房产越多。对于这类房产,开发商原本利润就有限,消费者也知道自己得了实惠,所以价格几乎都无法砍下来,于是也给购房者营造了"新房无法砍价"的印象。

而实际上，并不是每一个楼盘都是限价盘，也并不是每一个限价盘的利润都很低。很多开发商摇号开盘、拒绝砍价，只是促进销售的一种手段。即便我们买的是限价楼盘，也同样可以谈价格；即便房产的单价不能谈，也能谈车位、谈装修、谈物业费，谈家具、家电的赠送。总之，之所以销售员告诉你无法砍价，实际上是在担心你进行砍价。而买新房的最佳时机有如下五个。

1. 每年的6月、12月这两个自然月是开发商的"促销月"

每年的6月30日、12月25日是上市房地产企业两大营销节点，这些上市房地产企业都需要冲业绩、争排名，追求好的财务报表数据，因此，在这两个节点前到售楼处交定金，可以拿到相当大的优惠。

不过请注意：这仅仅针对已上市且需要较好财报的房企，如万科、恒大、绿地、旭辉，而没有上市的地方房企可没有这样的营销压力。

2. 同等条件下，选择拿地成本相对偏低的项目

作为曾经的房产销售，笔者深知很多的销冠项目，并不是因为产品品质好或者地段好而卖得好，只是因为这些房产项目靠近"地王"或"楼王"，相对而言，这些项目在拿地成本上有很大的优势，于是引得人们蜂拥而至、争相购买。

举例来说，"地王"项目因为后拿地、后开盘，所以卖到了10万元/平方米，而眼前的项目比它早拿地、早开盘，产品也没比它差多少，原来只卖2万元/平方米，现在为何不能卖到4万元/平方米呢？因此，在"地王"和"楼王"出现不久后，去购买它们周边的在售楼盘就是很好的选择。

而辨别"地王"与"楼王"，主要是看它的地价，即"楼面价"，也就是单位建筑面积上平均分摊的土地价格，亦即开发商通常所说的"面粉"价格。"楼面价"通常是后期入市土地价格的0.8～1.2倍，但也有一些例外，比如土地闲置四五年后才开发入市，要修建豪宅导致的建造成本高等，都可以让入市价格偏高。出现入市价格偏低的情况，则是地方政府限制房产的入市价格、开发商烂尾后被低价拍卖，以及建造质量偏低等。

"楼面价"相关数据，可以通过房地产自媒体文章，以及各个城市的国土局官网查看。如果今年批地不多，且位置都不好，突然放出一块好地（土

地招拍挂信息最早会通过国土局网站发布），开发商必然把它抢成"地王"。"地王"未来入市，必定是"楼王"。此时，在其周边楼盘买房，就几乎"稳赚不赔"。

3. 项目初次大开盘的房价往往最低，优惠力度通常最大

一个分若干期开盘的项目，会一期比一期卖得贵，第一期的第一次大开盘，一定是优惠力度最大、整盘价格最低的。而且第一次的开盘往往是为了营造热销的声势，盈利率更多是通过后期开盘与加推来完成的。

即便之后楼市反响一般，但不到生死存亡之际，开发商是不会轻易降价的，因为一降价，就可能遇到消费者打砸售楼处的维权状况。因此，可以在项目第一次大开盘时，抢占先机。

4. 清盘阶段的房产质量更好，性价比更高，且谈判空间较大

现在的开发商为了防止尾盘卖不出去而出现烂尾楼，也为了让开盘价格逐级拉升吸引消费者购买（因为房产是刚性商品，所以买房者倾向于越涨越买），会将最好的户型和最棒的位置留到项目销售的最后阶段。当然，价格也必然是整个项目最贵的。

但是，当这个项目喊出清盘口号，却因为市场波动难以快速清掉时，你就有了用较少的钱买更好的房的机会。如果是最后几套房，确实可能是顶楼的、底层的，或者多多少少有些缺陷，但这样的"瑕疵房"，开发商也更容易开出让你心动的低价。毕竟，一个售楼处每月仅刚性支出就可能高达十多万元，不可能因为最后几套房产而耗着一批人，所以自然也更好砍价。

5. 在土地市场火热、"地王"频出时，加快买房进度

新房市场与土地市场有极强的锚定关系，因为土地价格占到了新房成本的最大部分，而且只有当房企储备了土地，才可能于半年后进行销售。当市场上的土地供应量越来越少，房企手中土地储备日益不足，就会出现竞相拍地、推高地价的情况。在地价被推高之后，接下来入市的房价也必然会上涨。因此，刚需买房人应当在看到"地王"频出的新闻时，加快购房进度，否则，新房房价一定会被地价推向新高。

2015 年前后，众多一、二线城市的土地供应都不够充足，导致了房企对土地的厮杀拼抢，"面粉贵过面包"的新闻此起彼伏，紧接着的 2016 年，房价便一飞冲天。

5.3.2 买"二手房"的最佳时机

二手房相比于新房，它在相同区位里单价更低、相同价位里位置更好，周边配套诸如商超、学校、医院，也比大部分新楼盘更成熟，而且"所见即所得"，全部是现房，也将看房风险降到了最低。只是相比于新楼盘，二手房的信息更难获取，买房人信息的不对称性更大，因人而异、因房而异的现象更为明显。二手房的买房时机有以下五种。

1. 自由市场下，二手房房价变化先于新房；强管控市场下则相反

二手房房价和新房房价总是呈现正相关关系。在大部分时间，新房房价是市场控制房地产商，房地产商决定价格，但二手房房价直接由市场调控。因此，二手房房价不仅真实，且较新房房价提前变化。

如 2015 年年底至 2016 年年初，各地频频出现"地王"，紧接着二手房房价就出现暴涨，待"地王"入市，新房房价也迎头赶上，推高了整个市场的房价。但是，在房价被严格管控时则恰恰相反：二手房房价会受新房锚定，若新房价格下降，二手房也会紧随其后出现价格回落。如 2016 年 10 月开始全国范围内的房地产调控，很多地方甚至出现了新房比二手房还要便宜的情况。此时，未来二手房的价格，也会被新房房价拉下来。

2. 在楼市利好政策出现之时尽快买，因为房价还没来得及涨；在楼市利空政策出现之后等一等，因为房价还没来得及降

房价高速上涨有几大通道：传言—规划—动工—建成。以通州为例，传言通州可能成为"北京城市副中心"时，房价集体上涨了一轮，北京市正式确定通州为"副中心"时，又集中上涨了一轮。所以要买的话，最好在这几个节点之前买，可以立即升值。利好政策的出台，一定会刺激房价，但也会有一定的滞后性，所以能早买，不晚买。

值得注意的是，即便是"利空"信息，也会被房产销售们解读为"重大利好"。例如，限购政策升级，销售员会告诉你"越限越涨"的"铁律"；房贷利率上升，销售员会告诉你这是"千载难逢"的"建仓"时机。而实际上，真正的"利好"只包括：区域地位提升（如雄安新区设立）、重大会议赛事召开（世博会、奥运会）、基础建设实施（首都二机场）、限购政策松绑、房贷利率降低等。

3. 持币等待，总会等到着急卖房的房东和有潜力的笋盘[①]

新房看趋势，二手房也看趋势，但新房的交易对象是开发商，二手房的交易对象却是个人，而个人总会有喜怒哀乐、生老病死和急需用钱的时刻。在二手房市场中，从来不缺好房子，缺的往往是购房者的耐心以及慧眼。如果当时的房价稳定，且自己并不着急买房，可以适当把买房周期延长，等待更高性价比房源的出现。

4. 在股票牛市之初买房，在企业破产清算之时捡漏

股票牛市之初，常常是房产调控之末，也是经济利好频出之时，此时会有不少人"卖房炒股"，或者忍受不住房产寒冬而抛售房产。在此时选二手房，更容易捡到被悲观情绪裹挟着的降价卖房人。

企业破产清算时，作为资产的住宅也会进行司法拍卖，如果能够拿出全款，并且确认债务清晰，明确房屋承租情况，通过司法拍卖得到的房产，会比市场价便宜很多。

5. 在中介突然忙碌时，加快买房速度

前文中笔者曾提及，当新房来访量与二手房带看量同时逐渐上升时，便说明市场正在逐渐回暖，成交量会随后上升，房价也会大概率上升，尤其是二手房的房价，因为二手房的房东不会错过任何一个可以涨价的机会。当中介突然忙碌时，便说明房地产市场变得活跃，此时应加快买房速度，避免房价在看盘的过程中快速上涨。

---

① 笋盘：取意"竹笋"，形容该楼盘发展空间像竹笋一样，可以快速增值，多指那些物美价廉的房子。

5.3.3 关于买房最佳时机的其他判断

1. 处于城市化进程中的一、二线城市,房价仍会持续上涨

北京、上海这种存在限购的城市,正是因为供小于求才会进行限制,若真正到了放开限购的那一天,房价才真的会高到不需要用政策调控的程度。

但是,我们仍需考虑个人资金流以及未来房价的增长空间。如 2016 年北京房价暴涨,部分地区甚至涨幅高达 200%,透支了未来若干年的上涨空间,且可能招来更严厉的限购,让成交量萎缩,使房价上涨困难。

2. 在热门区域,应尽早抢占环境好的位置和稀缺的户型

"路可以修,人可以搬",但唯一不能复制的是山川、湖泊构成的自然环境。环境好的优质土地资源,永远是稀缺的。

北京的"颐和原著"项目,虽然早在 2010 年就已竣工交房,其并非位于核心商圈与中心城区,而是在接近西北五环的远郊区位,但因为与颐和园仅一墙之隔,环境优雅,且为北京已经绝迹的独栋别墅,所以自交房后房价一路攀升,早早就突破了 10 万元/平方米的单价。因此,单从居住的角度,要么依山,要么傍水,在热门区域应尽早抢占环境好的位置。

3. 自住,买看得见的当下;投资,买想得到的未来

首套房,尽量从自住出发,买距离自己工作地点近的,买地铁口、公交站旁等公共交通发达的地方,买能看得到的当下。但如果因为特殊状况,比如限购或首付高而无法买在工作生活地,也可以曲线救国,从投资角度出发,买规划、买预期,买想得到的未来。

4. 短线投资,可以追涨;长线投资(5 年以上),不必在意震荡

短线投资,快进、快出,但因为房产政策多变,风险极高,应当注意风险,尤其注意贷款无法偿还时的断供风险,不要做力所不及的事情;长线投资,不应在意一时一刻的得失,而且中国尚处于城市化的进程中,房地产定会长期向好,只要我们持有的时间足够长,房价总会出现上涨。

5. 在特定的人生规划前买特定的房，会省下不少心

工作之后买房，父母会安心；离职之前买房，贷款会宽心；结婚之前买房，丈母娘会开心；孩子入学前买房，上学会放心。在特定人生规划前买特定的房，家人会省下不少心。

笔者用了一整章的篇幅，与大家分享了预测未来房价的"工具"，但经济学家凯恩斯早就富有远见地描述了人们对未来做决定时会犯的三种错误：

（1）**他们把过去当做标准，并且低估了未来发生彻底破裂的可能性；**

（2）**他们假定现在的价格和国民经济的生产类型是对未来前景的正确猜测；**

（3）**因为他们知道自己的看法没有价值，就认为世界上所有其他人都比自己消息灵通。**

以上三点分别指出了预测未来的主流方法，即研究历史、观察现实、咨询他人，同时也指出了这些主流方法的固有问题，即不确定性、弱相关性、自我否定。但这些方法，又表明我们其实只是在努力地让自己随大流罢了。而摆脱买房随大流的有效办法，就是以自身需求为第一原则的"刚需"买房：购买自己的切实需要，而不是他人口中的"最佳"。

第6章

如何选择好房子？

买房之前，刘亮需要恶补房产知识，只有知道房子的各类"常识"，才能分辨出什么样的房子是好房子，也才能最终买到适合自己的好房子。

目前，万科是中国最老牌、最显赫的房地产企业，在相同区域，万科的楼盘会比周边楼盘的单价高几百元至上千元。但是，你会因为这个楼盘是万科的，就立即购买吗？一套房子的单价、物业、户型、面积、位置、交通、配套、未来升值潜力等原因，都容不得你忽视，再大的品牌，也要"货比三家"。可究竟什么样的房子，才算"好房子"？接下来，就容我把"好房子"掰开了、揉碎了，一个点一个点地展开了说。

6.1 形形色色的房产

在中国，因为产权性质不同，房产可以分为小产权房、公房和大产权房。而小产权房可以分为"五证不全"房、村集体自建房；公房可以分为军产房、央产房、校产房；大产权房可以因土地性质不同，分为商业性质房产和住宅性质房产。商业性质房产按照产品性质可分为商铺、办公室、商住两用房。住宅性质房产按照产品性质可以分为平层、叠拼、联排和独栋等产品。

住宅按照层数分为单层住宅、多层住宅、高层住宅、超高层住宅；按照政策不同分为一般商品房、经济适用房、廉租房、共有产权房、限价房；按照缴税标准不同分为普通商品住宅、非普通商品住宅。

而所有的房产，按照建筑结构又可分为板楼、塔楼、板塔结合；按照交易情况有无，还可以分为新房、二手房；甚至还可以按照结构形式分为砖混结构、框架结构、剪力墙结构、钢筋混凝土结构和钢结构；按照房屋状态，分为抵账房、法院拍卖房、房改房。

6.1.1 大产权房与小产权房

1. 有"五证"的大产权房

通俗来说，"五证"俱全的房产就是大产权房，是受法律保障的房产。商品房五证，分别是"建设用地规划许可证""国有土地使用权证""建设工程规划许可证""建筑工程施工许可证"（又称"建筑工程开工证"）以及"商品房预售许可证"，这些证虽然与普通购房者的关系不大，但却关系房产开发商何时能够施工，何时可以组建销售团队，何时可以第一次开盘。

与购房者关系最大的，就是排在最后的"商品房预售许可证"，一旦房产商取得这个证，就可以开盘售楼、公开宣传了。大部分房产商，都会选择在取证后不久便开盘售楼。广告法规定，在没有取得预售许可证之前，房产商不可以投放"卖房"广告。细心的朋友可以在广告牌的右下角或左下角，看到一串数字，如南京某楼盘的预售许可证号为"（2019）市房预准字第016号"。除此之外，售楼处也应在明显的位置张贴商品房的五证复印件，如果我们没有看到预售许可证号，或者怀疑预售许可证号为伪造，也可以进入当地的房管局网站，选择"商品房预售信息查询"，输入预售许可证号、开发商、楼盘名称进行检索。

需要注意的是，很多开发商为了实现"高周转"，常抢在预售许可证下发之前进行宣传、认筹甚至售房，这些都是违规的。若被举报则会被房管局重罚，而此时消费者缴纳的"定金"也应全款退还。

如果商品房"五证"不全，在购买房产之后，可能会面临买到烂尾楼、开发商跑路、不能正常入住或者入住几年后都办不了房产证的情况。没有房产证，房产就无法正常交易与落户。

2. 高风险的小产权房

关于小产权房，在不同语境下有不同的解释。

笔者在这里只介绍其中最常见的两种：第一种是"五证"不全无法办理不动产证①的小产权房；第二种是农村的、土地归村集体所有的"违建"小产权房。

这两类房产都有一个特点，就是买卖后得不到法律保障，买房人也无法进行落户，买卖更无须交税，价格普遍比"大产权房"便宜很多。

第一类是"五证不全"的小产权房。早在2000年，开发商只要拿到土地使用许可证，就可以锣鼓喧天地卖房，而且那时开发商胆子特别大，经常报给住建委一个方案，自己卖另一个方案，而两个方案之间甚至可以"偷"出一栋楼。直到现在，很多地方开发商还在继续"偷面积"。

但当房管局发现开发商违规后就会要求整改或者罚款，并且不给相关证照，比如最重要的"商品房预售许可证"。大部分开发商会交罚款，并恢复原貌。但是在那个年代，很多开发商在五证不全时，都已经把房全部卖光了。吃到嘴里的肉，怎么愿意吐出来？于是很多已经建成的小区，就成了"五证不全"的违建小区，这样的住宅也被称为"小产权房"。这些小区的最大特点是：开发商是违法者，而小区的业主是依法购买，但由于没有证照，这种房产的业主无法办理落户，其子女也无法在规定区域上学，房价涨幅也没有其他五证俱全的房产快。在河北省的石家庄，直到现在还有很多这样的违规房产。

第二类是农村的、土地归村集体所有的"违建"小产权房，也是狭义上的小产权房。此类住房同样是"历史遗留住房"，但直至2019年，还有很多小产权房仍在暗自修建与售卖。比如，深圳的某些"城中村"，村民让开发商建房，再由村委会售房，并给购房者颁发村委会承认的绿皮"房产证"，但具有绿皮"房产证"的房产不得买卖，只能使用和出租。

购买小产权房的主流人群是城市中产。对于普通买房人，尤其是刚需买房人，在财力允许的情况下，请不要碰"五证不全"的房产以及小产权房。这样的风险虽然出现的概率相对较小，但一旦出现，普通买房人根本承受不起。

---

① 不动产证：即房产证，房产证是居民的常见叫法，为了行文方便，后文中的不动产证，统一用房产证替代。实际上2016年5月，《不动产权证书和登记证明监制办法》就已经明确"不动产权证书""不动产登记证明"由国土资源部统一监制，全国实现不动产统一登记，"颁发新证、停发旧证"。

6.1.2 公房：军产房、央产房、校产房

1. 不能买卖的军产房

只要得到相应军区后勤部的认可，军产房是可以居住、办公，甚至可以注册公司的，但此类房产不能私下买卖，因为除总后勤部外，没有任何人拥有对该房产的处置权。涉及军产房的官司，归属于军事法院管理，维权也相当复杂，所以除非有明确的规定表明某处军产房可以正常交易，否则不能私下购买。此类房产多在部队大院、军事重镇。退伍军人、部队家属因为历史原因可以长期租赁，甚至可以无限期免费使用，但当他们希望转卖时，却得不到法律的支持，买下军产房的个人也没有任何的法律保障。

2. 有条件买卖的央产房与校产房

央产房和校产房都具有一定的公房属性，但却不体现在房产证上，只有房管局清楚是否可以过户。所以在买卖二手房之前，务必要去房管局进行产权调查，明确房屋产权，确认是否可以自由买卖。

如果是央产房，必须在央产房管理中心备案后，才能自由买卖。央产房是北京所特有的一种房产类别，在备案之后，就可以作为二手房正常买卖。如果是校产房，必须经过学校认可、房管局通过后，才能自由买卖。同样，校产房在获得认可后，也可以作为二手房正常买卖。

6.1.3 商业用地上的建筑：商铺、商住、商办

我国用地性质一般可以分五类：商业用地、综合用地、住宅用地、工业用地和其他用地。根据《中华人民共和国城镇国有土地使用权出让和转让暂行条例》，各类用地出让的最高年限为：居住用地 70 年；工业用地 50 年；教育、科技、文化、卫生、体育用地 50 年；商业、旅游、娱乐用地 40 年；综合或其他用地 50 年。

而在非居住用地基础之上修建的房屋，就是商铺、办公室、Loft[①]（根据

---

① Loft 户型通常是小户型、高举架，面积在 30～50 平方米，层高在 3.6～5.2 米左右。虽然它销售时按一层的建筑面积计算，但实际使用面积却可达到销售面积的近 2 倍。

土地性质不同，也有住宅是 Loft 的情况）等产品，其土地使用年限存在差异。当我们在购买此类房产时，务必要了解其土地性质，以及可使用的年份。

商业地产，除 2017 年"330 政策"后的北京限购、限贷外，在大部分地区仍用不限购、不限贷，但首付比例最低为 50%，且最多只能贷款 10 年，可以注册公司，但不能落户。按照建设性质的不同，有的商业地产可以安装上下水管，有的则不可以。除个别情况外，商业地产都是按照商水、商电的计费标准。此类房产的二手交易税费也相对较多：增值税要收差额的 5%；契税需缴纳 3%；个税则是 1.5%；印花税为房款的 0.1%；土地增值税为增值额的 30%～60%。但没有"满二""满五"的差别，以及各种二年、五年的限售。

1. 越久越值钱的商铺

商铺是专门用于商业经营的房产，常常临街或集中位于大型商场内。商铺有可以通燃气和不可以通燃气之分，通燃气的商铺可经营餐饮业，不通燃气的商铺可经营服务业等。

商铺有"一铺养三代"的说法，对于全新的商铺，在购买早期可能因为人流少、商业氛围差，处于"赔钱"的状态，但持有时间越久，周边人口越多，商铺的价值也就越高。在楼盘建成之初，部分开发商会以 1—3 年免租的形式吸引商家进驻，因为商业发达的区域，居住起来更加舒适，住宅的房价也会有所升值。

2. 用于办公的商办

商办即商业办公楼，是指机关、企业、事业单位行政管理人员、业务技术人员等办公的业务用房。办公楼按规模有小型、中型、大型和特大型之分，按层数有低层、多层、高层和超高层之分，按总体布局有集中式和分散式之分。此外，按平面形式、结构造型和所用材料，办公楼又可分为若干类型。

办公楼的组成因规模和具体使用要求而异，中国的办公楼一般包括三部分：

（1）办公室、会议室；

（2）卫生间、机电设备间、食堂、礼堂、库房等辅助用房；

（3）门厅、走道、电梯和楼梯间等。

商业办公楼无法居住，通常为整层或整栋楼的开放式格局，不可用于居住。

3. 中国特色的商住两用房

商住两用房，可以根据产品业态分为酒店式公寓、Loft，甚至"商墅"（商业用地上的别墅）。商住两用房与住宅的最大区别是土地性质，它也是只有中国才有的住房类别。除土地性质外，商住两用房的公摊面积通常比住宅更大，且酒店式公寓不是南北通透的格局。

Loft 因为商业用地对层高的标准相对于住宅更宽松，因而能够实现"买一送二"的上下双层结构，但若是 3.8 米左右的层高，二层空间会给人压抑感。商墅从居住体验上看，与普通叠拼、联排、独栋类别墅无异，只是部分商墅无法通燃气。

因为商业用地更便宜，且多位于市中心、轨道交通便利的地方，而这种地方的住房需求也很高，所以开发商才会用商业的土地，建起可供居住的房间。

在北京 2017 年 3 月 30 日的"新政"之后，所有入市的商办性质房屋不得出售给个人，只得出售给公司，且商办类房屋不得贷款，开发企业新报建商办类项目，最小分割单元不得低于 500 平方米。但在新规之前已建成且出售的商住两用房，可以按照民水、民电的形式收取水电费，且可买卖给符合北京限购标准的个人。从长远来看，"商办"正在逐渐退出历史舞台。

6.1.4 居住用地上的住宅：平层、洋房、叠拼、联排

居住用地上的住宅普遍可以落户，有学区、民水民电、通燃气，有上下水。在土地使用年限上，大部分为 70 年产权，但不排除某些住宅的产权为 50 年，因为此类住宅可能建在"综合或其他用地"上，如在重庆就有很多 50 年产权的住宅。

李克强总理在 2017 年十二届全国人大五次闭幕会议上公开表示："70 年住宅土地使用权到期续期问题，国务院已经要求有关部门作了回应，就是可以续期，不需申请，没有前置条件，也不影响交易。"可见，住宅到期后的自动续期，已经基本成为共识，永久产权时代，正在缓步而来。住宅按照产品类型划分，可以分为以下四类。

1. 划分严格的普通住宅

按照面积标准划分，在北京，对于首套房普通住宅的首付比例最低为35%，非普通住宅的首付比例最低为40%；对于二套房，普通住宅的首付比例最低为60%，非普通住宅首付比例最低为80%。普通住宅与非普通住宅也具有严格的区分，需要同时满足以下三个条件，才可被认定为普通住宅：

（1）单套建筑面积在140平方米（含）以下；

（2）小区容积率在1.0（含）以上；

（3）依照房产所在区域，满足房产单价或总价（满足其一）低于所在区的地区指导价。

在除北京以外的其他地区，暂时没有根据面积调控首付比例的政策出台。

按照缴税标准划分，90平方米以下（含）为普通商品住宅，契税相对较少，为总房款的1%；90平方米以上的为非普通住宅，90～144平方米契税为总房款的1.5%，144平方米以上，契税为总房款的3%，但各地标准可能有所不同。

按照住宅建筑层数划分，1～3层为低层住宅，4～6层为多层住宅，7～9层为中高层住宅，10层及以上为高层住宅；30层以上或高度为100米以上（满足一种即可）的住宅为超高层住宅。

2. 中高端品质的花园洋房

花园洋房源自上海，狭义的花园洋房是指花园式住宅、西式洋房，强调"户户有花园"的设计理念。广义上的花园洋房，是指6层以下的多层板式结构房屋，容积率偏低，强调景观、绿化，首层和顶层常赠送花园与阳台，位置多位于郊区，针对的是中高收入人群。

3. 小巧精致的公寓

公寓不同于普通住宅和别墅，属于面积相对较小，每层有若干单户独用房间的套房，按照土地性质又分为普通公寓（70年）、商务公寓（40年）、酒店式公寓（40年或50年，面积相对偏小）。

公寓常处于多层、高层或超高层建筑之内，容积率较大，居住舒适性不及其他住宅，但由于面积小、总价低，因而适合投资与出租，也适合年轻人在资金不充裕时作为过渡房产进行投资兼自住购买。

4. 高端大气的别墅

别墅分为独栋别墅、平层别墅、叠拼别墅与联排别墅。

（1）独栋别墅，是传统意义上的"别墅"，指的是独门独栋，为独立空间的住宅。独栋别墅的私密性高、采光性好、视野宽敞，常有独立的庭院、地下室、停车场，有的别墅还配有游泳池、篮球场。独栋别墅采用自采暖的取暖方式，且房间院落打理起来会相对麻烦，价格在住宅类产品中最高。北京自2003年起便发布"禁墅令"，目前北、上、深、广等大城市的独栋别墅多为20年甚至更久房龄的二手房。

（2）平层别墅，顾名思义是在单层内展开所有空间，传统意义上的平层别墅应为独栋平层，但现在开发商也常把面积大于150平方米，拥有完整功能区间，一层一户、大面积全景观的多、高层住宅称为"平层别墅""平墅"或"大平层"住宅。

（3）联排别墅，是由国外率先使用的建筑形式，由两个或两个以上单元住宅组成，可以理解为是共用一面或两面墙的多层独栋别墅。联排别墅同样可以拥有自己的花园、地下室、阳台，只是私密性、采光性不及独栋别墅。

（4）叠拼别墅，可以理解为是联排别墅在垂直空间的叠加，总层数为4～6层，常分为双叠拼或三叠拼（两户一单元或三户一单元）。每户可使用两层或三层，且下叠可以有花园、上叠可以有阳台、中叠可以有下沉式庭院。

6.1.5 不同政策的住宅：经济适用房、共有产权房、限竞房

1. 经济适用房

经济适用房，是自1994年起根据国家安居工程方案开始进行建设的非营利性保障住房。经济适用房对各种经批准的收费实行减半征收，出售价格实行政府指导价，每平米价格仅为市场上同类型商品房的七折甚至更低，具有经济性、保障性、实用性等原则。

但是，此类住房的供应少、审批严格、面积小，多位于远郊，需要摇号，

购买后不满 5 年不得上市交易。即便在交易时，也要按照届时同地段普通商品住房与经济适用住房差价的一定比例，向政府交纳土地收益。2017 年前后，经济适用房逐渐退出历史舞台，其保障性住房的地位正逐渐被随后的公租房、共有产权房所取代。

2. 共有产权房

共有产权住房，就是降低房价但同步降低房屋产权的住宅。简单地说，一套房外部价是 6 万元 / 平方米，政府找人建好后，以 4 万元 / 平方米的单价卖出，但是买房人只拥有 2/3 的产权，其余 1/3 归政府所有，其意义在于解决刚需买房人住不起房的问题，降低了购房资金门槛，同时减少了房产的投资价值，抑制了炒房。

根据不动产登记条例和政策规定，共有产权住房的房屋产权性质是"共有产权住房"，除此之外还会注明业主持有的份额比例。共有产权住房可以用于出租，但是根据规定，政府要按照份额获得租金收益的相应部分。原则上共有产权住房在 5 年内是不允许出售的。如果不得不出售，必须是有特殊原因，向区住建委申请，由政府回购。回购价格是按照购买价格结合折旧和物价因素确定。

共有产权房的价格和份额在土地出让时便已经确定，以根据新政策从自住商品房转为共有产权房的中铁碧桂园项目为例，个人业主持有 70% 的份额，售价 3.5 万元 / 平方米。项目海淀区永丰产业基地（地铁十六号线永丰站），附近二手房目前价格是 4 万～5 万元 / 平方米。以 90 平方米的户型为例，整套下来 300 多万元，首付需要 100 万元，且购买后 5 年内不得交易。

3. 两限房

两限房，又称"限房价、限套型"的"两限"商品房，是一种限价格（低于市场价出售给符合条件的中低收入家庭）、套型（面积 90 平方米以下）的商品房，主要解决中低收入家庭的住房困难。限价商品房按照"以房价定地价"的思路，采用政府组织监管、市场化运作的模式。

与一般商品房不同，限价房在土地挂牌出让时就已被限定房屋价格、建设标准和销售对象，政府对开发商的开发成本和合理利润进行测算后，设定土地出让的价格范围，从源头上对房价进行调控。和经济适用房一样，北京两限房购房者，在取得房屋权属证书后 5 年内不得转让所购住房。与限竞房不同，两限房除必须有当地户口之外，还需要满足家庭收入处于中低收入水平的条件。

4. 限竞房

限竞房，是指以"限房价，竞地价"的土地出让方式产生的房产。自 2017 年开始，北京所有的住宅类用地全部采取了这种"限房价，竞地价"的方式，也就是说，这批新房的最高售价和销售均价都是明确规定好的。限竞房的好处在于买房人在买特定项目前已知道项目的最高定价，且此项目短时间不会出现房价大涨大跌的情况。

但限竞房的购房者存在以下前置条件。

（1）购买条件：北京户籍家庭单位可购买 2 套，非京籍以家庭为单位只能购买 1 套，且需要有北京连续 60 个月社保或纳税，持北京市工作居住证购房，条件同于北京户口。

（2）买卖限制：和经济适用房一样，北京限竞房购房者取得房屋权属证书后 5 年内不得转让所购住房。

虽然限竞房具有"北京家庭只能购买 2 套，非北京家庭在满足连续 60 个月社保或纳税后只能购买 1 套，而且限制 5 年内不得转让"的约束条件，但从 2017—2018 年出让的土地来看，限竞房的位置和品质不一定比普通商品房差，价格也会比普通商品房优惠很多。

6.1.6 房屋状态：房改房、抵账房、法拍房

1. 房改房

房改房，在房产证上可以看到土地性质一栏写的是"划拨"，也就是在国家基于某些政策无偿提供的土地基础上建造的房屋。这种房产需去房管局进行咨询，如果只是单纯的国家划拨，那么只需要补交土地出让金就可以进行正常交易，而土地出让金和房产的种类、区域有关，从几百元至总房款的 10% 不等，这些需要在房产交易之前就率先明确。

2. 抵账房

抵账房，多数为开发商欠供应商钱款后，用于抵账的房产，又称工程抵账房、工抵房。这些房产普遍为新房，未落户，价格也通常会比通过售楼处购买的房产要适当便宜一点，但有时也并不便宜。

如果我们购买此类房产，需要注意的是开发商的具体情况：如果开发商资金链已经断裂，可能债主不止一家，即便你通过 A 债主买了一套房，但在没有过户之前，B 债主依旧可以申请法院将你的住宅查封。因此，不仅要了解抵账房抵账的原因，更要确认开发商的真实状况，同时还要确认开发商在售房屋的具体价格。综合判断后，再进行选择。

3. 法拍房

法拍房，又称法院拍卖房，是指房产所有人因为个人欠债、公司破产等原因，被法院强制拍卖的房产，法拍房通常会比市场上同类型的房产便宜，而且即便是住宅，在大多数城市法拍房依然可以不限购。部分法拍房无法贷款购买，需要在拍下后一定时间内支付全款，而且法拍房的状态可能很"糟糕"：房屋内可能住有住户、可能拖欠水电物业费、房东可能赖在房间内死活不走。因此，在使用淘宝、京东等平台购买法拍房之前，请务必详细了解房屋的现状，以避免"悲剧"的发生。

6.1.7 建筑形态：塔楼、板楼、板塔结合

1. 板楼

板楼是指在平面图上，长度明显大于宽度，建筑层数不超过 12 层的构筑物。

板楼有两种类型：一种是长走廊式的，各住户靠长走廊连在一起；另一种是单元式拼接，若干个单元连在一起拼成一个板楼。如图 6.1 所示户型，即为单元式拼接结构的 1 梯 2 户板楼。

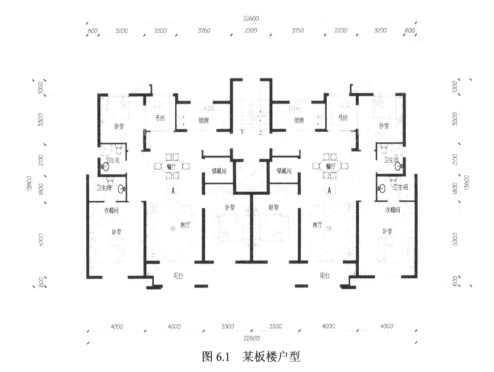

图 6.1 某板楼户型

板楼的优点：

（1）采光好、通风佳：因为长度明显大于宽度，板楼多为正南、正北朝向，户型更为方正，通常南北通透，采光好，通风佳。

（2）均好性强：相比于塔楼，板楼的户型均好性更强，户型之间的采光与通风性差别不大。

板楼的缺点：

（1）低层低密度，房价偏高：板楼通常为低楼层、低密度住宅，土地利用率不高，单价与塔楼相比会更高。

（2）户内结构不易改善：因为板楼多为砖混结构，户内墙体多起承重作用，所以户型相比塔楼可塑性要差。

2. 塔楼

塔楼主要指以共用楼梯、电梯为核心布置多套住房的高层住宅。塔楼的平面图特点是，一层若干户共同围绕，或者环绕一组公共竖向交通通道形成的楼房平面，平面的长度和宽度大致相同。大部分塔楼因为并非正南正北、南北通透,所以在采光与通风性上不及板楼。但也有例外,如图 6.2 所示就是一个采光与通风都非常好,可以达到两面甚至三面采光的"蝶形"塔楼。

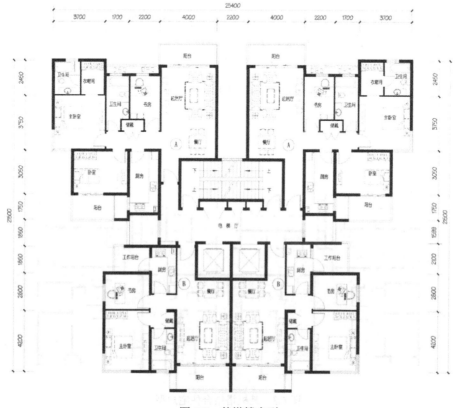

图 6.2 某塔楼户型

塔楼的优点:

(1)楼层高、户数多,单价较低:通常塔楼的容积率更大,土地利用率高,均摊到每户的成本低,单价相对板楼也会偏低。

(2)户内结构灵活,可以拆改:塔楼户内墙面大多为非承重墙,建筑稳固性优于板楼,可以相对自由地更换户型。

塔楼的缺点:

(1)采光差、通风弱:塔楼是环绕布局,因而在大多数情况下,各个户型的采光性不如南北通透的板楼好,通风也会略差。

(2)户型间均好性差:位于不同方向户型的采光性、居住舒适性差异极大。从采光性排序,最好的为东南户型,其次为西南、东北、西北户型。

3. 板塔结合

板塔结合,是具有板楼与塔楼特点的混合式建筑形态。无论是利用率、性价比,还是居住的舒适度都介于两者之间。

板塔结合的楼宇既可以大体满足采光、通风和保温等要求,又能适当提高建筑密度。图 6.3 所示即为板塔结合的住宅户型。

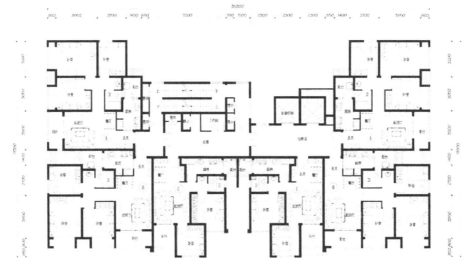

图 6.3　某板塔结合住宅户型

4. 板楼与塔楼的选择

从采光角度看,板楼优于板塔结合,板塔结合优于塔楼。但是建筑的魅力就在于没有完全的优劣之别,关键是建筑师和结构设计师的配合与创造。

虽然板楼常常南北通透,但有的板楼进深大、面宽小,需经过狭长阴暗的走廊才能入户。因为空间利用率低,纯粹的板楼形态只出现于老旧小区或中高端住宅小区,不少现存的板楼都是老旧的二手住宅,楼层低、无电梯。

虽然塔楼环绕式的设计在采光和通风性上稍弱,但如图 6.3 所示,"蝶形"

的塔楼可以达到两面甚至三面有窗的户型，相比仅为南北通透的普通板楼要好很多，而且塔楼多为高层住宅，高层的视野会比普通板楼要开阔不少。

6.1.8 建筑结构：砖混、框架、剪力墙、钢结构

1. 不可轻易改动的砖混结构

砖混结构是指建筑物中竖向承重结构的墙、柱等运用砖或者砌块砌筑，柱、梁、楼板、屋板、桁架等采用钢筋混凝土结构。通俗来讲，砖混结构是以小部分钢筋混凝土及大部分砖墙承重的结构。

砖混结构住宅中的"砖"，指的是一种统一尺寸的建筑材料，也有其他尺寸的异型黏土砖，如空心砖等。"混"是指由钢筋、水泥、砂石、水按一定比例配制的钢筋混凝土配料，包括楼板、过梁、楼梯、阳台、排檐等。这些配件与砖做的承重墙相结合，可以称为砖混结构住宅。由于抗震的要求，砖混住宅一般在5层、6层以下，适用于开间进深较小、房间面积小、多层或低层的建筑，砖混结构的承重墙体不可以改动。

2. 能够自由"变换"户型的框架结构

框架结构住宅是指以钢筋混凝土浇捣成承重梁柱，再用预制的混凝土、膨胀珍珠岩，或者是空心砖等轻质板材砌筑而成的结构，常用于10层以下的多层公共建筑。

框架结构房屋的墙体不承重，只起到一个围护和分隔的作用。因为这一特点，框架结构的房屋可以改动大部分墙体结构，室内空间大，可以满足复杂的建筑形式，抗震效果好。但是，框架结构的竖向刚度不强，尺寸不宜过大，高层或超高层的框架结构建筑更是如此，在地震区不宜超过7层。

3. 常用于高层的剪力墙结构

为了解决框架结构的竖向刚度不够的问题，就有了剪力墙结构。剪力墙结构是指纵向与横向的主要承重部分全为钢筋混凝土的建筑结构。而当墙体处于建筑物中合适的位置时，它们能形成一种有效抵抗水平作用的结构体系，

同时又能起到对空间的分割作用。

剪力墙的高度一般与整个房屋高度相等，高达几十米或一百多米；其宽度则视建筑平面布置而定，一般为几米到十几米。相对而言，剪力墙的厚度则很薄，一般仅为200～300毫米，最小可达160毫米。剪力墙在其墙身平面内的抗侧移刚度很大，而其墙身平面外的刚度却很小，一般可以忽略不计。因此，建筑物上大部分的水平作用或水平剪力通常被分配到结构墙上，这也是剪力墙名称的由来。事实上，"剪力墙"更确切的名称应是"结构墙"。

剪力墙结构的混凝土用量大，且室内的部分混凝土墙体为高强度承重墙体，房间不能拆改，室内空间不及框架结构，但高度可以更高，常用于高层住宅。

框架结构与部分混凝土墙结合，叫作"框架剪力墙结构"，是目前高层、超高层较为常见的建筑结构，也是框架结构与剪力墙结构的平衡方案，既有部分空间改造的灵活性，又可以增加建筑高度。

4. 造价最高的钢结构

钢结构工程是以钢材制作为主的结构，主要由型钢和钢板等制成的钢梁、钢柱、钢桁架等构件组成，各构件或部件之间通常采用焊缝、螺栓或铆钉连接，是主要的建筑结构类型之一，因其自重较轻，且施工简便，广泛应用于大型厂房、桥梁、场馆、超高层等领域。

剪力墙结构抗震能力好于框架结构，框架结构的抗震能力好于砖混结构。而钢结构优于以上三种结构，因为钢结构是柔性结构，它可以利用钢材的韧性，在地震力晃动下依然保持整体结构的安全。

6.2 什么才叫"户型"好？

每个人都有自己的喜好，具体到个人，对于"好户型"的评判也会存在诸多差异。但最"好"的户型，一定是可以满足家庭全体成员的生活需要，且居住舒适，不存在面积"浪费"的户型。最"好"的户型，应该是使人们感到自己能够驾驭所处环境，并愿意把更多的时光"浪费"于此的户型。

6.2.1 男女老幼，各有所爱

1. 爱美的夫人

女性最大的爱好是购物与布置，所以需要大大的衣帽间或储物室。女性又是乐于追求美好生活的，往往是在家里停留最久的，因而需要大而明亮的落地窗，可以晒到太阳的阳台，能够小憩的幽静阁楼，以及种植花花草草的庭院。

2. 独立的先生

男性一般喜欢享受独处，他们要有自己独立的空间来娱乐、锻炼、工作甚至发呆。因此，他们需要阁楼、地下室、书房、工作室，来让真实的自我充分释放。

3. 喜静的长者

时间在老辈身上沉淀下的不仅有智慧，也有伤痛和衰老。因此，相比于有楼梯的复式房、叠拼别墅、多层别墅，老人更喜欢不需要爬楼梯的平层住宅。

老人最喜欢做的事情，就是在一个闲暇的午后，坐在阳台上懒懒地晒太阳，如果能够拥有一个南向的卧室，一定会非常开心。夜间，老人会因身体原因频繁如厕，且行动常常迟缓，如果有独立且隔音性良好的卫生间，对老人与家人都会非常方便。

4. 好动的孩童

孩子是家庭的未来，也是最具活力的家庭成员，他们需要足够的空间来玩耍。因此，足够大且明亮的客厅，充满神秘感的阁楼与地下室，种植了花花草草的庭院，就成了孩子少年时代的游乐天堂。而随着年龄的推移，孩子的独立意识会越发显现，一个独立于父母家人且足够私密的卧室就变得越发重要。

6.2.2 客、卧、厨、卫，逐一评说

1. 卧室：生前无须贪睡，但仍需"安眠"

卧室一般分为主卧、次卧、客卧，但无论哪类卧室，都应满足私密性，相互之间尽量远离且应当有窗保证通风良好，独立卫生间能配则配。卧室尽量不要对着马路或者商业街，以免影响睡眠。

卧室的面积可能差别较大，最小的卧室甚至只能摆下一张床（由储物间、书房改造），大的卧室则可以包括阳台、书房、衣帽间、卫生间几个独立的功能间。中国有句古话叫"房间大了吸人气"，因此，即便是古代帝王的卧室，也不会设计得太大。而从个人角度考虑，卧室太大也会产生空旷感和不安全感，不利于入眠。

卧室与卧室之间尽量不要靠得太近，如位于整个房间的两端，或者中间隔一个客厅。但若卧室相邻，也有相邻的好处，因为将休息区划归到了一处，达到了"动静分区"的效果，只是有的户型两间卧室只间隔一堵薄墙，这样隔音效果就非常糟糕，私密性也不是很好。对于此类户型，在购买之初最好关闭门窗，并测试一下房间的隔音效果。

2. 客厅：客厅有多大，欢愉就有多少

家庭是否温馨和睦的重要衡量标准，就是家庭成员间共处时光的多寡，而客厅在其中就起到了非常关键的作用：承载并延长家庭成员相伴的时光。

客厅最好位于房间的正中，南向并且可以看到阳光。大而舒适，无遮挡、无死角的客厅，会让人们更愿意驻足，也更愿意分享交流。即便是在合租的房屋中，在有客厅的房间内的室友关系也会比无客厅的要好上许多。

70～100平方米的户型，客厅20～30平方米最佳；150平方米以上的户型，客厅面积甚至可以达到35～40平方米。在保证其他功能区足够空间的前提下，客厅越大越好，且应方正、开放、采光好。

3. 餐厅：好好吃饭，用心生活

在某些户型中，餐厅与厨房融为一体；在另外一些户型中，餐厅和客厅

则没有遮挡。在大多数户型里，餐厅是厨房与客厅之间的过渡带。在某些小户型中，餐厅还可能会完全"消失"。

餐厅与客厅都属于公共区域，而公共区域应尽量设置在房间中央，以保障家庭成员行动路线上的不交叉与便捷。把餐厅设置在客厅与厨房之间，或是客厅与厨房旁边，也是不错的选择。如此一来，菜肴的移动距离可以尽量缩短，家庭成员用餐时的"就位"速度也可以尽量快。

餐厅的面积不需要太大，与整个房间面积相协调才最为重要。当房间是总面积小于60平方米的一居室时，甚至可以不要餐厅。当为70平方米的两居室时，够安装下小方桌即可。当为三居、四居室或更大户型时，则需要可以摆下圆桌，甚至完全独立的餐厅空间。

4.厨房：有烟火气息的房子，才是家

虽然人们工作越来越忙，加班逐渐增多，外卖配送的种类也与日俱增，但厨房对于家庭的意义却十分重要。厨房，是传递爱与亲情的最佳舞台。有烟火气息的房子，才算家。

厨房会有油烟产生，所以排烟非常重要，位置上应最好位于常风向的垂直方向（举例来说，中国大部分区域的房屋，夏季多东南风，冬季多西北风，厨房最好位于东北、西南向，或在出风口进行挡风设计），否则可能出现油烟倒灌。同时，厨房是烹饪场所，对卫生条件要求相当严格，所以应与卫生间相隔离，且越远越好。此外，厨余垃圾会滋生细菌，所以应该选择明厨设计（有窗户），并尽量无死角、无遮挡，以免滋生细菌，并方便打扫。

厨房在设计上，应尽量靠近门口，以方便将带回家中的食材第一时间放至厨房，也方便将厨余垃圾第一时间带出房间。厨房的门尽量不要正对客厅，否则会有油烟进入客厅，但如果是西式厨房，由于不会产生油烟，则可以做成开放式厨房。

厨房不需要太大，6平方米左右就可以满足需求，但最好应大于5平方米，如果是大户型大家庭，9平方米的厨房能更好地满足生活。因为厨房需要有洗涤池、操作台、炉灶及摆放冰箱等电器的空间，所以不宜过小。但是，太大的厨房也会挤压其他房间的空间，造成面积上的多余与浪费。在西方国家，厨房、餐厅与客厅常常是在一起无遮挡的，即开放式厨房。

5. 卫生间：清洁身体，涤荡心灵

由于卫生间所承载的各种功能都需要持续用水，所以非常潮湿。在装修或选择精装修房屋时，应尽量选择干湿分离设计的卫生间。也正是由于潮湿，卫生间更容易滋生细菌，应该选择有窗且能够通风的卫生间，或设置抽气装置。

当卫生间有窗户时，窗户的开合方向与厨房类似，应避开常风向，防止被风倒灌。位于中国南方、空气潮湿地区的房间，需要有窗户，且最好为南向以避免发霉。位于北方，空气相对干燥的地区，可以无窗，因冬季天气寒冷，需要注意卫生间的保暖性。从卫生及隐私角度考虑，最好选择具有独立卫生间和公共卫生间的户型。单个卫生间面积应大于 5 平方米。

6. 附赠空间：阳台、飘窗、阁楼、地下室

因为阳台一半的面积，以及飘窗、阁楼、地下室的全部面积，都不算在房屋建筑面积之内，所以某些开发商会有意设计阳台、飘窗、阁楼、地下室都相对较大的户型，并提高整个户型的单价出售给买房人。买房人在看到"买一赠一""买 100 平方米送 30 平方米"的好处后，常常丧失理智，忘记整个户型的好坏而冲动购买。

实际上，这些空间都不是必备空间。有的开发商会有意建出超大的阳台，告知买房人日后购买时可以自行封闭，这样就可以多出一间"卧室"的面积，虽然开发商这样操作不算违建，却把违建的风险转嫁给了买房人。后期买房人违建的部分，不仅可能被相关部门责令拆除，也可能会被要求交上一笔不小的罚金。

阳台常常与客厅相连，在某些户型中，卧室也有单独的阳台。如果阳台为南向，可以种花、种草、晾晒衣物；如果阳台为北向，则不如推倒后以增加卧室面积。

飘窗主要分为台阶式飘窗和落地式飘窗，一般呈矩形或梯形向室外凸起。从实用性角度看，台阶式飘窗可以作为"书桌"摆放物品，落地式飘窗可与客厅融为一体，增加室内采光。不过，虽然落地式飘窗比台阶式飘窗更为实用，但根据住建部的文件规定，只有高度不超过 2.1 米的飘窗才可以不算室内面积，

所以落地式飘窗在交付阶段的房屋中几乎看不到。

地下室最需要注意的是防水与防潮。地下室防水的好坏，体现了开发商的良心，尤其是附赠地下室的防水质量。在购买具有地下室的房间时，最好选择购买现房，这样至少可以实地观看，实在不行时，也应当注意合同中是否有对地下室的质量与后期维修的说明。如果没有，或者有"地下室因属于附赠所以开发商无须注意质量"等霸王条款时，即便你再喜欢，也不建议购买。

6.2.3 复式跃层，各有不同

在户型选择中，除常见的平层户型外，还有一层带花园，顶层送阁楼的户型，以及复式、跃层、Loft、叠拼等不同的住宅类别，此时如果只是单纯地比较各个功能间，就会出现如下疑惑：虽然一层吵闹，但是送花园；虽然顶层太高，但是送阁楼；虽然 Loft 单价贵，但是买一送一；虽然大平层住着爽，但是叠拼可以"动静分区"，那么到底该怎么选呢？

1. 复式与 Loft

复式户型与 Loft 户型，都是指上下两层的复式房屋结构，可以在局部掏出夹层，改成卧室、书房。两层之间有楼梯相连，复式与商住 Loft 在房屋出售时只计算一层的面积。但相应地，当叠加为两层后，单层的层高会低于普通房屋的层高（普通房屋一般为 2.7 米层高，复式与 Loft 两层的总高度一般在 3.5 米上下）。

这类户型比较适合经济暂时不宽裕，对居住品质要求不高，以及活动自如的年轻人。复式与 Loft 户型可以高效地利用房屋空间，但因为层高问题，舒适度却不够好。

2. 跃层和叠拼

跃层和叠拼户型，是指住宅占有真实完整的上下两层楼面。客厅、厨房、餐厅、卧室、卫生间等各功能间分布在两层楼面之上，楼面间以电梯或楼梯相连。此类住宅，一般可在一层安排一间给老人居住的卧室，或者不安排卧室而把一层作为公共活动空间，设置厨房、餐厅、客厅、卫生间，再将卧室、独立卫生间、阳台安排于二层、三层，营造出纯粹的"动静分区"。

这样的户型设计，充分地保障了房屋主人的私密性。跃层的层高之和，通常为5.6米或更高，层与层间没有复式与Loft户型因为层高低而带来的压抑感。但因为两层都算独立的面积，所以与相同面积的平层比起来，单层间会显得局促，在房间内上下楼也会有轻微不便。加之，因为是双层，所以采光效果、层次感、私密性会比平层户型要强很多。跃层和叠拼属于改善型住宅，更适合三代同堂或子女较多的大家庭居住。

3. 错层

错层户型较为少见，是指在一套住宅内，各种功能间不在同一水平面内，会有30～60厘米的空间隔断。这类住宅层次感强，立体分明，不过没有真实地分为两层，更多只是视觉上的观感，比较适合大面积平层住宅的公共区域进行装修设计。

6.2.4 优质户型，一网打尽

1. 户型"方正"

人人都说"方正"好，谁又能把"方正"找？房间无死角，采光足够好。

方正户型，并非字面意义上的"正方形户型"，而是"大面宽，短进深"[①]的"类长方形"户型。这样的户型可以让阳光充分照进来，且空间利用率很高，不存在由于不规则切割而浪费的面积。除此之外，如果户型太过"奇葩"，比如有大量的"死角""立柱"，也会为后期的装修、设计与施工增加难度。

通常来讲，面宽：进深 =1.5：1 时，居住起来最舒适，因为房间采光会更充足。但很多开发商为了在有限的空间内"安置"更多的住户，常常制造出"小面宽，长进深"的户型，使得房间采光不足，此时应注意识别。

相比之下，国外的房屋则具有很多"奇葩"户型，因为国外多是购买土

---

① "面宽"是指一套房中东西墙间的宽度；"进深"是指一套房中南北墙间的距离。

地后在一定规范内自由修建,所以可以依照自己的喜好进行建造。比如,建造出三面有窗的卧室、环形的客厅。

但随着我国居民收入和生活水平的提高,在中高端的户型中,也能看到一些反常规的设计,如三角形的卧室可以有两面的采光,玄关既可以收纳物品,又能给人浓浓的仪式感。精心考量后的"浪费",也是对家庭空间最大化的"利用"。

举例来说,图 6.4 与图 6.5 中同样是北方常见的三居室户型,虽然都不符合"大面宽,短进深"的要求,但图 6.4 所示的户型相较于图 6.5 所示的户型更加方正,没有"死角",空间利用率更高。而图 6.5 的户型虽然同样为三居室,面积明显更大,但户型图上画圈部分的空间利用率不高。

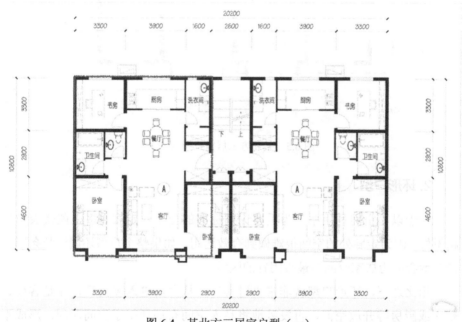

图 6.4 某北方三居室户型(一)

仅从功能性和经济性的角度看,图 6.4 所示的户型要明显好于图 6.5 所示的户型,因为更加"方正"。而如果你所在地区的房屋单价不高,且更在意采光与空间之间的隔断,以及明厨、明卫的需求(图 6.4 户型的卫生间无窗户),不"方正"的图 6.5 所示户型,也是非常不错的选择。

图 6.5 某北方三居室户型（二）

2. 环形户型

对于以"空间利用率"为重要评判标准的当下，走廊越多，就代表户型越不好。因为走廊处的空间很难做到有效运用，如果整个户型还属于长条形，走廊就会成为居家空间中最被闲置的区域。

相比之下，环形户型就非常"讨喜"，从大门进入屋内后，先是客厅、餐厅或厨房等开放空间，再发散地将私人空间布局环绕于空间四周，形成不浪费空间的零走廊设计。而如果房间又是南北通风、三面采光、没有暗室，各个空间比例得当，那就可以当之无愧地称为好户型了。

纯"走廊"户型现在已经越来越少见，一般可以通过后期的户型改造进行完善。在环形户型中，也可以根据"走廊"的长短、有无进行优劣排序。图6.6所示户型，满足了"大面宽，短进深"的方正户型需求，但因为将两个卧室集中到了一起，造成了一条长长的走道，不仅出现了空间的浪费，而且从私密性的角度来看，两个卧室间如果隔音不好，也可能互相影响。相比而言，图 6.4 的户型则既将各卧室分散于房间的角落，又将"走廊"通过户型设计进行了规避，是一个更好的户型。

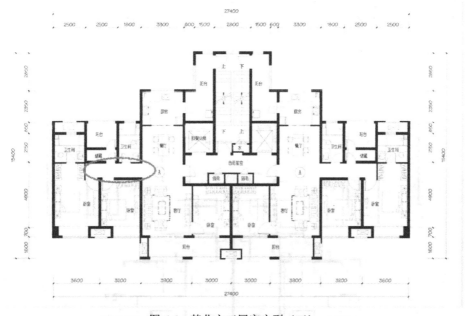

图 6.6　某北方三居室户型（三）

3. 动静分区

环形户型虽好，但也可能因为过于追求空间利用率，而使得各个功能间的"使用舒适度"不佳。举例来说，图 6.4 的户型虽然没有明显的空间浪费，但客厅却被卧室包绕，这就造成了如果其他家庭成员在客厅活动，则会影响在卧室内休息的其他家庭成员，而提升"使用舒适度"的最佳办法，就是尽量做到"动静分区"。

"动区"是指人们活动较为频繁的区域，应该靠近入户门设置，尤其是厨房；而"静区"主要供居住者休息，相对比较安静，应当尽量布置在户型内侧。两者分离，一方面可使会客、娱乐或者做家务的成员放心活动；另一方面也不会过多打扰正在休息、学习的家庭成员。"动静分区"的评判标准，是卧室大门正对客厅个数的多少，正对客厅的卧室越多，动静分区越差；反之，则动静分区越好。

以图 6.7 中的户型为例，虽为"一梯四户"的户型，但是户型内部的动区（右侧框内）与静区（左侧框内）分隔明显，所有的卧室门也都没有正对客厅。此类户型，就可以称为做到了"动静分区"。如果家中未来会经常有客人或者有喜欢安静的老人，"动静分区"便是一个非常重要的考虑因素。

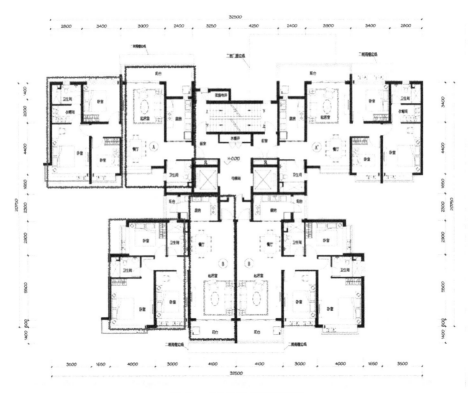

图 6.7　某南方三居室户型

4. 通透性好

户型的通透性，指的是房间的自然通风、透风能力，除与户型有关，也与周边楼宇状况、地形、环境、昼夜温差有很强的关系。

单从户型角度看，通透性最好的户型是指"南北通透"的户型。但是只有某些房间保持通透，或者必须开着一个门才能"通透"的户型，不能算严格意义上的"南北通透"。同样以图 6.7 中的 A、B 两户型举例：A 户型的起居间与餐厅的窗户相对，开窗后便可保证空气对流，但 B 户型则需要将房间内所有门窗打开，才能让空气对流，从通透性上看，A 户型要明显优于 B 户型。A 户型属于南北通透，而 B 户型就不属于。

真正"南北通透"的户型，需要同时满足以下三个特点。

（1）客厅、餐厅相连，客厅直通南向阳台，餐厅直通北向阳台或窗户，之间无遮挡，风可穿堂而过。

（2）室内普遍呈"短进深、大面宽"的格局，这样室内整体的采光面积会比较大，也就是说室内会比较敞亮。

（3）房间分居南北，门对门通风顺畅。

不过，现代人买房时并不是必须要购买"南北通透"的户型，只要房间在不开入户门的情况下，空气可以实现自然对流，通透性便能够达标，而且家用新风系统[①]的日渐普及，也正在令"通透性"逐渐失去其价值。

5. 干湿分离

干湿分离是指厨房与卫生间的排布及内部设计。目前，大多数的户型都可以做到厨房与卫生间和卧室的尽量远离，或者至少有明显的区隔。但依然有些为了偷工减料或者由于户型面积有限无法做到明显干湿分离的户型。

以图 6.8 为例，虽然"书房"可以改造成一间卧室，但面积明显过小，且因为紧贴着厨房，油烟味和做饭的吵闹声很可能会干扰在书房中学习的家人。该户型在此处的干湿分离做得就不够好。但是，它将厨房与卫生间隔离，两个卫生间与一个厨房都紧邻门口，可以做到杂物尽快转移，而且厨房与卫生间相隔较远，卧室与卫生间有明显的区隔，也做到了部分干湿分离，虽然出现了一条长长的走道，但作为带书房的两居可改为三居户型，在功能性上并不算差。

---

① 家用新风系统：是由新风换气机及管道附件组成的一套独立空气处理系统，新风换气机将室外新鲜气体经过过滤、净化，通过管道输送到室内，同时将室内污浊、含氧量低的空气排出室外。

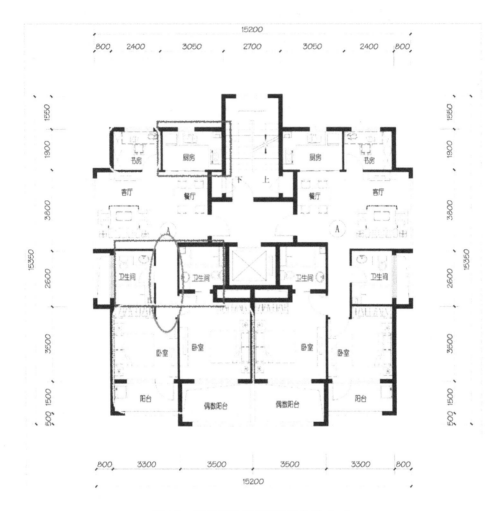

图 6.8 某南方带书房两居室户型（一）

6. 动线得当

"动线"可以理解为"行动路线"，即家庭成员或访客在房间内活动的路线，动线是否得当决定了人们生活起居的舒适度高低。好的动线能够提升小户型利用率，而差的动线会使大户型变得"大而无当"，浪费空间。房间内的动线共有三类，分别是起居动线、清洁动线与访客动线。

起居动线是指卧室与卫生间、餐厅、客厅的日常起居行动路线。清洁动线是指厨房、餐厅、客厅、卫生间之间的清洁打扫行动路线。访客路线是指入户门、客厅、餐厅间的访客行动路线。所谓"动线得当",是指尽量让三条动线之间减少交叉与重叠,且起居动线间也尽量没有交叉,这样就可以保证家庭成员与访客间尽量少地彼此打扰。

以图 6.9 中的户型为例,在这个户型中只有一个卧室的起居动线与访客动线存在交叉,其他动线之间都没有明显的干扰,在一个 100 平方米的户型内做到这样的程度,就是非常好的动线设计。而如果将右下角的卧室作为"客卧"使用,更会避免动线交叉的烦恼。

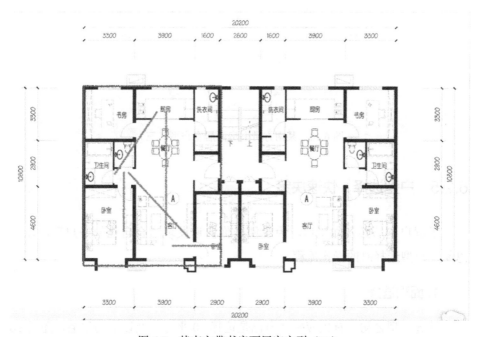

图 6.9 某南方带书房两居室户型(二)

相比而言,图 6.10 所示户型,虽然在面积上明显大于图 6.9 所示户型,但是清洁动线与起居动线、访客动线都出现了交叉,动线设计就不算得当。

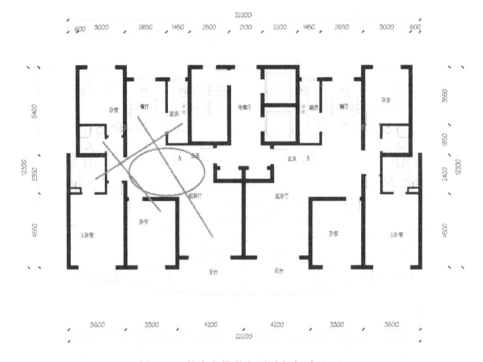

图 6.10　某南方带书房两居室户型（三）

6.2.5　户型选择，快速决策

了解户型的必备知识后，为了便于你快速发现适合自己的好户型，以下总结了户型选择时的操作流程。

1. 面积选择

筛选户型之初，首先应确认自己是选择 90 平方米及以下的住宅，还是 90 平方米以上的住宅。若选择购买 90 平方米及以下的住宅，由于房屋面积小则需要从空间利用率的角度进行筛选；若选择购买 90 平方米以上的住宅，则应当更多关注功能性与舒适度。

对于三口之家，应尽量选择三居，至少选择两居；对于二孩家庭，应尽量选择四居室，至少选择三居室。要考虑未来照看子女、亲友暂住、后期子女增多，以及将卧室改为书房、工作室的可能。

2. 罗列需求

若家中有老人、小孩，应尽量考虑首层或低矮楼层，其次才考虑有电梯的高楼层，尽量选择平层而不是跃层、复式。若对舒适度要求不大，但对空间利用率或特定功能区域（如阁楼、露台）情有独钟，并且对静谧的居住环境有极致追求，则可以选择顶层、复式。

若家中访客频繁，应选择大客厅的户型，且需要动静分区、动线合理。若访客较少，则可以适当削减客厅面积，提升其他功能间的舒适度。

3. 户型选择

对于普通住宅的平层户型而言，"走道"多的、不必要的空间切割（立柱、墙面、拐角）多的、户型不方正的，空间利用率差的，都不是好户型。虽然可以相信一定存在不方正的"好户型"，但在城市中90平方米以下的住宅中，不"方正"几乎是"户型不佳"的代名词，因为在90平方米以下的户型更多会强调功能性与空间利用率，而"方正"的户型，又是公认的空间利用率最高的户型。

窗户越多，南向的卧室越多，可以采光的房间越多，户型越好。在大部分情况下，环形户型比走道户型空间利用率高。在各功能间的布局中，公共区域应尽量位于房间正中，客厅、厨房、卫生间应尽量有窗户。厨房应尽量远离卫生间，卧室也应尽量分布于房间的各个端点且不相邻，以保障家庭成员间的私密性。

4. 跃层与错层

对于改善型住宅，大平层是最适合三世同堂的户型，视觉上可以实现部分错层，空间的整体利用率比跃层要高，各个功能间的面积也可以设置得相对更大。但大平层在房间的采光上，却不及相同面积下的跃层房屋。跃层房屋在空间上的分割可以使公共空间与私密空间独立，最大程度地保障私密性，室内电梯的安装也可以解决老人、孩子上下楼的问题。

6.3 什么才叫"物业"好？

物业管理公司是按照法定程序成立并具有相应资质条件，经营物业管理业务的企业型经济实体，是独立的企业法人。它属于服务性企业，与业主或使用人之间是平等的主体关系，它接受业主的委托，依照有关法律法规的规定或合同的约定，对特定区域内的物业实行专业化管理并获得相应报酬。

新房的物业是最容易被忽视的因素，不仅是因为购房者无法真切体验物业公司的好坏，而且是因为物业公司在购房伊始别无选择。业主只有在收房、入住，并成立业主委员会后，才有更换物业公司的可能。因此，对于新房而言，物业公司并不是一个重要的参考维度，但这不代表它不重要。

首先，买房者可以根据物业公司的品牌实力、排名情况、美誉度进行选择；其次，要看开发商与物业公司是否为强绑定关系（全资入股或长期合作）；再次，看同区域、同品牌的物业在其他小区的运营状况，然后可通过网络检索该物业的相关黑历史；最后，还可以通过物业费来判断物业的好坏。在中国，物业"服务"绝对是一分价钱一分货，如果收费很低，则可能在未来会有隐性收费，也代表着服务质量不会太高。

在业主收房后的5年、10年、15年、20年后，物业公司的重要性就会日益显现。没有物业公司的小区脏、乱、差，安全性也没有保障；有物业公司的小区可以保持电梯、水、电、燃气的正常运转、供应，并保证小区的安全。一个有优质物业的小区，不仅在租金上会比相同地段的其他小区要贵，在房价上更会比其他小区坚挺，增值潜力也会更大。评判二手房物业的好坏，可以从如下几个方面着手。

1. 小区安保级别

安保级别高的小区，会对外来人员和车辆进行严格审查。安保级别低的小区，门卫形同虚设，管理不严，甚至根本不存在门卫。上海某小区就曾经发生过陌生人企图抱走业主孩子的事件，但在其经过门岗时被门卫识别，最终没能得逞，这就是好物业的价值体现。除门卫外，小区围墙是否安装防盗监控设施，低楼层是否加强安全保卫措施，小区保安对陌生人的敏感程度，保安的巡逻频率，都可以看出小区安全防卫的级别。好的物业公司甚至会要求所有保安必须认识业主的私家车，并且认识业主本人。

2. 小区公共区域的卫生环境

小区的绿植是否修剪整齐、生长茂盛；公共墙面有无污渍、是否年久失修；地面有无垃圾、落叶；水池的水质如何，有无观赏鱼类。这些公共区域的资金投入与维护，都可以直观反映出物业管理的优劣。

3. 建筑外立面整洁度

一般物业公司每年会安排一次小区外立面的保洁，并且拆除私搭乱建，以维护小区整齐划一的居住环境。如果私搭乱建在小区举目皆是，楼房墙体长期未清洁粉饰，则说明小区物业的管理和监督有不小的问题，私搭乱建也损害了小区全体业主的合法利益。

4. 物业的反应速度

小区物业通常要保证 24 小时有人值班，部分急修业务，如北方的暖气水管破裂，半小时内就需要有人上门维修。如果业主投诉后几天都无法解决问题，这样的小区物业，就形同虚设。

5. 了解物业的相关制度和收费标准

了解物业对进出车辆、房屋维修、日常管理工作等方面的制度。了解物业费、水电费、燃气费、停车费等收取标准。制度越严格，收费标准越明确，则说明物业管理越规范。

6. 公共设施的状况

小区的单元门门禁是否能够正常使用，单元门的对讲功能是否可用，各项运动休闲设施是否能及时维修，电梯运行情况如何，消防设施、楼道灯等公共设施是否完好等，都可反映出物业是否尽责。

6.4 什么才叫"楼盘"好？

6.4.1 容积率与楼间距

1. 容积率：小区总建筑面积与用地面积的比率

容积率是建筑设计中建筑面积和用地面积的比值。直观来说，就是在一块给定的土地上盖了多少面积的房子，盖的面积越大，容积率就越大，盖的面积越小，容积率也就越小。当总建筑面积恰好等于土地的面积，容积率为1。若容积率为2，则表示地块上的建筑面积加起来可以把该块土地铺满两遍。

作为地产商，拿到土地的成本是一定的，盖越多的面积往往就有越多的商铺、住宅得以出售并获利，因而总有把容积率做得尽量大的倾向。如果放任开发商在规定土地上盖房，会造成这个地方建筑密集、人流集中，不仅会导致过于集中的供水、供电和交通压力，而且增加了消防、治安管理等安全隐患。因此，通常在政府转让土地时，该地块的容积率就已经被限定，开发商只得在限度之内盖房子。

通常来说，住宅容积率越低，居住品质越高。例如，你住的楼有6层，试想一下现在同样的楼若增加至16层、60层，生活体验又会如何？电梯的拥挤度与等候时间、生活噪音、安全隐患，乃至旁边超市的排队长度、门口公路的拥堵程度，都会因为容积率增加而成倍增加。"天通苑社区"之所以远近闻名，与它密集的人口和超高的容积率密不可分：占地面积仅48万平方米，流动人口却超30万。"土地"是有限的，若它承载的人口越多，人均可支配的就越少。

开发商会想方设法地钻空子、增面积，也就是置业顾问所说的"送面积""附赠空间"。由于建筑规范的局限，设计中可以通过增加地下室、半地下室、阳台、露台、室内层高不足的部分来赠送面积。而后期买到这种有赠送面积的住宅后，又可以通过封露台、打通设备平台等方式，变相增加业主的使用面积，使得实际的"容积率"略高于官方所计算的数据。

容积率低的小区在居住舒适性上具有竞争力，但在其他方面如价格上也会更高。各户型的大致容积率为：住宅为2.0～4.0；花园洋房为1.0～2.0；别墅、类别墅为 0.5～1.5。此外，选房时不仅要看所购楼盘的容积率，而且也要看周边环境，若是周边高楼林立，本楼盘的容积率再低，心里也会非常堵。

2. 楼间距：楼与楼之间的距离

所谓楼间距，是指两栋相邻的建筑之间的外墙水平距离，由于考虑到朝向问题，我们讨论最多的一般是南北向楼间距。实际上，楼间距分为前后间距和左右间距两种。前后间距主要满足日照、通风、隐私、景观等方面的要求，左右间距主要满足消防、交通、通风等方面的要求。

（1）**采光**：南向的房子采光好，但是如果楼间距过小，即使是南向的房子也可能出现采光不足的现象。住在一层的住户应该都有这样的体会——自己房屋的日照时间大大低于高层的住户。尤其是到了冬天，白天有时也要开灯才行，这就是楼间距过小造成的。

（2）**通风**：若楼间距过小，前楼往往会对后楼的正常通风造成遮挡，不利于房间的自然通风。

（3）**噪音**：由于楼间距过小，夜晚相邻楼层的电视声、闹吵声都可能影响到你的正常生活。

（4）**隐私**："窥私"或被"窥私"常常发生于楼间距过小的小区，即便楼间距相差较大，但窗户间水平相对，也有可能被对面楼层的住户以望远镜等设备窥私，所以最好的状况是窗外没有其他相对的住宅楼。

（5）**安全**：有些小区（尤其是老旧小区），楼间距本来就小，再加上道旁停满业主的机动车，发生火灾时消防车根本开不进来，存在安全隐患。

按住建部制定的标准，各栋楼之间的距离不小于楼房高度乘以 0.7 的系数，如果小于这个距离就会影响位于低楼层室内的采光、通风。根据《中华人民共和国国家标准城市居住区规划设计规范》规定：大城市住宅日照标准为大寒日大于等于 2 小时，冬至日大于等于 1 小时，老年人居住建筑不应低于冬至日日照 2 小时的标准；在原设计建筑外增加任何设施不应使相邻住宅原有日照标准降低；旧区改造的项目内新建住宅日照标准可酌情处理，但不应低于大寒日日照 1 小时的标准。

许多楼盘，特别是一些高层、超高层项目在宣传时，常常拿出 60 米、90 米的楼间距吸引购房者，大家往往会被这些数字所吸引，而忽略了楼房的总高度。因此，购房者在询问楼间距的同时，更应该询问楼层的总高度。按照比例来计算，楼间距是宽是窄便一目了然。抛开距离谈比例，才是真合理。

总之，楼间距大的好处包括：有独户感，视野更开阔，无对视问题，日照时间充足。楼间距小的坏处包括：邻居的噪声困扰，通风可能不畅，存在对视问题，采光相对不足。

6.4.2 绿化率、绿地率、层高、净高与得房率

1. 绿化率：绿化面积与规划建设用地面积之比

绿化率的全称是"绿化覆盖率"，它和绿地率最大的不同，就是其计算了绿化投影面积之和，计算的规则不如绿地率那样规范与严格，因此，相同的小区绿化率往往大于绿地率，销售人员通常也仅介绍绿化率，不介绍绿地率。

尤其是在计算乔木面积时，绿化率是根据其树冠的投影面积计算，而绿地率只计算乔木种植的树池面积。绿地率主要包括小区公园、组团绿地及其他的一些块状、带状化公共绿地。绿植、树影、空中花园、中间长草的露天停车场、地下车库的表面不属于绿地率，但属于绿化率。

园区的绿化率越高越好，通常应大于30%，最好的比例为40%及以上。

2. 绿地率：绿地总和与规划建设用地面积之比

绿地率，按照技术管理规定的解释，是指在规划项目建设用地内各类绿地面积的总和与规划项目建设用地面积的比率。绿地率高的小区绿化率一定也高，但绿化率高的小区绿地率未必就高。

3. 层高和净高

层高为下层楼板至上层楼板间的距离，净高为层高减楼板厚度。根据《住宅设计规范》中的要求，住宅层高宜为2.80米。而各地对层高和净高的上限标准不同，一般的层高上限为3.6米，超过则无法通过审批或需要计算两层的面积。

《住宅设计规范》中规定卧室、起居室（厅）的室内净高不应低于2.40米，以普通成人相对较高的身高180厘米来看，在房间净高为2.4米时，会没有压

抑感，而如果降低为 2.2 米，则会有较为明显的压抑感。而净高较低，也会影响采光、通风；净高较高，则会增加建筑成本、产生空旷感。

需要注意的是，净高低未必压抑，净高高也未必空旷，压抑感和空旷感与否，与房屋格局、布置、玻璃面积都有很大的关系，千万不要按图索骥，最好应该实地、实景观察现房。

4. 得房率：可供住户支配的面积与每户建筑面积的比率

得房率是中国特有的概念，它是套内面积（又称每户可支配面积、地毯面积）与建筑面积（即房本面积，是套内面积与公摊面积的总和）的比值。比值越高，说明实际使用的空间越接近房本面积。

高层得房率为 70%～80%，独栋别墅因为没有公摊面积，所以得房率为 100%。不是得房率越高就越好，电梯间、楼梯、走廊都是公共空间，没有电梯或楼梯窄小，得房率自然高，但上下楼会很不方便。很多开发商为了促进销售、降低成本，有时会多做公摊或虚报得房率，从而以相对偏低的建筑单价来出售房屋。

但 2019 年 2 月 18 日，住建部官方网站发布了关于《城乡给水工程项目规范》等 38 项公开征求意见的通知，其中指出，"住宅建筑面积应以套内使用面积进行交易"。这意味着，如果"征求意见稿"得以通过，未来将不再会有建筑面积、得房率与套内面积的差别，开发商也无法通过得房率的猫腻来拉低成本，曾经我们会以"公摊面积越少，性价比越高"为评判标准，今后，则将会以"公摊面积越高，生活越舒适"为评判标准。毕竟，公摊面积多，表明"不要钱"的电梯间、楼梯间、公共走廊的面积也就越大。

6.4.3　楼层：一层顶层，层层比较

1. 按照楼层的建筑分类

按照建筑形态划分，目前的房屋分为低层（1～3 层）、多层（4～6 层）、小高层（7～11 层）、高层（12 层及以上）和超高层（楼栋高度超过 100 米，或楼层总数超过 33 层）。

低层房屋，多是别墅或在乡镇的普通民宅，其无须考虑楼层，优点包括：

出入方便、亲近自然，居住舒适度高、私密性强。其缺点包括：价格较高、土地利用率低。

多层房屋，常为无电梯的老旧小区，或为带电梯的中高端花园洋房，特点是容积率低，电梯等候时间短，上下楼可以通过楼梯。

小高层、高层和超高层，则必须配有电梯，通常也会有物业进行管理。唯一的问题是容积率太高，在高峰时段会存在电梯等候时间过长的问题。

值得注意的是，针对周边房屋遮挡与采光的问题，最好要进入房屋查看，或者在详细了解周边楼宇的高度后，再进行判断。低楼层有些时候会面临被遮挡、采光不足的问题。

2. 选择一层，便是选择家庭与"便捷"

一层的户型是最需要经常打理与照看的：你需要经常打理花园，以免杂草丛生，更需要注意防盗，因为一层更容易被盗，还需要关注地下室的状况，因为地下室可能会积水。除此以外，一层还会较其他楼层更吵闹，蚊虫更多、更潮湿，但若发生地震、火灾等灾害，逃生概率也是最大的。

因此，如果你不能对一层的房屋做到"尽职尽责"，将面对的不是"天堂"，而是无休止的麻烦。一层更适合有时间精力与有意愿照顾房产的户主，更适合老人、孩子较多的家庭，以及安全意识强的住户，而不适合喜欢幽静的"懒人"。

除此之外，如果家庭成员中有老人或小孩，即便你很喜欢阁楼、复式、跃层，也请尽量先考虑平层，因为平层更适合老人与孩子的活动。老人与儿童也非常喜爱院子，可以种花、种草、自由嬉戏，一层的高度也无须担心儿童在玩耍时不慎坠楼，也更便于老人日常散步。

3. 选择中层，便选择了"均衡"

对于多层房屋（4～6层），在楼层选择中有"金三银四"的说法，即三层最佳、四层其次。实际上，2～5层的差别并不大，既不需要担忧顶层的漏水，也不需要担忧一层的吵闹，而且视野也相对不错。

小高层、高层和超高层，由于都配有电梯，一般认为中高楼层为"黄金楼层"，以28层的高层为例，通常在15～27层的价位最高，且楼层越高，会因视野更好价格相对增加。但有的地区会因"讨吉利",4层、14层、18层、24层的价位会低于其他楼层。

中间层会相对均衡、宁静、安全,随楼层增高,视野会更开阔,但若无电梯或电梯故障,老人上下楼会越发不便。

需要注意的是,8层以上的蚊虫相对低楼层会更少,但也并不是完全没有。还有的说法是高层楼房的9～11层为"扬灰层",空气最浑浊。其实,这种说法为谣言,请不要相信。

4. 选择顶层,便是选择自由与静谧

顶层,可能是顶层送阁楼、顶层送露台、顶层无赠送、顶层错层或顶层复式。

对于赠送阁楼的顶层,阁楼在功能性上会比卧室、客厅稍弱,在装修与维护上也需要更费心。阁楼的保温、防水需要做足,但即便如此,也还是会因为位于顶层而出现冬天冷、夏天热,昼夜温差大,开空调会费电,地暖又上不去的问题。不过,独立的空间会提高私密性,而且毕竟是附赠的区域,使用得当也会获得不小的价值。

对于赠送露台的顶层,改造的方式和空间会比阁楼大,在某些审核不严的区域,依照小区的规范甚至可以改造为独立的房间或者作为空中花园、阳台来使用。因为不再需要阳台,可以把原有的阳台区域并入客厅、卧室,增加其他功能间的使用面积。与此同时,顶楼的保温、防水同样容易出问题,需要额外在装修上下工夫。

对于顶层无赠送的情况,也可分为两种类型:(1)建筑的真实顶层;(2)"顶层"仅仅是居住空间的顶层,但在楼上仍有一层物业办公室或储藏间。若是后者,则不算真正意义上的顶层,没有漏雨、隔热的担忧,而且如果有电梯,还是整栋楼中视野最好的位置;但若是前者,则仍需要注意保温与漏雨,不过价格会比其他楼层便宜一些。

对于顶层错层、顶层复式的房屋,与底层、中层相比,价格上会有一定优势,也更适合注重私密性、喜好安静的人群,顶层的视野也会更好。

总体来说,顶层比其他楼层要么更便宜,要么有更多的空间赠送,而且对于集中供暖的小区,顶层的供暖效果最好,但老旧小区顶层的水压有时会不足,且可能存在屋顶漏雨的现象,若保温层做得不好还无法保证室内的温度。

有的小区，顶层可以安装太阳能，但有的小区则禁止安装，在购买前最好询问物业了解清楚情况。有电梯的顶层户型在行动上会更方便，无电梯的顶层户型则不适合腿脚不便的老人居住。一般顶层的打扰最少、最为安静，视野也是同单元内最好的，如果有露台，采光情况也很不错，则适合喜欢自由静谧与追求性价比的年轻家庭选择。

6.4.4 房屋位置与梯户比

对于一梯一户的房屋或独栋别墅，不需要在意房屋位置与梯户比，但这样的户型通常都非常昂贵，尤其是在寸土寸金的大城市。

大部分买房者则需要在非独栋的住房中进行选择，也就是在同一层中选择房屋，并在不同的房屋中选择梯户比。对于保温层铺设较好的小区，东南角的房屋位置最好，因为可以看到朝阳，其次是西南角，下午时阳光充足，再次是东北角，最次的是西北角，几乎没有光照。

梯户比是指电梯数和每层楼住户数的比例。如果一层楼有两个电梯、四户家庭，它的梯户比为2∶4。梯户比越小，对于居民生活质量来说越高，居住也越舒适，反之则亦然。新版《住宅设计规范》中要求：总层数在12层及以上的住宅，每栋楼设置电梯应不少于两部。常见的梯户比设计为：一梯一户、一梯两户、两梯两户、两梯四户、两梯六户等。

对于购房者来说，楼房入住率越高，电梯越不够用，遇到上下班高峰期，梯户比小的楼房业主上下楼就会很不方便。每部电梯服务住户数少于20户，电梯基本处于随叫随到的状态；当在50户左右时，高峰期就要挤电梯；若超过100户时，低层业主甚至要习惯在高峰期爬楼梯上下楼。

6.4.5 自采暖VS集中供暖

自采暖，就是没有使用集中供暖，而是通过独立采暖来解决供暖需求的采暖形式。现在的自采暖，有的是用壁挂炉燃烧天然气转化热能将水加热；有的是用水源热泵，利用浅表水源提取热能；有的是用地暖、远红外采暖炉、燃气采暖炉等进行自主取暖。

自采暖的采暖时间、温度、方式都可以自主选择，在舒适度和灵活性上远胜于集中供暖。如果住户并不需要经常供暖，如经常出差，则自采暖的方式反倒更为经济实用；但是如果需要经常供暖，在节能省事方面，则可选择集中供暖。

自采暖更适合追求舒适、经济宽裕的中高端人群，这也是独栋别墅、联排别墅等中高档改善型住宅多采用该方式的主要原因之一。另外，对于此类楼间距大、面积大的户型，集中供暖的效果并不如塔楼好，也会更加浪费燃料。

集中供暖是我国北方普通小区最常见的供暖类型，它是指多个居住单元（家庭）采用同一个供暖系统，由一个暖气管道，将锅炉中集中加热的热水，输送至这些家庭的供暖方式。集中供暖一般按照建筑面积收取采暖费，每年在固定的时间开始与结束，每天在固定的时段加热与停止。

虽然集中供暖相比于自采暖更加经济、环保、省时、省力，但却由于集中供应，无法满足家庭的个性化需要。由于管道排布情况、老旧程度、楼层方位、锅炉燃烧情况、燃烧时间的不同，集中供暖的温度在家庭、小区之间也会有很大的差异。暖气管道老化后，还有暖气管道爆裂的可能性。但随着供暖设备的更新换代，此类现象已经越来越少发生了。

6.5 什么才叫"地段"好？

"地段！地段！地段！"

地段之于房产，无论是当下的价格，还是日后的价值，都非常重要。即便随着互联网的发展，VR/AR技术的革新，共享单车的普及，位置似乎没有之前那么重要了，但实际上，北京的中关村、美国的硅谷，反倒还是房价与租金昂贵的地段。

"地段决定价值，品质影响价格"，这是房产的铁律。

6.5.1 "地理"上的好地段

正式讨论"地段"之前，首先要大致了解城市的发展规律。在城市规划圈子里，流传着这样一句话："一流的城市摊大饼，二流的城市开新区"。而这句话，非常形象地说明了不同城市发展的"最优路径"。

北京属于中国的政治中心、文化中心，它的发展是由内而外，一环套一环的：在四环之后发展五环，五环之后发展六环。这是不断聚集而来的人口，为了更便捷地抵达城市中心而自然发展的结果。从数学维度我们也能够知道，在周长相同的条件下，圆形的面积最大，圆周上各点到达圆心的距离也相同。为了居民在工作生活中更为便捷，所以"一流"的城市选择了"摊大饼"。

沈阳是辽宁省省会城市，虽然与北京相同，都是常住人口一千万以上的城市，但近些年的城市发展却选择了有别于北京的道路：将市政府搬迁至浑南区，并大力建设浑南等新区。这是因为如果像北京一样的发展模式，城市更新换代的成本高，需要搬迁、拆除、重建，而如果选择发展新区，则阻力小、成本低，还可以通过土地出让，获得开发新城市的"第一桶金"。于是，很多二三线城市都选择了开设新区，并不惜将市政府、区政府搬迁至新区，以带动新区的发展。为了"多、快、好、省"地发展城市，"二流"的城市选择了"开新区"。

1. 老牌的城市中心

城市是人类文明的产物，它使得人、企业、商场之间的距离更近。越靠近城市中心，就意味着"距离的递进"，配套资源越丰富，人口密度也更大。即便是人口外流的三四线城市，在老牌城市中心的房价依旧坚挺，房屋交易量、出租率依旧很高。

2. 新兴的城市核心

一个城市绵延发展至今，一定会有很多历史文化遗迹，但老建筑并不利于城市的更新换代。因此，很多城市都会在后期发展出新的城市核心，而这些新兴的城市核心常常以新搬迁的市政府为标志，或者以特定的定位为导向。在新兴的城市核心，可靠近市政府购买房产，以获得城市未来增长的"红利"。

3. 规划的城市新区

中国与其他国家的最大不同在于城市发展的可预见性与规划性，若在规划之初就在新区购房，可以获得未来新区发展后的相应收益。以北京为例，从《北京城市总体规划（2016—2035年）》可以看出，北京市接下来将会疏解非首都功能，优化提升首都核心功能，不同区县所承担的任务并不相同，于是才会出现"城市副中心"和"千年大计"的雄安新区。

越是北、上、深、广，省会城市的规划，可信度越高，执行力也更强。相对而言，越是偏远的、落后的区域，规划的落实性就越差。2008年以来，伴随着地方投资热度的不断升温，全国大量城市兴起了新城开发热潮，一个个新城规划如雨后春笋般涌现，这些规划承载着当地城市发展的远大蓝图。然而，巨额的城市建设投入，也把许多地方政府拖入了地方债务的泥潭。而那些规划的新城、开发区，因为人口流失和投资不可持续，最后也大多变成了"无人区"。

6.5.2 "工作"上的好地段

1.5千米幸福理论

在城市规划中，有一个很有趣的理论叫"5千米幸福理论"，指的是从家里到工作场所的距离如果在5千米之内，幸福感就会很高且差距不大。但如果距离超过5千米，每增加一段距离，幸福感就会衰减一点。

据说马克·扎克伯格非常信奉这个理论，所以他把初期所有的员工宿舍都建在了公司总部5千米之内的地方。其实这也不难理解：若家庭与工作场所距离不足5千米，则会省去员工每日早晚大量的奔波时间，让员工可以有更多的时间陪伴家人与投入工作，员工又怎能不觉得幸福呢？

而如果从时间维度进行考量，工作场所与生活场所的距离最好不超过30分钟的通勤时间。对于人生首套房，户型小区可以别那么在意，但要尽量选在地铁等交通枢纽旁，尽量距离工作地点近一些。

2. 20分钟原则

2006年，兰德尔·斯特罗斯（Randall Stross）描述了硅谷的"20分钟原则"：

因为对于潜在投资者来说，临近的地理位置对于了解其所投资的公司是十分便利的，所以寻求风险投资的新公司一般位于距离投资机构 20 分钟车程之内的范围。

兰德尔·斯特劳斯也指出，毗邻很重要，因为毗邻为这些新兴公司提供了快速获得自身所需有识之士的渠道。而对于普通的员工，毗邻也同样重要：从事哪个行业，不如就选择到相关知名企业和从业者最多的地方去。虽然竞争会更激烈，房租也可能更高，但是在与同行的交流中，也会获得更多的工作机遇与专业领域更快的成长。

6.5.3 "生活"上的好地段

1. 一碗汤的距离

"一碗汤的距离"，是指子女从自己的住处给父母的住处送去一碗汤时，热汤不会因为距离远而变凉，"一碗汤的距离"是日本学者提出的"家庭亲和理论"中重要的概念。在日本，重视亲情与养老、敬老，子女的住处和老人的住处离得都不会太远。如此一来，晚辈在享受独立生活的同时，也能照顾长辈。

在中国，由于实行了多年的独生子女政策，一对年轻的夫妻可能要照顾多位老人，如果老人距离自己的住处太远，不仅会让亲情淡漠，而且无法及时处理长辈的突发状况。如果与父母住在相同小区或相邻小区，则既可以保证自身生活的独立性，又可以对老人及时进行照料。

2. 熟悉的生活圈

对于自己熟悉的事情，人们出错的概率很小，这种原理在买房上也同样如此：若买自己熟悉区域的房源，则买到性价比更高房源的概率也会大大增加。一方面，是因为买房人熟识周边小区的真实状况，包括物业、房价以及各种生活配套设施；另一方面，熟悉的地方还有很多个人的美好记忆，有助于提升居住的幸福感与舒适度。

6.5.4 "教育"上的好地段

1. 学区房是什么？

学区房特指划片在好学区内的住宅，此类住宅在购买并落户后，子女可以就读于更好的公立学校中。学区房通常要比非学区房更贵，而多出的金额，就是"学票"带来的溢价。举例来说，同样一片区域，普通学区的三居室要 300 万元，好学区的三居室则可能要 400 万元，那么这个地区"学票"的价值便是 100 万元。

学区房是我国特定时期的产物：师资力量等优质教育资源稀缺，各地高考选拔难易度又存在差别，从而造成了人们对于学区房的追捧。"父母之爱子，则为之计深远"，能够通过买房使得子女接受更好的教育，赢在起跑线上，多花一些钱，父母也是愿意的。

2. 其他国家也有学区房么？

学区房在其他国家也同样存在，但与中国的"因为有好学校，所以有学区房"不同，其他国家是"因为有好学区，所以有好学校"。

在美国等发达国家存在施行多年的房地产税，而房地产税作为地方财政收入的主要来源之一，其中 50% 都被投入到地方的教育上，征收的房产税越多，投入在教育上的资金也就越多，教学环境就更好，人们也就更愿意迁入，如此形成了"取之于民，用之于民"的良性循环。

3. 不稳定的学区房

在中国，好的学区多是指升学率高、排名靠前的、重点的公立小学、初中与高中。这些学校的教职员工，不会因为周边房价的增值而获得更高的工资，这些学校也不会因为学区房的买卖而获得任何"奖励"。在这样的状况下，"学区房"并不稳固。

以北京为例，抽签入学、教师轮换等制度，正在从根本上摧毁价格高昂的学区房。2018 年 4 月底，北京市各区陆续发布 2018 年义务教育入学政策，城六区通过"多校划片""房产登记时间""六年一学位"等多项措施，严控"以房择校"。即便购买了一套属于名校的学区房，子女依然可能被划片到普通学校，甚至可能因为这套房产根本不满足"六年一学位"的需求，连学位都没有。曾经炙手可热的天价学区房，因为这类"入学新政"的出台，开始一步步走起了下坡路。

4. 围绕"学区房"的陷阱

在新房中，开发商最常用的伎俩是夸大周边学校的师资力量，并将原本不存在的学区，故意放在自己的楼盘。还有一些开发商，则会引入某名校的分校，或与教育局协商引入新建的学校。但是分校与新建学校未来的教学质量究竟如何，只有等到若干年后才能一辨真伪。

在二手房中，中介与房东除了会夸大与虚构房产的学区价值外，还可能隐瞒学区可能变动的信息。笔者曾遇到过这样一个案例：小张为了孩子上学，购买了一处学区房，但直到孩子办理入学手续时才发现，原来这套房产的"学票"早已被原房东使用了，而他的孩子想要再通过这套房产入学，还需要再等六年。因为2018年开始，北京"城六区"就已经实行了"六年一学位"的义务教育入学政策，而卖房人在卖房之前，刚好使用了这一套房的学位。虽然房子是真的，学区也是真的，但小张还是被卖房人骗了。

5. 购买学区房的"建议"

学区的好坏，指的是不同学校间师资力量的差异，而越是相邻的学校，其差异越不明显。而好的地段，又一定会与好的教育配套相伴。因此，没有必要紧咬着"学区房"不放。

对于首套房，是学区房固然好，但为一个学区房而承担高昂的费用并不明智。由于各个地区的发展程度并不相同，越是一线城市，因为城市发展好、资源平均、入学政策多变，越不需要购买特定的学区房；越是三四线城市，因为城市发展较慢、资源集中于部分区域、入学政策相对稳定，越需要针对特定学区购买房产。

从经济学角度考量，如果真的要买学区房，就尽量买小的，因为学区房的最大价值无非是"学票"本身。但从投资角度考量，大城市的"学票"的价值未来很可能逐渐走低。笔者并不反对学区房，但坚决反对"伪学区房"，也坚决反对"天价学区房"。教育质量的好坏主要取决于老师,而老师也可能辞职、流动。花费巨资买一个"天价学区房",还可能在未来遇到摇号入学、名额分配、教师流动、租售同权等不可控政策。

最后,在买房之前还应适当了解小区的业主状况,包括职业、收入水平等。随着时间的推移,房产将日益代表着一种"圈子",择邻而居,比择学区而买要明智得多。

6.5.5 "交通"上的好地段

1. 地铁口

笔者还在地产公司市场部任职时,就发现了一个有趣的"事实":地铁口对于房价的影响确实很大,但并没有开发商、销售员口中所讲的那样大。地铁口的位置影响最大的是房屋租金,因为租户最看重便捷性。因此,如果买房用于投资与出租,可以更关注是否处在地铁口,否则则建议更综合地关注交通与居住环境。有趣的现象是,地铁口的位置对新盘房价的影响要大于对二手房房价的影响。

其实,在距离地铁口2公里范围之内的小区房价差异并不大,2～5公里内则房价会逐渐下降,但大于5公里后房价的变化就会越来越小。这是因为2公里之内可以通过步行抵达地铁口,2～5公里可以通过自行车抵达,但5公里以上则要选择其他交通工具。

2. 机场

机场同样是会被开发商"过度"宣传的交通利好。一个城市的机场,确实可以提升城市的地位和综合房价,"临空经济圈"也确实具有一定的投资价值。但是机场通常位于远郊,距离市中心较远,且飞机的噪音非常影响日常休息,除在机场附近工作的人员,笔者并不建议为了"交通"而将房产买在机场旁边。

6.5.6 "配套"上的好地段

1. 公园

公园与住宅的最佳的距离是 0.5 千米，过远和过近都不算好。因为公园里可能有广场舞的"大喇叭"，相对吵闹，而在避免了"大喇叭"的情况下，茶余饭后与父母妻儿一起到公园漫步锻炼，绝对是人生中最幸福的时刻。

2. 医院

家中有老人或病人的情况下，住在距离医院 3～5 千米的地方比较方便，因为老人或病人需要定期前往医院检查或治疗。但对于一般家庭，则应适当远离医院，毕竟医院周围人流量较大，交通可能存在拥堵。

3. 中、小学校

对于有小孩且希望孩子可以步行上学的家庭而言，与中、小学校 0.5～2 千米的距离较适中。（儿童步行均速 3～4 千米/小时）

若家中没有小孩，以后也不会要小孩，则可以尽量远离学校。毕竟，学校周围会有广播及噪音，也会有密集人流和大量的私家车、流动商贩，这些都会影响居住品质。

4. 商业

小区配套的底商会大大提高生活的便捷度，所以有底商且都开业的小区，一定会比没有底商或底商没有全部开业，甚至基本倒闭的小区住起来方便舒适。不过，大型商超因存在噪音和人流过大，建议居住场所选择在与其直线距离大于 500 米的地方。

5. 锅炉房、工厂等"大烟囱"

此类建筑应尽量远离，但若确实存在的话，也可以居住在此类建筑的常风向垂直方向处（冬季与夏季的常风向会进行转换，北方地区冬季常为西北风，春季常为东南风），且间隔应大于 100 米。否则，烟囱的粉尘将会严重影响日常生活。

6. 垃圾填埋场、垃圾站

同样，垃圾填埋场、垃圾站也是买房人应该避开的场所，填埋场最好在居住场所 500 米之外。尽量不买垃圾站下风向处的房子，尤其不要买老旧小区，且没有物业或物业费很低小区的此类住房。

7. 火葬场

关于火葬场，尽量选择与居住场所直线距离大于 5 千米，且住宅在视野中看不到的位置。即便自己不"迷信"、不介意风水，也应考虑转卖房屋时交易对象与转租房屋时租客的感受。

6.6 什么才叫"风水"好？

风水，又名"堪舆之术"，是我国非常悠久的一种"玄学"文化，有的人认为其是一种迷信，但当现代人把古老的风水学与土地规划放在一起比较后，也发现了不少相通之处。风水学研究的对象是人与居住环境的关系，是利用环境、改造环境的一门学问。在理性选择户型之后，适度地关注风水，也不失为一种人生乐趣。

通俗来讲，风水好的地方是指居于此处可以人事兴旺，令后代富贵、显达的地方，成语中便有"人杰地灵"的说法。严格来讲，风水好的地方是符合风水学原则和标准的地理位置或环境，成语中则有"虎踞龙盘"的说法。

风水又称"堪舆"，"堪"是天道、高处，"舆"是地道、低处。"堪舆"是指研究天道、地道之间，特别是地形高下之间的学问。它是以古代有机论、自然观为基础，把古代天文、气候、大地、水文、生态环境等内容引进选择地址、布局环境的艺术之中。

1. "四神相应"的地形选择

所谓"四神",指的是"东方青龙、西方白虎、南方朱雀、北方玄武"。在风水中,就是东方有河川溪流,西方为大路广途,南方是洼地湖海,北方乃群山绵延。在一些中式风格的小区,我们也会看到人工湖、漫步道、假山,它们不仅让"风水"更好,也营造出了惬意的生活环境。

2. "依山傍水"的风水渊源

清代的范阳询在《重修袁家山碑记》中写道:"复于庙(袁可立别业)外依山傍水,植桃柳数百株。一时僚幕诸公各撰联题额。"从古至今,"依山傍水"都是风水宝地。因为山似椅背,可以依靠,这就是"靠山",水主财运,可以聚"气",而"气"聚集的地方,就会繁荣兴盛。即便没有这些讲究,山也可以增加周边的植被量、净化空气、陶冶情操;水也可以调节环境温度,让人心情愉悦。

3. "方正"即正义

之前在户型的选择中,我们也说过"方正"的户型空间利用率最高,而在风水学中,方正的建筑、户型也给人以"阴阳和谐、排列有序"之感,正方形、长方形或梯形的房屋是吉宅,而"七棱八角"的房屋,则会阴阳失和、五行失和、气运不调。不过"风水"都是可以通过后期设计调整的,差的户型也可以在后期适当改造,因此并没有完全的差户型。

4. "房大人少"与"人多房小"

风水学中认为,每个人体内都具有"气场","气场"越强的人,精力越充沛,身体也越健康;"气场"弱的人,则容易精神萎靡、失眠生病。但是,大的房间里若是人少,就易吸走"人气",让人的"气场"变弱,而太小的房间里人若过多,又会让每个人的"气场"间相互影响,不利于和谐。

5. 不偏不倚，居住适中

风水学中的"适中"，就是恰到好处，不偏不倚，不大不小，不高不低，尽可能优化，接近至善至美。《管氏地理指蒙》论穴云："欲其高而不危，欲其低而不没，欲其显而不张扬暴露，欲其静而不幽囚哽噎，欲其奇而不怪，欲其巧而不劣。"若是所有的房间都可以适中而不逾矩，位置也可以"出则繁华，入则宁静"，价位还可以不高不低，这样的房子，有什么理由不买？

6. 风水三要素：动线、采光、空气

风水可以视为一种能量的转换，如果转换不畅通或转换过于复杂，都是风水不好的表现。而动线合理，就会"少走弯路"；采光良好，就可"光芒万丈"；空气流通，则可"吐故纳新"，这样的户型，便称得上是好风水。

7. 植物的妙用

植物是有生命的，可以调和阴阳，相合五行。茉莉、玫瑰、杜鹃花喜阳，所以它们是"阳"性植物，文竹、绿萝、万年青可以在室内和阴暗处生长，所以属"阴"。民间在宅旁种树有很多谚语，均与"风水"有关，如门前有槐，升官发财。东种桃柳，西种榆；南种梅枣，北杏梨。榆柳荫后檐，桃李罗堂前。这些句子，均是民间总结出来的。

第7章
如何准备买房子？

在了解了买房的时机与"好房子"的评判标准后，刘亮终于进入了购房实战环节：制订买房计划。对于大部分人来说，为了避免买房前期浪费大量的时间、精力，或者造成无法挽回的经济损失，建议最好在看房、选房之初，充分计划、认真准备。

笔者作为房产咨询师时遇到过很多因为决策不慎，买完房后改变主意，想要退掉定金的朋友；也遇到过许多在买房过程中纠结不定，思路一团乱麻的买房人。究其原因，就是他们在决策之前准备不足，决策时又思考不深，所以才做出了让自己后悔的决定。

以下，是关于制订买房计划时，需要了解的方方面面。

7.1 罗列购房资源

古罗马哲学家爱比克泰德（Epictetus）说："别根据你的愿望来要求现实，应该依据现实来确定愿望。"

但大部分人都会更清楚愿望，却忽视了现实，这就会导致有的人过高估计自己的经济实力，买了还贷压力极大的房产后成了不敢消费的"房奴"；有的人则低估了自身的现实需求，买了区域、面积、学区极差的房产。制订买房计划的第一步，是认清现实、理清资源，再依据资源匹配需求。

7.1.1 金钱：确认自己的首付及月供能力

1. 确认自己的最大首付金额

在买房之初，需要详细地核算家庭财产状况，包括但不限于：银行存款、家庭资产、不动产、股票、基金。最终，确认自己可以支付的最大首付金额。如果脱离了自身的经济实力来购买房产，只会让买房人叫苦不迭。

2. 尽量多地调集资金

除了向父母借债，卖掉"老宅"凑钱外，如有必要，买房人还可以向亲戚朋友寻求帮助。很多公司也有针对员工的购房低息贷款。买房人没必要把身边的所有人"榨干"，但需要在买房之初清楚自己付款的最大极限，以及自己达到极限时所需要承担的风险。

如果我们本可以通过父母借款 100 万元，买下一套三居室，但是为了独立自强，只用自己的 50 万元存款作为首付买下了一套位于五环外 20 年房龄的一居室。这不仅给夫妻二人日常的通勤带来了麻烦，而且为后来养育子女设置了障碍。当后期家庭成员增多时，又只能卖房再买房。这个过程中耗费的精力暂且不说，仅房产一买一卖的交易税费，就可能有十万元甚至更多。因此，在购买首套房时，一定要在力所能及的范围内买到最好的。

最大首付金额 = 个人或夫妻所有资产 + 家庭可提供用于买房的资产 + 可以借到的金额 + 公积金账户余额 + 其他钱款

3. 住房公积金

住房公积金是国家规定的，企事业单位应给全日制员工缴纳的"五险一金"中的"一金"。各地公积金缴存比例不同，北京占24%，上海只有13%，大部分是由单位缴存一半，个人缴存一半，不过某些公职人员的单位缴存比例可以是个人的两倍甚至三倍。如果不主动提取，公积金在账户中无法产生利息，所以在买房与租房时，建议提取使用。

不同城市最高贷款金额、首套房、二套房的公积金贷款认定会存在差异，国管公积金、市管公积金也有一定差异，以北京市 2019 年年初的市管公积金与国管公积金为例：北京自 2018 年 9 月 17 日起执行市管公积金贷款新政，贷款额度和缴存年限挂钩，每缴存一年可贷 10 万元，缴存 12 年可以贷到最高 120 万。如果夫妻二人，则按年限最长的计算，而且市管公积金与商贷挂钩，同样"认房又认贷"。但与此同时，国管公积金依然是 120 万元的贷款额度，同样不受时间限制，但在 2019 年 3 月，也根据新规变为了"认房又认贷"。

在过去房价猛涨时，开发商不接受公积金贷款，因为公积金贷款的放款审核时间长，大概需要 2～3 个月，由于开发商希望做到"快速回款"，所以部分开发商更倾向于将房屋卖给全款或商业贷款的购房者。不过随着时间的推移，越来越多的开发商可以接受公积金贷款，而且公积金贷款的审批时间也正逐渐变短。在使用公积金之前，我们可以拨打住房公积金客服热线 12329，来咨询各地的业务办理流程。

4. 商业贷款

最大商业贷款金额，有以下两个限定标准。

（1）按照房价。 对于年轻人的首套房，各地商业贷款金额的比例不同，需要自行查阅。举例来说，北京的最大贷款比例是 65%，沈阳为 80%。二手房则要根据市场评估价进行放贷，大多数情况是市场评估价的 80%～90%，但是各地的操作也有不同，部分地区和银行也可以按照成交价贷款，具体情况可询问当地的银行信贷经理。

（2）按照自己的工资收入与银行流水。 商业银行贷款的最大月供＝（个人税后收入－其他贷款月供）/2。不过，银行流水和收入证明不是唯一的限制标准，如果你的银行流水和收入证明不足，可以让父母、亲友成为共同担保人，提交他们的银行流水与收入证明，以及家里的房、车等资产证明，以提升可贷款金额。在审核不严的时期，甚至有些人会通过伪造的银行流水和收入证明来获得银行贷款。但采用这种方式贷款，若被发现后会产生征信不良记录。

此外，影响贷款金额的指标还包括**银行征信记录**。在买房之前，要做到按时对信用卡进行还款，按时缴纳各种罚单，不要因为诉讼被强制执行，而计入失信被执行人名单。一两次小额的逾期对征信的影响并不严重，但如果次数太多或时间太长，则有被银行拒贷的可能。如果对自己的征信记录存有疑虑，可以在办理贷款之前去银行查看个人征信记录。但要注意，普通人不应经常查看征信记录，否则银行会认为你对自身征信情况没有自信，也可能影响后期贷款和信用卡申请。

7.1.2 时间：明确可以使用的时间与精力

1. 确保 1～2 个月的看房时间

对于自住型商品房、廉租房，买房人决策的时间普遍很短，因为他们的选择空间有限，也没有时间犹豫。而当购买普通商品房、改善型住房时，比如 100 平方米以上的大平层、叠拼或联排别墅，买房人则会慎重很多，看房次数一般在 2～3 次，并且持续近一个月才会最终决定。

笔者作为购房咨询师时了解到，大部分首次置业者的买房时间在两个月内，只有极少数购房者，会因各种原因拖到半年及以上。

2. 避免看房的意外中断

买房的时效性极强，若是间隔时间过长，再想买房时，只能从头了解市场情况。因此，首次买房者，最好一鼓作气、不要中断，同时把买房的决策时间控制在 30～60 天，持续时间不要超过 2 个月，但也不建议少于半个月。整个购房过程中看的楼盘或二手房数量，也应至少达到 10 个。

7.1.3 人员：寻找自己的"买房顾问"

在买房的路上，你并不是一个人在战斗。如果父母愿意，也可以让自己的父母提出建议，还可以让懂房产的亲友协助自己筛选有效信息和房源。最后，我们甚至可以通过网络，来寻找靠谱的房产咨询顾问。

总之，我们应当尽可能地找到靠谱可用的"买房参谋"，来协助自己共同买房。在买房过程中，一个人很可能会逐渐陷入焦虑、迷茫的情绪，或者被销售、中介所欺骗，但如果是两三个人共同决策，就可以有效避免这样的状况。无论从精力还是风险角度，两人或多人共同决策，都会优于个人的单独决策。

接下来，以刘亮为例，让我们首先梳理一下他手中的所有"资源"。

(1) 资金方面, 双方父母资助、亲戚朋友借款,以及自己与未婚妻的积蓄,在不卖掉手中房产的前提下,能够支付的首付款金额为 150 万元,公积金账户有 10 万元,总计 160 万元。如果购买新房,160/35%,约为 460 万元;如果购买二手房,160/40%,约为 400 万元。他的公积金缴存 6 年,最多可以用公积金贷款 60 万元。

以新房的 460 万元来计算商业贷款,460-150-60 =250 万元,将 250 万元输入房贷计算器,选择"商业贷款→30 年→等额本息"以 2019 年 3 月 1 日的基准利率 4.9% 计算,结果为月均还款额 13 268.17 元,因此,刘亮的银行流水应在扣除其他贷款之外,尽量达到月还款额的两倍,即每月 26 536.34 元。

刘亮征信记录良好,月流水 2.5 万元,且父母可以提供联合担保,家中还有两套房产和一辆奥迪 A8,因而刘亮可以按照最大比率贷款。如果有必要,刘亮也可以将家里位于海淀的老房子卖出,市场价在 350 万~400 万元。

(2) 时间方面, 他需要在 1~2 年内与女友结婚,所以在一年内买房即可,实际看房、选房时间定为 2~4 个月,预计看房 10~20 套后进行选择。

(3) 人员方面, 除了刘亮外,他还有女友、父母,以及一个在地产甲方投资部任职的好友和笔者充当参谋。

梳理完毕自己的"资源"后,接下来就是明确自身的买房需求。

7.2 明确购房需求

所有的决策,都可以缩短为两步:先了解,后决策。

1. 罗列原因:将买房原因逐一写下,并进行重要度排序

曾经人们把买房动机单纯地分为"投资"与"自住"。但"一千个人眼中有一千个哈姆雷特",每个买房人也有着自己独特的买房原因。明确了买房动机,才便于梳理买房计划。不过,大部分买房者的问题在于,不知道自己买房的真正原因,从而在买房过程中游离不定,抑或在买房后悔恨不已。建议找出一支笔和一张纸,把这些需求写下来。

买房的原因,大致可以分为以下几点。

（1）个人原因：手中突然有大量存款，受够了租房的颠沛流离，喜欢某个小区，想要搬离父母。

（2）家庭原因：自己需要买房结婚，孩子上学需要买学区房，父母出钱买房。

（3）社会原因：到了买房的年龄，不买房不能结婚，暂时不能租一辈子房。

（4）现实原因：房价暴涨，担心未来买不起；优惠政策出台，利于自己买房；房价低谷，可以投资。

而在排序时，我们应当注意，"重要度"排序不是"紧要度"排序，他人的需求应放在自己的需求之后，于是刘亮写下了如下买房原因：

（1）和女朋友预计1~2年内结婚，需要一间婚房；

（2）双方父母多次催促需要买房；

（3）北京房价这段时间有上涨的趋势；

（4）身边同事都买房了，自己也到了买房的时间；

（5）手上的钱不买房不知道该放到哪里。

2. 分析原因：发掘深层次原因，剔除虚假原因

大多数购房者之所以买房后悔恨不已，是因为没有察觉到自己或家庭真正想要的房产是什么。

如果你遵照了之前的内容，你的手上应该有一张写有各种买房原因的纸，并且对其进行了排序。接下来，需要拿着这张纸，和自己的伴侣或父母或同事进行反复讨论、确认，排查是否有遗漏，原因叙述是否得当。

请注意：很多人认为买房是自己的事情，但实际上，即便所有的钱都是你自己出的，房子也写在你的名下，但依然应当与家人进行商议，因为房产是一个大额的家庭资产。

经过分析与讨论后，我们可以看到刘亮原本写出的买房原因有了以下变化。

（1）**想买一套夫妻二人结婚时的婚房，最好是新房或次新房**。原本原因是"和未婚妻预计1~2年内结婚，需要一间婚房"，但刘亮家里已有一套父母名下的在租房产，未来可以转给刘亮作为夫妻两人的结婚住房。"准夫妻"

二人都是北京户口，无须担心落户问题。在时机恰当、房子合适、资金充裕的前提下，买一套新房更好。

（2）**父母想要二人能够通过买房安定下来，并成家立业**。原本是"双方父母多次催促需要买房"，但通过推心置腹的交流后，刘亮意识到父母的想法其实是希望刘亮二人尽早成家立业，而成家以买房结婚开始，这是一种形式，但不是非做不可。父母也担心未来房价继续上涨，自己手中的积蓄无法再帮到刘亮，所以才会催促买房，这是来自父母深切的关爱。

（3）**北京房价的上涨属于正常波动，政策并没有放松，尤其是新房市场**。原本是"北京房价这段时间有上涨的趋势"，但消息来源于刘亮看到的北京的置业顾问在朋友圈里分享的消息，可信度并不高。在看过具体的市场数据后，他发现北京房产市场并不像先前自己以为的那样火热。即便房价有小幅上涨，也是属于政策严控下的"超跌反弹"。而且从具体的楼盘看，新盘依旧严格限价，买房政策仍旧没有任何放松。

（4）**他人的决策和自己的年龄是买房的参考因素，但并不是买房的重要理由**。原本的原因是"身边同事都买房了，自己也到了买房的时间"，但这些都只是买房的一般参考因素，对实质没有产生任何影响。传播学中，有一个非常重要的"镜中我"概念，说的是人们通过他人的评价来理解自己。但我们往往不仅是通过他人来理解自己，而且是让他人影响着自己，但却不应让他人和外界主宰自己。

（5）**手上的钱定投基金或许更好，买房也可以**。原本原因是"手上的钱不知道该放到哪里"，难道不知道将资金放到哪里就一定要去买房么？曾经的中国居民理财途径匮乏，但随着我国金融市场的日渐完善，股票、债券、黄金，甚至私募基金都可以获得不错的理财收益。买房只是多种投资方式中的一种，并不是唯一的，也不一定是最好的。

3. 确认目标：我想要一套怎样的房产？

当理清买房原因之后，就要从原因出发，确认自己想要的房产类别。以刘亮为例，购房原因分析如下。

（1）**主要原因——我需要一套婚房**：这套房产最好是现房、新房，至少要是次新房，不能是两三年后交房的期房，不能是老、破、小。

（2）次要原因——父母出钱买房：本着"谁出钱，谁最大"的原则，需要征得父母的同意。

（3）一般原因——优惠政策买房：在政策规定的时间、范围、面积等条件下可以由本人购买的房产。

原本最迫切的"婚房首套房"需求，经过细致的分析后，已经变成了并不是必须要买的购房决策。所以现在的重点，就是能否买到性价比很好的新房或者次新房，但如果没有合适的房产，不买也行。

人们总是在为还没发生或并不存在的事情而焦虑。但当我们仔细分析并罗列原因后，焦虑自然会消散，然后就可以更加理性与从容地看房、买房。即便非买不可，我们也可以更加有的放矢，而不会因焦虑而恐慌或因恐慌而上当。

7.3 提升购房认知

明确自己当下的状况，并了解未来想要达到的目标后，在制订购房计划之前，还需要掌握购房的大致流程，以便接下来制订完美的购房计划。

7.3.1 购房简明流程

购房的简明流程，如图 7.1 所示。

笔者建议读至此处的你，不要马上着急去制订买房计划。而应当在阅读完全书后，再返回此处，制订自身买房计划。因为只有这样，才能真正做到统揽全局，有的放矢。此时，才能意识到整个购房过程中，有的流程可以同步进行，有的流程可以颠倒顺序来进行。例如，可以在看房的同时确认自己的购房需求，可以在分析个人情况后，再去掌握房产知识，甚至可以跳过学习知识、分析市场的阶段，直接看房、购房。

但在购房过程中有一个"节点"非常重要，就是"交定金"。交定金之前，你可以延长、缩短看房买房的时间，可以一边看，一边思考，一边等待买房的最佳时机。但在交定金之后，就进入了规范的买房签约流程，就像"薛定谔的猫"一样，在交定金之前，你有无限种可能，但在交定金之后，所有的可能都变成了一套小小的房产。

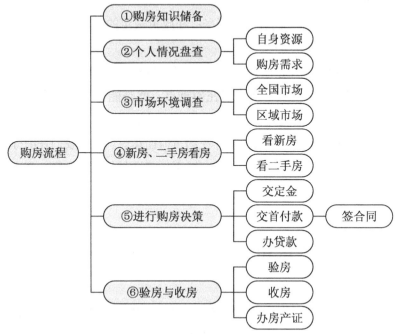

图 7.1　购房简明流程图

实际上,"购房计划"中,最重要的就是交定金之前的"看房计划"。因为随后的签约、收房、过户已经有非常明晰的范式。而在交定金之前的操作,则是见仁见智。在制订购房计划之初,需要首先了解如下"购房须知"。

7.3.2　年轻人首套房购房须知

1. 考虑后期的置换可能,关注房产的"易卖性"

"易卖性"指房子卖出去的难易度。由于年轻人工作、生活、情感婚姻状况都尚不稳定,而房产又是极其"稳定"的不动产。因此,当不稳定的年轻人购买稳定的不动产时,最需要关注的就是这个不动产是否容易转手。否则,规划稍有变动,房子若无法转手,不仅无法成为资产增值的工具,反倒成为拖累自己的累赘,得不偿失。

"易卖性"高的房产,第一要便宜。因为先要有足够的人有能力购买,才会有卖出去的可能，尤其是对于房产这种高价格商品。因此，相同的地段，小户型比大户型好卖；相同的小区里，标价低的比标价高的好卖；相同的城市里，刚需盘比豪宅好卖。

但是，除了便宜之外，我们还要考虑更多的因素：要尽量买"地段"好的，也就是尽量选择靠近城市中心的、周边配套齐全的、在地铁口旁边的房产；要尽量买"品相"好的，也就是尽量选择户型、装修、楼层、物业好的房型。

年轻人应尽量购买"便宜又好"的房产，其实这不是悖论，更不是废话。因为很多房产会以精装修、智能家居、园林环境等"软实力"为卖点抬高单价，此类房产适合于改善型购买人群，而从"易卖性"入手的年轻人，可以更多地关注价廉的毛坯房、品相不差的二手房。虽然年轻人常常更要"面子"，但实际中购买首套房最应该在意"里子"。

2. 用好自己的"处女贷"

"处女贷"是个人名下的首次购房贷款。年轻人除"不稳定"之外，还有"工资低""工作年限短"等特点。虽说有些年轻人家境殷实，可以全款买房而完全不需要向银行举债。但从理财的角度，笔者也建议年轻人选择贷款买房。

公积金贷款的年利率只有 2.75% ～ 3.25%，商业贷款的首套房贷大多为基准利率的八五折至九五折，即便在 2018 年前后上浮了 20%，也只是 5.88%。请注意，你是可以贷出总房款 65% ～ 80%，并且长达 20 ～ 30 年。在同样的状况下，普通居民理财的年化收益率，达到 5% ～ 10% 相当容易。所以你在购买首套房时，为何不选择巧用自己的"处女贷"？

3. 尽量买工作所在地或家乡的房产

工作"不稳定""收入低""工作年限短"，也决定了年轻人"抗风险能力"差，甚至有很多年轻人还是"月光族"。但你如果贷款买完房后，就切实地成了"房奴"。

不过"房奴"和"房奴"并不一样。最惨的"房奴"，是房子买在外地，租不出去、卖不出去、房子也不涨价，每个月在还房贷的同时还要支付房租。如果房子买在外地，又无人帮你打理，办理手续、安装家电都需要外人协助，既麻烦他人，自己也不安心。因此对于首套房，尽量选择买工作的城市或自己家乡的房产，至少你现在可以住，或者还有家人帮你打理。

4. 能买好的，不买差的

考虑到首套贷款的比例最小，贷款最容易，优惠幅度也最大，所以需要谨慎使用首套房的"福利"。虽然首套房未来很有可能会卖出，但因为是自住房，大部分人会持有三年至五年甚至更久，所以首套房至少应当满足未来一段时间的居住需求，并尽量买地段与品质都尚佳的房产。最后，对于每天都会使用的"高值耐用品"，最智慧的购买原则便是买贵的。因此，年轻人的首套房，能买好的，不买差的。

7.3.3 房产小白购房须知

1. 无论买新房还是二手房，至少给自己留一天"反悔"期

无论是新房还是二手房，买房人都会遇到许多经验丰富、套路满满的置业顾问、房屋中介甚至是房东。一不小心就掉入他人精心布置的陷阱中。当你反应过来时，几万元的定金早已到了对方的账户上，白纸黑字也已经缔结了无法更改的合约。

作为曾经的置业顾问，笔者深知买房者在第一次来售楼处时是最容易成交的。因为这时的买房者最不冷静，会在售楼处的火热氛围以及销售员的滔滔不绝中失去理性，然后闪电般地买房成交。越是年轻人，越是如此。二手房的购买套路更多，三四个中介全方位、零死角，毫不停歇地轰炸你，试问你又怎能保持冷静？

因此，即便非常喜欢一个房子，也尽量只交诚意金，然后给自己一天的时间回去冷静思考，问问家人和有经验的朋友，再去交定金，这样虽然还可能出错，但至少不会太过后悔。

2. 能买风险小的房产，不买风险大的；能买住宅，不买商住两用

对于初次购买房产的新人，不要想着"天上掉馅饼"，对于自己不了解的东西，尽量不要去碰，但如果真的要买，也要保证全程都是合法的，并尽量咨询专业人士。

购房忠告：能买风险小的房产，不买风险大的房产；能买大产权房，不买小产权房；能买"五证"俱全的现房，不买五证不全的期房；能买大开发商的房产，不买小开发商的房产；能找大中介，不找黑中介。

7.3.4 自住性住宅购房须知

1. 多关注保障性、福利性住房，同等条件下购买它们

房产不仅是居民购买的普通商品，而且是一个国家的民生基石，具有明显的福利导向。而从"房子是用来住的，不是用来炒的"基本方针出发，几乎所有的福利与优惠政策，都会向名下无房的年轻人倾斜。无论哪一个城市，都会有政策性的保障房、自住型商品房、共有产权房、限价房、企业福利房。越是北、上、深、广这样的大城市，此类针对年轻人的房产也就越多。

而大多数年轻人，因为信息的不对称，常常并不知道这些优惠政策，于是白白错失了国家给年轻人准备的"厚礼"。以北京市为例，买房人当然可以买市场上那些价格高昂的"老、破、小"二手房，但也可以买价格受到政府调控的限竞房和共有产权房。

2. 财力有限时，买距离工作地点近的，并优先考虑功能性

年轻人处在消费欲望最强的阶段，但却常常只有人生中最少的可用资金。于是，就要考虑怎样买到性价比最高的房产。

年轻人多是上班族，如果买的房子距离工作地点太远，必然会在上下班途中花费很多的时间，得不偿失。因此，要尽量买距离工作地点近的房产，并在这个基础上，尽量买地段好的房产。一旦收入上升，买的房很可能几年内就打算卖出，所以一定要考虑地段好的房产，以便转手。

应遵循"交通"在"环境"之上，"二居"在"一居"之上，"地段"在"学区"之上的购房思路。因为年轻人大量时间不在家中度过，从买房到孩子上学，也可能有 5～7 年的时间。但若是原本三口之家需要二居室，却偏偏只买了一个市中心的大开间，虽然后期易卖，但是一家三口挤在一居室内，也非常不便。

7.3.5 投资性住宅购房须知

1. 不要忽略房产的"外部性"

在市场机制之下,最无法避免的是"外部性"[①],房地产市场亦然。

在选房时,"正外部性"最明显的要属"学区房",除此之外,还有城市未来的发展前景,区域发达的市政交通,房屋周边的体育馆、图书馆等公共设施,甚至"好邻居"和繁华的底商也非常重要。

"负外部性"最明显的要属城市的糟糕环境,包括雾霾、交通拥堵。除此之外,还有城市人口的不断流出,区域的治安,过于密集的人流等。举例来说,回龙观小区的位置和市政配套都很不错,但是由于人口过于密集,交通非常拥堵,使得居民的幸福感大打折扣。这与房产的各种硬性指标都无关,而是外界的"不可抗力"。

2. 用投资的理念看待自住房,用自住的标准看待投资房

自住是"享受当下",投资是"享受未来",自住是为了实用,投资是为了增值。用投资的理念看待自住房,就是在选房用于自住时,不仅选择自己喜欢的,也去思考别人能否喜欢。站在第三方视角来看待自己的买房决策,更不容易钻牛角尖。举例来说,金钱是购房时最客观的衡量标准,当你想买一套用于自住的小产权房时,可以思考一下:为什么其他人不买,为什么它的价格会更低,它具有哪些风险,这些风险自身是否承受得起。

用自住的标准看待投资房,就是在选房用于投资时,不仅要看到它未来的潜力,也要看它当下的状况,更要看是否自己愿意买来居住,如果自己都不愿意在此居住,又怎能奢求他人?很多三四线城市的旅游地产、养老地产,就是打着投资的名号吸引人们前去购买。但这样的地产,位置偏僻、配套不成熟,大多是在人口流出的四五线城市。当地人都不愿意去居住,又怎能期待它们有很好的升值空间?

[①] 如果你的行为给别人带来了好处,却没有增加自身收益,就是"正外部性",如公共路灯;如果你的行为给他人带来了坏处,却没有给予相应赔偿,就是"负外部性",如化工厂。

7.3.6 制订购房计划可参照的方法

1. 用 GOSPA 个人策略方程式确定框架

美国人伯恩·崔西（Brian Tracy）是个人策略规划师，他提出了一个称为"GOSPA"的个人策略规划方程式：G（goal）代表总目标（或称战略目标），O（objective）代表次目标（战术目标），S（strategy）是策略，P（planning）是计划，A（action）指行动。

当你找到未来五年的目标后，可将其切割成数个阶段性目标，为达成阶段性目标，你必须设想个人策略地图，当目标与策略确立后，即进入计划阶段，列出任务清单、排列优先级并组织成一份完整的计划。最后，逐步采取行动，经常回顾反思，每天一步一个脚印地朝目标迈进。这就是 GOSPA 个人策略方程式。

而买房作为人生中的重要决策之一，同样可以按照这个路径进行规划。

此时，"**战略目标**"是买到一套"好房子"，**战术目标**是将"好房子"进行拆解，对抽象目标进行具象化描述。比如，"好房子"需要"地段好""户型好""价格公道"并要在某一个时间段内完成购买。

"**策略**"是为了达成这些具象化的战术目标所采用的更加具体、细致的方法，可以是一系列复杂的活动，也可以是若干项具体的操作。举例来说，为了买到符合各种标准的"好房子"，首先要在购房之前进行充足的知识储备，其次要获取足够多的信息。而"进行充足的知识储备"就是一项复杂的活动，可以包含阅读书籍、检索资料、询问亲友等。每一项内容都是一个不小的计划。

"**计划**"最好是量化的、明确的、不需要过多思考就能执行的。阅读书籍是获取知识的策略之一，阅读完本书就可以是一个计划，但这个计划还太"大"，我们的大脑往往会"趋利避害"。但如果将这个"大计划"细化为每天阅读一个章节的"进程计划"，或者每天阅读一小时的"时间计划"，大脑就会因为其明确、简单、可执行，而去选择行动。

最后，在"**行动**"阶段，我们有时会发现原定目标太轻松或者太难，太粗糙或者不太合理，此时就可以在行动阶段进行适当调整，不断改进并标记所用的时间。

2. 用 SMART 原则对买房计划进行修正

SMART 原则，是目标管理中最广为人知的原则之一，它同样可用于买房计划的制订，这些原则包括：

（1）绩效指标必须是具体的（specific）；（2）绩效指标必须是可以衡量的（measurable）；（3）绩效指标必须是可以达到的（attainable）；（4）绩效指标要与其他目标具有一定的相关性（relevant）；（5）绩效指标必须具有明确的截止期限（time-bound）。

7.4 制订购房计划

制订购房计划，是本书的第一个重点与难点。因为一个从没打过仗的人，很难通过纸上谈兵，取得最终的胜利。可没买过房产的你，却需要按照自己制订的买房计划，购买一套总价几百万元的房产，并在购买之后背上可能长达 30 年的房贷。稍有不慎，就可能要用自己的一生来承担这次"愚蠢"的决策，或者损耗少则一万元，多则几十万元的定金，来获得一次"从头再来"的机会。

在这一节中，会以刘亮的购房计划为例，阐明如何做一个"好"计划。

刘亮根据先前提到的 GOSPA 个人策略方程式，参考了其他制订计划的建议，得出了如表 7.1 所示的内容，他打算把这张表打印出来，然后分步实施。

表 7.1 购房 GOSPA 框架

战略目标	战术目标	策略	计划	行动
• 在结婚之前买一套家人满意的，且在能力范围内能够接受的好房子。	• 时间：2～4个月内 • 预算：500万元内 • 房源要求：新房或次新房，学区好，位于海淀或者有地铁的地段	• 了解房产、市场概况 • 看房、选房 • 确定房源并购买	• 阅读《从房客到房东》书籍 • 查阅房地产资讯 • 看新房 10 套，二手房 10 套 • 筛选出 3 套房产后继续砍价以确认最终选择 • 签约成交	• 每日阅读一小时书籍 • 每日看 1 小时房产资讯 • 梳理自己的买房诉求并制订未来 1 周的买房计划 • 约地产中介周末看 3 套二手房 • 周末看 2 个新盘

从刘亮的购房计划框架中，我们可以得出以下几点结论。

1. 框架大体完整

刘亮的购房计划虽然无法称得上完美，还略显粗糙，但框架完整，且对于各个部分的理解没有明显偏差，在购房初始阶段这就已经足够了。计划制订的初衷，并不是让人们必须完成每一项任务，而是给人们在行动中提供参考的方向，并提供给自己一个思考、梳理、反馈的契机。

2. 不易增加与修改

刘亮准备将这个表格打印出来，并按照此表格进行操作，这就让后期的增加与修改变得困难。但是，完美的购房计划应当在执行中不断完善，并尽量多地与"买房智囊团"一起修改。

如果刘亮在看房过程中，偶然间看到"叠拼别墅"这种住宅形态后非常喜欢，但是之前没有了解过，他就可以在原计划上增加相应学习计划，并在接下来增加"叠拼别墅"的看房量。为此，笔者建议刘亮制订电子版的计划，以便后期不断修改，并将每日计划放入手机自带的"提醒事项"中。

3. 逻辑感不强

刘亮的框架计划表虽然各部分完整，但每部分和前面内容的关联性并不明显，逻辑感也不强。在"行动"部分，更是无法与"策略""计划"部分进行对应，很容易在后期手忙脚乱。在此，笔者利用思维导图软件，帮助他改变了一下购房计划的排布方式，具体如图 7.2 所示。

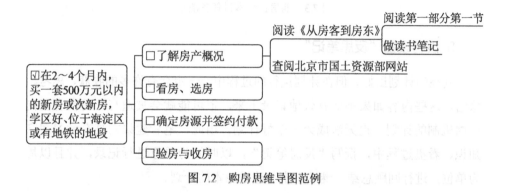

图 7.2　购房思维导图范例

从图7.2中可以看到，笔者将刘亮的"战略目标"与"战术目标"进行了合并，增加了"策略"部分的"验房与收房"，还将"计划"与"行动"对应在了相应的策略之下。思维导图的好处之一，就是方便修改，且不会被不断细分的"行动"而弄得焦头烂额。此外，思维导图还有助于理清思路，呈现出一幅生动的画面，以便逐步、逐项地进行操作。

4. 行动部分任务过重

细心的读者可以看到，在表 7.1 中，刘亮在"行动"部分给自己每天安排了很多的"待办事项"。这是不常做计划的人经常犯的错误：过高地估计自己完成任务的能力。

由于刘亮最后的计划非常多，这就很可能造成他手忙脚乱或完全的质量下降，抑或在频频未能完成计划时，灰心丧气，甚至半途而废。制订计划的最好方式是"由易而难，循序渐进"。尽量在一天内只给自己安排 1~2 个可完成的计划，毕竟计划的目的不是让我们体验挫败感，而是去买到真正的"好房子"。为了确保自己一定能完成计划，还可以对计划设置具体的提醒时间，如图 7.3 所示。

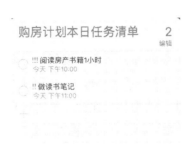

图 7.3　购房计划本日任务清单

5. 没有设置"反思笔记"

刘亮的计划虽好，但在计划执行的过程中，一定会有许多的收获、思考、总结，这些内容如果不能有效地记录下来，很可能就会被遗忘，而没有正向反馈机制的计划，也无法成为一个好计划。由此，笔者建议刘亮在学习房产知识、看盘过程中，撰写"反思笔记"，以时间为单位进行记录，并且以周为单位，进行回顾总结，继续丰富与改进原本的计划。

"反思笔记"如下:"2019年5月30日(日期),今日继续阅读《从房客到房东:人生首套房操作指南》(做了什么),最大的收获是知道交定金之前给自己留下一天的'反悔期'(收获了什么),应当在接下来的购房计划中标注出来(需要做什么)。"

6. 可以设置"注意事项"

购房计划是将要做的事情,它的反面就是"注意事项",即注意千万不要去做的内容。举例来说,在"反思笔记"中,笔者举出了在购房之前要给自己留下一天的"反悔期",也就是说"不要当天交定金",这就是"注意事项"。可以将其单独设置,也可以对其改变颜色后,标注在自己的购房思维导图中,如图7.4所示。

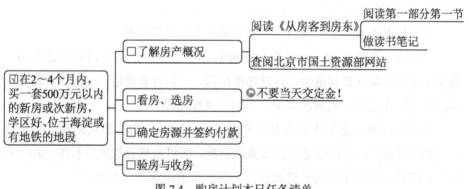

图 7.4 购房计划本日任务清单

通过对刘亮的购房计划进行取长补短,你就可以大致掌握购房计划的制订方法。但任何完美的计划,如果只是制订而不去实践,就失去了其真实的意义。对于买房这样的重大决策,在对房产并不是完全了解时,购买首套房的你,务必要审慎合理地制订购房计划,稳扎稳打将其落实,并应根据实际情况对其不断调整。只有这样,才可以买到满意的好房子。

第8章
如何选购新房？

"我不买新房，看看二手房就好了。"刘亮说。

"不想看新房，是觉得新房位置太偏么？"笔者问道。

"有这方面的原因，而且新房也没有二手房便宜，还大部分都是期房，我买了房却不能立即住进去，自己还得租房，一面背着房贷，一面交着房租，经济压力实在太大，想想就难受。"刘亮继续说道。

持刘亮这种心态的年轻人其实非常普遍，因为他们几乎从来没有买过这么贵的"商品"，也没承受过这么多的贷款，所以自然会把买房看作一种"剥削"。因此，他们更倾向于提高首付比例，也更愿意买二手房。

但刘亮没有意识到的是虽然大多数新房都在郊区，但也有在地铁口或工作地附近的新房楼盘，而且由于2017年前后的政府调控，新房的房价未必就比二手房贵。有的地方因为房产限价，2018—2019年，新房可能反而比二手房在单价上还便宜不少。

购买新房还可以一次性贷出更多的钱，在首付相同的条件下，新房的总价也可以更高，流程还比购买二手房简单、规范。因此，不一定要紧盯着二手房不放。以下是关于选购新房时需要了解的全部内容。

8.1 如何选择楼盘与搜寻信息？

1. 住建委网站的妙用

年轻人在购买首套房时，可以采用多种方式进行对比筛选，包括区域、价位、楼盘等。但最好先看一下政策性、福利性的房产，再按照普通型商品房的区域、价位、楼盘进行筛选。当然，也可以找中介公司，但政策性、福利性的房产，中介公司并不会赚到多少钱，所以你也很难从中介处了解到相关重要信息。

关于福利性住房的购买与限制条款，各地的标准有很大差别，但多在年龄、名下房产量、学历、纳税与社保缴纳地、户口、毕业时间等方面进行约束，并会对后期出售的时间有一定限制，买房人可以通过搜索引擎自行检索，如输入"北京　共有产权房　条件""重庆　公租房"。例如，呼和浩特市有半价购房、长沙市有人才公寓、深圳市有共有产权房，这些都是针对年轻人的福利性住房。

查看福利性住房、保障性住房的途径有门户网站的房产频道、地方媒体，甚至部分地方房产自媒体也会偶尔发布，但最权威、及时的信息还是在各地方的住建委、房管局官方网站中。

以刘亮所在的北京市为例，登录北京市城乡建设委员会官方网站，选择"首页—房屋管理—房地产交易—房地产交易信息公示"，就可看到如图8.1显示的界面。

图8.1　北京市房地产交易信息公示网站页面

资料来源：北京市城乡建设委员会，http://www.bjjs.gov.cn/eportal/ui?pageId=412697

目前，北京的"经济适用房"指的就是"共有产权房"，它的相关信息在前文中已有过介绍。通过以上界面，可以了解到北京房产市场上目前在售的所有经济适用房（共有产权房）、限价房的开盘信息、所在地址，并且可以根据项目名称、开发单位、期房或现房、项目地址、预售证号进行精确查询。

以两限房项目"金铸阳光苑"为例，进入详情页后，可以看到如图 8.2 和图 8.3 显示的内容。

预售项目信息	
项目名称	金铸阳光苑
坐落位置	石景山区首钢铸造厂南区限价商品住房项目
开发企业	北京首钢房地产开发有限公司
行政相对人代码	63371227-8
法定代表人姓名	吴林
预售许可证编号	京房售证字(2018)限6号
发证日期	2018/11/11
预售登记备案管理部门	石景山住房和城乡建设委员会
许可机关	北京市住房和城乡建设委员会
许可有效期限	起始时间为取得商品房预售许可证之日，终止时间为商品房取得竣工备案表之日起四个月内
建设工程规划许可证编号	2017规(石)建字0007号
土地用途和使用年限	住宅:70年
准许销售面积	28913.8100
批准预售部位	3#住宅楼1层至23层全部房屋，7#住宅楼1层至23层全部房屋
预售资金监管银行	恒丰银行
专用账户名称	北京首钢房地产开发有限公司金铸阳光苑
专用账户账号	801014010122200019

图 8.2 金铸阳光苑项目信息（一）

资料来源：北京市城乡建设委员会，http://www.bjjs.gov.cn/eportal/ui?pageId=412699&projectID=6178968&systemID=2&srcId=3

买房人通过以上页面不仅能看到楼盘的发证日期，而且能看到楼盘表、签约套数、签约面积、签约均价，而当继续点击"楼盘表—查看信息"时，还可以看到精确到每个房源的签约情况，并且内容非常的详细，如图 8.4 所示。

楼盘表

销售楼号	批准销售套数	批准销售面积(m²)	销售状态	住宅拟售价格(元/m²)	楼盘表
3#住宅楼	230	15164.60	正在预售	14499.95	查看信息
7#住宅楼	184	13749.21	2018/11/11开盘	14499.97	查看信息

·共有 2 个楼栋信息

预售项目抵押信息

·共有0个抵押信息

预售项目抵押情况发生变化的，开发企业须在办理抵押登记、变更登记、注销登记之日起三个工作日内办理相关确认手续，确认后公示更新后的内容。

预售项目司法协助执行信息

执行人	发文编号	文书生效日期	详细资料

该司法协助执行文书内容不作为直接确认产权的依据。

期房签约统计

用途	已签约套数	已签约面积(M2)	成交均价(¥/M2)
住宅	12	802.27	14501.28

本网站公示的拟售均价和成交均价均为按建筑面积计算的价格。

图 8.3　金铸阳光苑项目信息（二）

资料来源：北京市城乡建设委员会，http://www.bjjs.gov.cn/eportal/ui?pageId=412699&projectID=6178968&systemID=2&srcId=3

图 8.4　3#住宅楼楼盘表

资料来源：北京市城乡建设委员会网站。

除政策性、福利性住房外，北京市的其他新房也同样可以在这个页面进行检索。只要知道项目名称或者预售许可证编号，就可以通过该网站了解整个楼盘的签约状况、预售情况以及房屋均价，以避免后期被销售员欺瞒、买到更贵的房产。但是住建委网站的成交均价往往只是房产的政府备案价格，大部分开发商都会有“团购金”“茶水费”“装修费”等未计入备案价的房款金额。这部分钱不算在政府统计的房价里，却又真实存在，仅团购金一项就可能高达 10 万元，所以国家统计局的新房价格并不准确。

除了查看各种项目签约、销售信息之外，住建委网站还有不少“隐藏功能”，包括查看城市的商品房统计数据，如当日的期房、现房、存量房（二手房）的交易情况、可售房屋情况、上月房屋交易情况等非常有价值的市场参考数据，具体内容如图 8.5 所示。

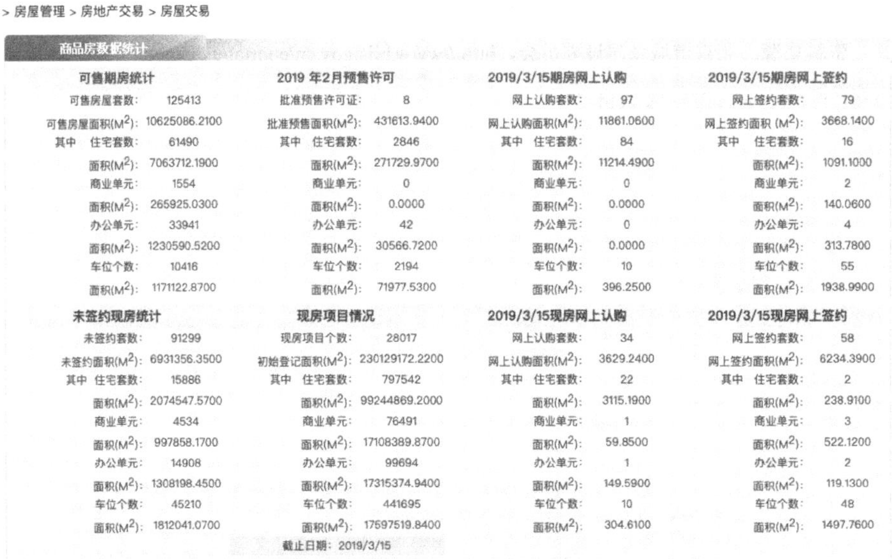
> 房屋管理 > 房地产交易 > 房屋交易

商品房数据统计

可售期房统计		2019 年2月预售许可		2019/3/15期房网上认购		2019/3/15期房网上签约	
可售房屋套数:	125413	批准预售许可证:	8	网上认购套数:	97	网上签约套数:	79
可售房屋面积(M^2):	10625086.2100	批准预售面积(M^2):	431613.9400	网上认购面积(M^2):	11861.0600	网上签约面积 (M^2):	3668.1400
其中 住宅套数:	61490	其中 住宅套数:	2846	其中 住宅套数:	84	其中 住宅套数:	16
面积(M^2):	7063712.1900	面积(M^2):	271729.9700	面积(M^2):	11214.4900	面积(M^2):	1091.1000
商业单元:	1554	商业单元:	0	商业单元:	0	商业单元:	2
面积(M^2):	265925.0300	面积(M^2):	0.0000	面积(M^2):	0.0000	面积(M^2):	140.0600
办公单元:	33941	办公单元:	42	办公单元:	0	办公单元:	4
面积(M^2):	1230590.5200	面积(M^2):	30566.7200	面积(M^2):	0.0000	面积(M^2):	313.7800
车位个数:	10416	车位个数:	2194	车位个数:	10	车位个数:	55
面积(M^2):	1171122.8700	面积(M^2):	71977.5300	面积(M^2):	396.2500	面积(M^2):	1938.9900

未签约现房统计		现房项目情况		2019/3/15现房网上认购		2019/3/15现房网上签约	
未签约套数:	91299	现房项目个数:	28017	网上认购套数:	34	网上签约套数:	58
未签约面积(M^2):	6931356.3500	初始登记面积(M^2):	230129172.2200	网上认购面积(M^2):	3629.2400	网上签约面积(M^2):	6234.3900
其中 住宅套数:	15886	其中 住宅套数:	797542	其中 住宅套数:	22	其中 住宅套数:	2
面积(M^2):	2074547.5700	面积(M^2):	99244869.2000	面积(M^2):	3115.1900	面积(M^2):	238.9100
商业单元:	4534	商业单元:	76491	商业单元:	1	商业单元:	3
面积(M^2):	997858.1700	面积(M^2):	17108389.8700	面积(M^2):	59.8500	面积(M^2):	522.1200
办公单元:	14908	办公单元:	99694	办公单元:	1	办公单元:	2
面积(M^2):	1308198.4500	面积(M^2):	17315374.9400	面积(M^2):	149.5900	面积(M^2):	119.1300
车位个数:	45210	车位个数:	441695	车位个数:	10	车位个数:	48
面积(M^2):	1812041.0700	面积(M^2):	17597519.8400	面积(M^2):	304.6100	面积(M^2):	1497.7600

截止日期：2019/3/15

图 8.5　上月房地产交易信息明细表

资料来源：北京市城乡建设委员会官网。

有效并充分地利用当地住建委网站，是在购房之初需要掌握的必要技能。

2. 项目名、推广名与商品房预售许可证

当买房人通过北京市住建委网站查询项目信息，然后想再通过“项目名

称"在贝壳、安居客等线上房产平台查找它们的信息时，很可能根本找不到。这是因为在住建委备案的项目名称与项目的推广名可能完全不一致。以"乔禧名苑"项目为例，它更为人所知的推广名是"泰禾·金府大院"，可以看到这两个名称完全不同。这是因为开发商在申请"建设工程规划许可证"时，相关部门对项目名称有一定的要求规范，如果不符合，就不予批准。可是如果直接使用原申请项目名又很呆板，老百姓不一定容易接受。于是，同样的项目就有了不同的名字。

每一个房地产项目虽然案名可以变化，甚至经常变化，但预售许可证号是不变的，而且通过预售许可证，可以获取更多的关键信息。以中铁集团的"博裕雅苑"项目为例，其商品房预售许可证如图 8.6 所示。通过预售许可证，不仅可以看到项目地址、发证日期、土地性质、用途，还能看到它是否为"共有产权房"。若一个项目没有预售许可证，是根本无法公开销售的。在楼盘所有的公开宣传册上，都会强制标注预售许可证的编号。在去实地考察项目之前，笔者建议购房者打开住建委的网站，好好查看一下商品房预售许可证信息。

图 8.6 博裕雅苑项目预售许可证

资料来源：北京市城乡建设委员会官网。

3. 开发商的选择

2019 年 1 月 9 日，位于上海市闵行区吴中路的紫藤华庭项目，因为负责开发的上海新大陆体育中心有限公司的债务问题，整个楼盘被法院查封，随同被查封的资产还包括逾千万元的楼盘认筹金。2018年12月，该项目开始认筹，每位买房人都缴纳了100万元的现金。但在楼盘被查封之后，近百位买房人不仅无法继续买房，而且无法要回认筹金。最终，近百位买房人，只能通过互联网曝光，利用舆情为自己维权。

为了避免这样的事情发生在自己身上，在看盘之前买房人最好选择大型房企，或者由若干企业联合操盘的项目。如果确实是小开发商，也可以通过"企查查"等网站，查看该企业是否存在严重的债务纠纷，以此将购房风险降到最低。

除了楼盘烂尾、购房款被查封这类恶性事件，买房人还可以对该开发商品牌在网络上进行搜索，也可以在知乎这样的用户论坛上，搜索业主对该企业的评价。如果这家房产企业之前存在很多的销售投诉、质量投诉、物业投诉等记录，那么请务必在看房时留个心眼。

从软性的物业服务与硬性的产品质量来看，越是单价高的楼盘服务越好，产品质量也越高。虽然"好"的楼盘和品牌有一定关系，但和"产品系""产品线"关系更大。举例来说，万科有"城市系"、龙湖有"滟澜系"，旭辉有"铂悦系"。不同的品系在建造成本、装修水准上会在内部拉开一定差距。最后提醒一点，在去售楼处之前最好先了解一下该楼盘的具体区位、产品种类和总价情况。在不确定信息是否准确时，可以先打楼盘的咨询热线进行询问。

8.2 如何选房、看房与避开套路？

8.2.1 到达售楼处前的准备工作

售楼处常常位于楼盘附近的单独建筑内，后期可能改建为会所、健身房、图书馆、物业服务中心，有时也位于楼盘内，由若干住宅单元改建而成。售楼处的最大目的，就是让购房者认可楼盘，并尽快成交。以下是在到达售楼处之前所要做的准备工作。

1. 避免中介陪同看房

虽然可以询问中介是否有推荐的新房楼盘，但笔者并不建议让中介陪同看房，除非你对中介从业人员足够信任，对他的专业能力也极度认可。否则，你就要在看房的同时，应付置业顾问和房产中介这两个希望你尽快成交的"专业人士"。此外，很多关键的信息只有在人少时才能从置业顾问口中"套出"，最好不要让太多"外人"陪同自己看房。

2. 两人以上共同看房

虽然要尽量避免中介陪同看房，但应当尽量找熟人陪同自己一起看房，而且这个熟人对房产越了解越好。因为在第一次看房时，如果只是一个人，很容易掉入各种意想不到的陷阱中却不自知，等到反应过来时，早已签好了买房合同。这个时候最有效的方法，就是两个人一同看房，互相提醒对方要保持冷静。而且两人看房时，还可以互相配合地检查房间隔音性并进行砍价。

3. 进售楼处之前在项目周边转一圈

在进售楼处之前，可在项目周边先转一圈，从自身角度出发，在置业顾问讲解之前感受一下整个项目的产品、园区、周边环境、交通与配套设施，还可判断一下楼盘与公交站、地铁口之间的真实距离。这样即便销售人员把整个项目夸得天花乱坠，你也不会轻易被冲昏头脑。

4. 准备好备用手机和录音设备

买房人在进入售楼处之后会被要求进行来访登记，记录你的电话和姓名。而你的个人信息则会被不断地卖给周边楼盘、房屋中介、贷款公司、装修公司、家具公司，如果你没有备用手机号，接下来的半年到两年内，很可能会被各种电话轮番轰炸。为了清楚自己的手机号从哪里泄露出去，你可以在看万科的楼盘时登记自己为"万先生"，在看龙湖的楼盘时登记自己为"龙先生"。而无论登记自己姓什么，都不会影响后期真实的付款与签约。

除此之外，之所以要对看房的全过程进行录音，一是因为我们听完介绍后很可能忘记关键信息，可以通过录音进行回顾，二是在后期出现各种问题时，可以通过录音证据进行合理、合法维权。需要注意的是：现场录音是无须告知对方的，但若为电话录音，则需要在告知对方自己即将录音后，才能将其作为后期诉讼的有效证据。

8.2.2 到达售楼处后，有哪些流程与陷阱？

1. 与置业顾问的第一次接触

到了售楼处，会有一位置业顾问专门陪同你看房，置业顾问的接访是按照一定顺序的，不可越级。第二次来访同一个项目时，千万要告知"客户大使"①上一次接待你的置业顾问是谁。否则，你很可能会因为自己的疏忽，导致两个置业顾问间的一场厮杀，因为这决定了你成交后的卖房佣金的归属。

置业顾问可能是开发商的自有营销团队人员，也可能是销售代理公司的营销人员。如果是前者，因为是相对而言的"铁饭碗"，所以可信度会高很多，即便你收房后，也可以一直与之沟通交流；如果是后者，因为流动性很强，在卖完房后很可能就会转战其他楼盘、公司或区域，可信度会相对差一些。

在接待过程中，应当对置业顾问表达出充分的尊重，一般他会双手递上名片，请用双手接住并阅读名片上的名字，接下来也尽量以名片上的名字称呼他。不过名片上的名字很可能是假名，这是置业顾问的常规操作。名片记得收好，并与接下来收到的宣传册、折页统一放在一起，以便后期重复查看。

交换名片后，置业顾问会简单寒暄几句并主动问你一些问题，比如对项目的了解程度、买房目的、预算金额、是否具有购房资格等。在这个过程中尽量做到如实回答，以便对方以专业视角提出必要的建议。

在交流的过程中，我们也可以拿出手机，对售楼处内的各种广告、标语、关键信息公示牌进行拍照。一方面，这些广告、标语一定是整个项目最核心的卖点，有助于我们理解项目；另一方面，后期签约、收房时若与承诺不符，在进行必要维权时，这些照片也同样是维权的证据。因为正是这些广告、标语促使我们做出了购买决定，若后期偏差过大，则可以要求对方退款或定向整改。

2019年前后，包括南京、北京、徐州、石家庄在内的十余城市都陆续爆

---

① 客户大使：负责登记来访人信息的售楼处工作人员。

出了业主在收房阶段的质量维权，"精装"变"惊装"，"质量大缩水"比比皆是。究其原因，都是开发商为了提高利润率，将建造成本刻意拉低所致。当然，置业顾问也一定会阻拦你拍照，但我们仍能以方便后期查看为由，在随后看房的过程中继续拍照、录音。

有的销售团队同样会要求置业顾问在接待过程中全程录音，以便确定客户的真实来访途径、了解销售是否有违规行为，并为后期客户的"无理维权"留下证据。因此，在买房人录音的同时，我们要有自己的话语可能正在被对方录音的意识，不要主动提违法、违规的内容，尽量让双方的沟通在正大光明的状态下进行。

2. 区域沙盘的讲解

简单寒暄与了解清楚个人信息，并确认你不是来"踩盘"①的同行后，置业顾问会先为你介绍整个项目的区域沙盘，其中包括项目所处位置、周边商业、交通、医疗、教育配套，以及一些重要的山川湖泊、名胜古迹、大型产业园区等。

置业顾问的介绍内容非常有价值，因为这些信息大多是经过营销总监、项目营销经理、策划经理、普通置业顾问，以及广告公司文案、策划等十余人，在反复修改后才呈现出来的。置业顾问讲解时尽量不要打断，要聚精会神，并偶尔与对方进行眼神交流，如此对方才会尽量多、尽量完整地进行项目信息介绍，而这些内容是你在任何网站、公众号都无法获得的有关项目的第一手资料。

对区域价值的描述需要认真听，并仔细分析置业顾问话语中的逻辑与案例。笔者曾作为置业顾问、策划与广告公司文案，非常清楚项目区域价值的重要性，它是销售说辞的开篇，也是让买房人"上钩"的关键。举例来说，如何让一个位于北京东五环、通州、朝阳、顺义交界处的远郊项目听起来更有吸引力？最直接的方法是对其他区域进行"打压"，并在"打压"后，拔高自身项目："放眼北京，北边是处于'上风上水'的位置，所以懂生活的老北京人都更喜欢住北边。西边则因为地理位置，交通状况不佳，整个北京最佳的居住地，则在东北方向。而通州，又是首都副中心，未来的潜力必然

---

① 踩盘：房地产术语，指不以购房为目的的了解房地产项目信息的行为，多发生于房地产从业人员之间。踩盘分为"明调"与"暗调"，明调是指亮明自己的身份，暗调则为隐藏身份。

不容小觑，本项目地处通州、朝阳、顺义三区交汇处，可谓虎踞龙盘……"通过这一部分的介绍，我们可以了解到其他区域的"劣势"，以及当前区域的"优势"，非常便于买房人掌控全局，从而确认购房的区位。

需要注意的是，此时销售人员所讲的"距离"非常不精确。比如，从项目到学校的距离、到商场的距离、到市中心的距离，都会与实际值有不小的差距。为了更好地销售房屋，项目区位图一般与实际地形有很大差异。即便是一个位于北京五环外的项目，从区位图上你也会感觉它距离天安门只有几公里。因此，在看区位图时，一定要注意"距离"与"数字"的不准确性，可以先用手机拍下项目区位图，后期再在百度地图上进行实际对比，从而测算项目到附近公交或地铁站的真实距离。

关于周边配套，有很多"华而不实"的内容需要注意。比如，高尔夫球场、赛马场、国际学校、高端会所。虽然这些听起来非常高端，但它们对项目并没有多少真正的价值。相反，如果周边都是高尔夫球场，只能说明这个项目位于城市远郊。而国际学校又几乎是寄宿制，更无法提升项目真实价值。

关于教育配套、学区分配，置业顾问常常会说后期会建设"××重点小学"。如果我们担心对方是在夸大其词，可以问置业顾问："这个学校是不是你们项目的核心卖点？因为它，你们项目能多卖不少钱吧？"，如果对方回答"是的"，那么一旦后期承诺无法落实，买房人就可以根据这段录音，向开发商进行维权索赔。

在这一部分，我们需要明确的主要信息包括：城市各个区块的优势与劣势，本区域未来的发展潜力；项目所划片的学区、未来的幼儿园、小学、初中、高中的配套；周边的商业情况，零售店、集市、超市、购物中心的位置；地铁交通情况，距离、位置、修建时间；区域规划情况，定位、后期周边配套的建设；城市当前的市场情况、区域的房价情况、周边项目情况。这些内容即便对方没有讲，我们也要主动询问，若还有没有听懂的，应当在开始下一环节前不断追问。

3.项目沙盘的讲解

项目沙盘中我们会看到一幢幢的小房子，上面有的还插有旗帜。注意，请把这个沙盘完整且清晰地拍下来，并且这个动作要在置业顾问的关注下进行。

然后询问置业顾问："沙盘上的所有建筑，后期是不是都能够实现？如果能实现，都是什么时候完成；如果不能实现，哪些是真实的，哪些不是真实的？"通过这样"一拍、一问"两个步骤，就可以让置业顾问在介绍项目之初，尽量地去说真话。因为接下来如果我们听到的信息足够真实，则对于购房来说会非常有价值。

这一部分我们需要了解的主要信息包括：项目的拿地时间、当时的楼面价；项目总占地面积、建筑面积、容积率、绿化率；房屋旁边的道路是主干道路还是市政道路，四周具体建筑的情况；项目的建筑风格、园林设计理念；项目总户数、在售楼号、所售户型、单价、未来的交房时间；总楼层数、电梯配比情况；停车位与总户数的比例，停车位的价格、租金，地下停车位与地上停车位分布情况；各个户型的面积、朝向、特点、层高；目前卖得最好的户型、特价户型、置业顾问的推荐户型；近期的关键营销节点，什么时候开始销售新的户型，什么时候再次开盘，什么时候有优惠；物业公司是哪一家、物业费如何收取、物业会提供哪些服务、资质如何。这些信息，都是很难通过查阅网络资料获得的，同样，尽量做到全程录音。

在我们询问近期的销售情况时，销售员可能不会说实话。此时，对于一些我们在意的问题，如最近的销售情况、优惠活动等，可以过一段时间以另一种方式重复询问。如果对方在说谎，不可能每一次说的内容都相同，"重复确认"是一个非常有效的鉴别谎言的办法。同时，在询问关键信息时，可以进行主动"让步"，如"这个房子我特别感兴趣，可不可以告诉我怎么买能便宜一点？"，也可进行适当的"称赞"，如"你介绍得真专业，而且看着就很值得信任，请问这个项目最近卖的怎么样？"。

有很多置业顾问为了省事、省时，讲解得并不细致。因此，我们要不断地询问那些非常重要的信息，如果此时对方不了解，就让对方去问了解的人。如果置业顾问连沙盘都讲解不清楚，关键信息忘记了还不知道问其他人，那么请在这个时候直接指出对方的问题，并立即叫来案场经理，要求更换置业顾问。如果连项目的基础信息都无法做到烂熟于心，那么他很难会为你提供专业的置业建议，甚至这个项目的可靠程度也值得怀疑。

4. 品牌墙、五证、项目不利因素的讲解

品牌墙、商品房五证、项目不利因素，这三个部分在很多楼盘的讲解过

程中是没有的，但房管局都会要求进行提及，如果商品房五证和项目不利因素对方没有提及，作为买房人，也应主动询问或查看。

通过品牌墙，你可以了解这家公司在房地产企业中的排名，以及这家公司对本区域的战略规划、在本区域已建成的其他房地产楼盘的概况。而这些内容最好是你在到售楼处之前就已大致了解的。

房管局规定，商品房的五证必须悬挂于售楼处明显位置，并需要置业顾问进行必要且翔实的讲解。但是很多项目为了提前卖房，放置的都是假的五证信息，或者即便是真的，也不是正在销售的房屋的楼号。

房管局同样要求售楼处需要展示项目不利因素公示牌并进行讲解，但是大部分置业顾问的策略是：蜻蜓点水似地提一句，然后迅速转移话题，或者干脆不讲解。而此时的应对策略很简单，直接走过去，掏出手机进行拍照，然后认真阅读，并让对方为你讲解不懂的地方。

5. 园区的讲解

接下来置业顾问会带你看样板间和逛园区。如果样板间在售楼处内，就会先看样板间，否则会以绕圈的方式，先看一半的园区，看完样板间之后，再看另一半园区，之后返回售楼处。

在看园区时，因为已经离开了售楼处，所以可以询问一些在售楼处不方便提及的销售信息。例如，通过什么方式可以获得更大的优惠？哪套房源最实惠？每一个有上进心的置业顾问，都会对销控表上的特价房源烂熟于心。同时，这个时候也是与销售员搞好关系的最佳时机。可以问一问销售是哪里的人，从事房地产工作多久了，最近卖了几套房，项目的销售情况怎么样？这样的询问有助于重复确认关键信息，以确保销量、价格、优惠等信息的真实性。

园区里要关注的内容，甚至包括保洁、保安对待买房人的态度：如果保洁与保安见到买房人后，停止手中的工作，转向买房人并给予微笑，表明园区人员管理合格且严谨。但如果保安在一旁打牌嬉戏、园区杂乱无章，就说明该楼盘的品质不好、管理松散。园区中比较重要的信息是楼间距、建筑物外立面、园区绿化情况。楼间距和绿化率，在前文已经有所提及，这里补充关于外立面的相关内容。

住宅建筑的外立面目前主要有三种类型：涂料、面砖和石材。涂料的成本最低，但时间久了容易褪色；面砖具有质感，成本适中，但对施工的工艺有一定要求，长年累月后有脱落的风险；石材品质最高，成本也最昂贵，施工难度也较大，但是施工完毕后不会脱落，还能减轻建筑物自重，提高抗震能力。

6. 样板间的讲解

有的楼盘比较"嚣张"，没有"排卡"或者交"认筹金""诚意金"的客户根本不能看样板间。有些售楼处的营销策略是第一次看房不论是否有排卡，都不能看样板间。因为对于前往项目现场的买房人，最重要的目的，就是了解项目的样板间，买房人在看完样板间后，对整个项目的了解就算结束了。所以有些售楼处会刻意在最后一个"关卡"设置障碍，让买房人至少前往售楼处两次，这也是新盘常见的营销技巧，刻意给卖房人营造障碍，从而调动买房人的好奇心，并让买房人不断地投入时间、精力，在"损失厌恶"的情感作用下，买房人更容易认为这个楼盘值得购买。此类营销技巧，也称作"一波三折"式营销，是指在房屋销售过程中故意给买房者制造"困难"，利用房产交易的信息不对称，对买房人的心理进行控制。除了以上方式外，摇号买房制度同样是一种人为制造的障碍，目的就是让买房人丧失理智，从而在千辛万苦地获得买房机会后，迅速购房。在看样板间时，我们主要关注的并非装修，而是户型设计、层高、楼间距，此部分内容在前文中有过单独讲解，此处不再赘述。

样板间的装修多是"豪装"，目的是让你具有"购买冲动"。所以即便你非常喜欢样板间的装修风格，也要记住装修并不在自己的考虑范围之内。而有的楼盘是精装交付标准，这时就要务必询问销售员，样板间的硬装，是否就是真实的交付标准，如果销售员的回答为"是"，那么就可以对样板间地板、墙面、厨卫的品牌、型号进行拍照取证。如果回答是否定的，也要在这个过程中问明具体的精装交付情况。新风系统、智能家居，这些精装"赠送"大多为销售噱头，对实际入住后的生活质量提升并不大，而且自行安装也并不昂贵。切记不要被"小利"所迷惑。

有些样板间为了让户型看起来更宽敞，会在家具尺寸上部分"缩水"，如正常的双人床应是 180*210，样板间的只有 150*180。衣柜也常常是特制的，非常窄小，大一点的晾衣架都难以放下。越是小户型，这种"小伎俩"就越是常见。因此，买房人可以随身带一个尺子，量一量房间的面宽、进深，以及家具的真实长短，不要被错觉所欺骗。

样板间在项目的尾盘阶段也会进行销售，不过由于样板间是以展示为目的，并不是为了真实的居住需求，所以样板间很可能在看不到的地方存在隐患。一旦出现问题，需要先拆装修再重新装修，还不如直接买毛坯房来得划算。但如果在买样板间之前，把这些权责关系通过正式的合同确定清楚，该买依旧可以买。

7. 计算价格继续交流

看完样板间后，如果你还想继续交流，销售员就会把你再次带回售楼处，如果你已经对项目丧失了兴趣，甚至可以直接打道回府。但笔者仍旧建议你再耐着性子，和销售坐在售楼处继续聊10分钟。回到售楼处后，销售员会拿来户型图和楼书。如果你感兴趣，还会帮你计算首付款，告知你交定金之后补齐全款的时间，以及所需携带的资料等信息。在此期间，售楼处里会有一些准备好的茶点、饮品供你免费品尝饮用。还会有一些诸如插画、亲子DIY、砸金蛋类的现场活动，而这些"销售道具"都是针对消费者心理精心设计好的。

在与你的交流过程中，置业顾问会使用各种手段，促使你当场缴纳买房定金，至少是买房诚意金，包括但不限于："其他客户也看好了此套房源、最后一天的促销、最后一套的特价房源、刚刚收到一个特价房退房的消息等。"此时，我们的原则也非常明确：不交、不买、再商量。即便你真的很喜欢，也要与家庭"买房小组"的成员进行充分沟通后，再去一次售楼处。售楼处的套路很多，但只要你能够记住"第一次看房坚决不交定金"这个简单策略，就可以无往而不胜。

8.3 如何砍价以争取最大优惠？

第一次看房只询价不砍价！！！

因为即便砍价，在第一次去售楼处时你也砍不下来多少，还很可能因为貌似"砍价成功"后，而交了买房的定金。例如，你看好一套房，问明销售员可以有的折扣和优惠，大概能从500万降到495万。这时你使尽浑身解数开始砍价，终于被你砍到了490万元，但需要当天交定金。问题来了，你是交，还是不交？

如果不交，好不容易砍下来的价格就无法保住；如果交，当天买房的你很可能错过其他更好的房源。因此，第一次看房只询价、不砍价，只需表现出对项目的兴趣。如果确实比较满意，可以承诺对方自己会在近期再次到访，这样置业顾问就会把你作为高意向客户，在出现"特价房等优质房源"后，也会第一时间通知你。

前些天，一个朋友告诉笔者，他钟意的某楼盘的置业顾问，突然在晚上十点给他打电话，而且非常兴奋激动。因为楼盘的单价从原本的两万元，直接降到了一万八，而且只有最后20套，这是项目为了尽快清盘而进行的大幅让利促销，并催促他第二天就去现场交付定金。笔者在核实价格确实便宜之后，告知这位朋友可以前去现场求证清楚，但务必要在交定金之前再次与笔者确认。但是第二天他还是没能经受住置业顾问的套路，直至交完定金才与笔者联系。虽然他的房价确实比最初看房时的报价便宜了一些，但签约后他才知道，整个项目还有至少500套的待售房源。如果这位朋友可以在交定金之前再次询问一下笔者，笔者就会告知其关于新房砍价的全部技巧，帮助其获得更多的价格优惠。

1. 级别越高权限越大，找到总裁破底价

在房产项目里面，下至普通销售员，上至营销总监，都有不同的优惠"点数"，通常普通销售员有2个百分点的浮动，主管再加1个百分点，营销经理再加1个百分点，集团总裁甚至有"破底价"的权限。当我们认为谈到销售的极限后，可以让销售员把销售经理叫出来继续谈。有时销售经理"很忙"，如果我们真心想买，也可以通过拉近与销售经理距离的方式进一步砍价，或者拉上亲戚朋友一起谈个"团购价"，还可以选择"死缠烂打"，软磨硬泡求优惠。

2. 去售楼处的时候，不要说是投资需求，只说自住

普通的置业顾问一般只有一套话术，即标准话术；优秀的置业顾问，则

可以"看人下菜",一人一套话术。对于买房人,如果告诉置业顾问买房用于投资,那么置业顾问可吹嘘的空间就很大,如项目未来的潜力、区域未来的发展、政策的利好、未来的规划等,但这些都非常虚,只会有利于对方把价格往上抬。

但如果你说是用于自住,就可以让销售把谈话重点拉回到品牌、项目、户型、物业这些当下的硬件上。再能吹牛的置业顾问,也很难把一个五层无电梯的两居室,吹成靠海独栋小别墅。而且买房人可以挑剔户型、装修、物业,总之,可通过"自住"需求不断砍价。

3. 夫妻一起去砍价,一个唱白脸,一个唱黑脸

砍价时最好两个人去,这样就可以一个唱白脸,一个唱黑脸,双方配合砍价。最好让与置业顾问同性别一方扮白脸,与销售员拉近距离,获得信任,这样不至于谈崩,另一方则唱黑脸,让销售员不方便利用性格优势左右情绪,只能不断让步。

若在置业顾问有两人及以上时,可寻找他们中的"决策人",并在找到后对其主动示好,或者选择与白脸方组成临时"联盟",共同说服黑脸方。因此,白脸一方要努力展现弱势体现感性,黑脸方则要尽力展现强势突出理性。

笔者就曾见过全家出动的砍价行为,当参与砍价的人数超过4人后,即便买房人不要求见销售主管,销售主管也会主动前来帮助置业顾问。往往全家出动砍价时,能够砍下的价格也非常理想,若家人有时间,确实可以组团去看看。总之,单人看盘时,与置业顾问性别相同,更易砍价;双人看盘时,与置业顾问性别相异,更易砍价。

4. 不同项目的情况差异很大,与销售员建立信任非常关键

当笔者做房产置业顾问时,最大的困难是与客户建立信任,而当笔者从事房产咨询师后,发现买房人最大的困难也是与置业顾问建立信任。在中国,房地产市场并不是一个充分竞争的成熟市场,不同区域、企业、时期的营销策略可能完全不同。若单纯用书本上的东西指导实际操作,难免会存在滞后性。此时,应去抓住那些不会变的、最本质的内核,如与置业顾问建立相互的信

任。当与置业顾问建立信任后，他就会把已知的关于项目的真实情况告诉你，不仅便于砍价，还有助于后期决策。获得信任的方式多种多样，但更重要的是用真心换真心。

5. 组团买、找人买、拿出让对方无法拒绝的理由买

现代商业的本质是互利互惠，如果购房者想获得比他人更大的购房优惠，就需要在掌握砍价技巧之外，提供给对方更多无法拒绝你的理由。比如，多人一起进行房产团购，通过开发商内部员工申请购买，享受内部通道获得的超额优惠。总之，在价格谈判阶段，你需要有更多实质性的谈判筹码，而不能仅仅是运用自己的三寸不烂之舌。

6. 逐级释放自己的底牌，无限接近对方的权限

砍价如打牌，你来我往之间需要有相应的底牌。砍价过程中开发商在意的因素不仅包括价格，也包括买房人的诚意金交付时间、定金交付时间、首付款交付时间、网签时间、购买房源类别等。而这些都是买房人可以用来砍价的"底牌"。

7. 永远不要告诉对方"480万元我当天就买"这种话

记住，"买的没有卖的精"，买房人永远都只能逼近开发商的底价。如果期望成交价比开发商底价还低，就永远无法成交。即便我们说出了底价，对方也会抬价，最终在我们的底价之上成交。

因此，可以不说底价，只是不断地嫌贵，让对方一点一点地降价。不要轻易相信对方已经到达底价的话，应不断地去砍价，直到砍不动为止。

8. 当对方开出他们的底价后，我们要说"再商量一下"

当对方抛出自身的底价后，我们可以有一个人出去装作打电话给自己的母亲，并告知对方自己的母亲是"最终决策人"。因为对于销售来说，最终决策人非常重要，他们往往会尊重最终决策人的意见。在通话之后，再试着砍一次价，这个时候要尽量地把主动权让渡给对方，让对方来主动试探我们，比如表现出犹豫、欲言又止。

9. 砍价的时间拖得越长，对我们越有利

请注意，不仅销售员会使用各种心理战术，顾客也可以使用一定的心理战术，我们拖延时间使用的心理战术名叫"损失厌恶"，当你硬生生地跟一个销售谈了1个小时，害得对方没办法接新的客户时，他就会想尽办法留下你这个客户，于是就会告诉你各种便宜拿到房子的机会。同样，叫出来销售主管、经理后，也不要着急，一般他们为了尽快处理各种事物，就会对你让价，且一让价买房人就可以拿到更多的优惠。

8.4 "火热"的开盘

买过新房的人，大部分人应该都经历过"火爆"的开盘场景。令人诧异的是，几乎所有的楼盘，在第一次开盘时，几乎都能"日光"。

为什么会这样呢？这是因为开发商知道开盘是非常重要的时间节点，也是非常好的宣传手段，所以每一次的开盘都会"准备"地很充分。

8.4.1 开盘的各种套路

1. 灵活调控开盘房源数量

售楼处的营销经理会根据项目的真实排卡情况，制订当天的开盘总套数。举例来说，如果在积累客户阶段，蓄客量达到1 000人，他就会把开盘时房源的数量设定为500套，从而确保"供不应求"，达到"开盘即清盘"的效果。

2. 安插特定"买房人"

除非是自住型商品房等需要公证处监督摇号的楼盘开盘，其他的项目开盘，排名前几位的买房人要么是关系户（行情好时），要么是自己人（行情差时），总之就是带节奏的"托儿"，而买房人的热情一旦被点燃就很难熄灭。

3. 同一时间、地点"引爆"销售

刻意将所有的买房人在同一时间、同一地点集中起来,营造"狼多肉少"、供小于求的状况,让买房人丧失理智。

4. 压榨购房犹豫期

在规定的时间内,买房人必须决定买与不买,通过挤压购房者的决策时间,让"冲动消费"最大化,也让买房人没有议价的心思,因为此刻的首要矛盾是买或不买,而不是能否以更低价购买。

5. 利用信息不对称

即便开盘事实上没有清盘,但毕竟项目的销控表掌握在开发商手里,所以开发商说清盘,就是清盘。

6. "退房"不间断

即便买房人没有"抢"上也不用太担心,除了2015—2017年局部地区确实存在疯狂的行情外,大部分情况下买房人都能买到房,比如"退房""保留房""加推房"。不过,有的区域可能因为政府限价,导致新房房价比二手房还低,这种情况下就可能真的无房可售。

7. 只排卡,不顺销

部分楼盘因为看到了开盘式营销的优势,于是直接把房屋销售模式设定为"排卡—开盘—再排卡—再开盘",在房屋销售期间,没有顺销、没有尾盘,每一个月都是要么在开盘,要么在等待开盘。每一次开盘,又都能全部清盘,直至项目最后一套房卖完,就是在用这样的营销套路。

8. 隐藏开盘单价

开盘之前,买房人无法知道房产的单价。只有到了开盘当天,才能亲自查看,而买房人都已经到了开盘现场,在火爆的氛围下即便原本只是想"了解一下",也可能从众购房成为"业主"。

8.4.2 如何在开盘时选房

沃伦·巴菲特曾就公开竞拍说过一个非常重要的原则："别去"。

因为公开竞拍很容易让拍卖者丧失理智，被其他人设局下套，即便拍卖者知道其中的陷阱，也依然难以控制自己抬高价格的冲动。开盘营销同样如此，如果不是该项目第一次的大型开盘，买房人根本没有凑热闹的必要。

但若执意想在开盘当天买房，最好在开盘之前就做好若干选择方案，即便某套房被别人选走了，也还要有备选方案。备选方案不需太多，6套房足够，如果你选择的这6套房全部没有了，也不建议随意买一套。

不要相信开盘时没办法讲价，那些只是营销人的策略。自住房、共有产权房确实无法谈价格，不过这些全部都是福利房，原本就比市场上的普通商品房便宜30%左右，自然也没有砍价的必要。但是限竞房、普通商品房却可以砍价。如果我们排卡的时候排在前几位，当然可以选择实惠的户型下手，但如果在中游靠后，不如暂且不买，等着下午"清退"房源时再去捡漏，因为每次开盘总有不少人抢了之后又不要的。如果当天开盘销售量并不理想，营销经理就会被"兴师问罪"，而如果此时你在开盘的尾声去找他要优惠，他就很可能给予你足够的让利。

8.5　买车位的注意事项

在买房之后，收房之前，新房还需要选择是否购买车位。二手房同样需要考虑购买车位的问题，但因为内容大同小异，所以一并放在新房部分进行讲解。

有的开发商会直接赠送停车位，此类多为独栋别墅、联排别墅等高端产品业态。对于免费的车位买房人自然喜爱，但也要明确开发商赠送的是具有20～50年产权的产权车位，还是只有使用权、租赁权的人防车位与地上车位。有的开发商会打包出售车位与房屋，即不买车位就无法购买房屋。遇到这种"强买强卖"行为，可以直接致电"12345"，投诉开发商"捆绑销售"。

1. 地上车位

地上车位并不是每个小区都有,其所占用的面积属于小区内所有业主的公摊面积。《物权法》规定:"占有业主共有的道路或者其他场地用于停放汽车的车位,属于业主共有。"

因此,对于地上车位,开发商与后期的物业公司没有销售权,只能进行租赁,在租赁期间,业主还需要承担每月的"管理费"。有的楼盘会"出售"地上车位的使用权,比如"70年使用权",这本身就是得不到任何法律保障的。因为我国法律规定,租赁的最长有效时间是20年,超过20年后就不被法律所保护。

关于地上车位的建议是:可以租,但不要"买"。

2. 人防车位

人防车位,是中国特有的车位类型,因为人防车位属于人防工程的一部分,而人防工程是国家规定的小区必有部分,包括了人防通道、人防车位、人防门等。但毕竟现在是和平年代,所以大部分时期,人防通道、人防车位处于闲置的状态。不过开发商建设了、投入了,却不能卖,该怎么办呢?按照《物权法》的规定,"谁投资,谁受益",在不妨碍人防功能的前提下,人防车位可以和地上车位一样出租。

与地上车位相比,人防车位常常位于地下,不会让爱车被日晒雨淋。与产权车位相比,除了人防车位产权归国家所有,并没有更多不同。与地上车位相同的是,开发商也会选择"以租代售",出售人防车位的"使用权"。同样需要注意的是,超过20年的租期,都是得不到法律保护的无效租期。

关于人防车位的建议与地上车位基本相同:可以租"短期",但不能买"长期"。

3. 产权车位

产权车位,顾名思义是与我们购买的住宅一样,具有"不动产证"的车位。按照土地性质不同,产权车位的使用年限从20年到50年不等,但并不是说到期后就不能续租,目前了解到的信息是产权车位在到期后可以像住宅一样自动延长产权时间，只需缴纳少许的"土地使用费"即可。

因为产权车位的合法性，它的价格会比地上车位、人防车位"贵"，还需要像住宅一样，在购买后缴纳契税、公共维修基金。产权车位可以通过贷款进行购买，只是不能用公积金贷款罢了。

如果你没有驾照，自然不需要购买车位，如果有驾照、有车，还会长期居住，最好的办法是购买产权车位。虽然当下的车位费用可能需要10万～20万元甚至更多，但是随着未来居民收入的提高、城市管理的加强，城市中的车辆会越来越多，违章停车的执法力度也会越来越大。即便现在的"车位比车贵"确实让人心里难受，但考虑到对住户未来几十年的实际使用价值，有车一族还是应当尽量购买的。

4. 车位比与车位比系数

车位比，是小区的"总户数"与"总车位数"的比值；车位比系数，是"总车位数"与"总户数"的比值，但在日常生活中，我们又常常喜欢把"车位比系数"中的"系数"简化掉。

举例来说，某小区有1000户，1200个车位，所以该小区的车位比是1:1.2，该小区的车位比系数是1.2，但是很多人也会直接说该小区的车位比是1.2。车位比系数对小区居民来说，越大越好，因为这表明小区的车位更多。以美国为例，户均汽车拥有量大于两辆，但目前我国的户均汽车拥有量仍少于一辆。越是别墅区，车位比系数越大，往往在2以上，越是高层、超高层小区，车位比系数越低，一般在1.2左右。

一般认为，对于车位比系数大于1.5的小区，可以通过租车位，而非买车位的方式来满足需求，但事实上也不能一概而论。对于高档小区，户均汽车拥有量在2辆以上，1.5的车位比反而不够用；对于三四线城市的远郊小区，即便车位比系数只有1，但因为管理不严，甚至可以长期将车辆停在路旁。是否购买车位，需要综合自身状况、小区业主居住情况等来进行判断。

5. 人车分流、部分人车分流与无人车分流

完全人车分流的小区，是指将行人和机动车道完全分离开，互不干扰。在小区的入口设有地下车库的入口，车辆进入小区后立即进入地下车库，人

员停车完毕后，从地下车库通过电梯直接入户，此类小区没有地上停车位。行人在小区内无须担心突然出现的行驶车辆，小区也可以设置更多的绿地、园林景观、公共设施。完全人车分流的小区，多是偏改善型、高端型的小区，且以新小区为主。

部分人车分流的小区，是指车辆可以进入小区的内部，但有固定的行驶路线，进入小区后，统一停于地上的集中停车场或地下停车场内。虽然部分人车分流的小区的汽车行驶线路与行人的行驶线路会有一定重叠，但因为线路固定，也可以留下部分行人专用道。同时，建设费、管理费也会低于完全人车分流的小区。

无人车分流的小区，多是老小区或无物业的小区，车辆与人共用园区道路。老人和小孩在园区行动时要注意来往车辆，小区建设费、管理费最低。

在选择小区时，从业主安全性考虑，首先应尽量选择完全人车分流的小区，其次是部分人车分流，最后才是无人车分流的老旧小区。

6. 车位的选择

车位的选择与自身及家人的"车技"有很大关系，也与车位距离家庭所在单元楼的远近，车辆的长、宽、高有关。

地上车位的大小通常大于地下车位，如果我们的车辆属于房车类大型车辆，即便购买了地下车位，在某些层高只有 2.2～2.5 米的老小区中，也只能乖乖地停在地上。但目前普遍的地下车位高度已经可以达到 3～5 米，即便是房车也无须担心。

车位尽量不要选择靠墙、靠立柱、靠停车库出入口的位置，这些车位会增加停车难度或增加车辆的被撞风险。

相比之下，位于中央的或在家庭所在单元楼下的车位才是最佳选择。但也像购房一样，需要实地查看。有些人以为车位相比于住宅是一个很微不足道的事情，所以购买之前根本没有查看，结果买完后，却看到自己的车位旁竟然是一个大型垃圾箱。

虽然车位的"地段"差异很大，但单价常常相同，所以如果确认自己未来会购买车位，一定要尽早告知销售员，并时刻留意车位开售情况。如果购买不及时，自家楼下的好车位，就很容易被他人买走。

第9章
如何选购"二手房"?

虽然目前的房地产市场依旧是新房占绝大多数,而且年轻人买房大部分也会首选新房,但北、上、深、广等大城市已经逐渐进入存量房(二手房)时代,因为中心城区要么没有新房,要么单价极高,对于追求便捷又囊中羞涩的年轻人而言,只能退而求其次,考虑位置好且单价低的二手房。

9.1 是否应该找房产中介?

说到房产中介,在之前数十年房地产市场的野蛮发展史中,他们被普遍认为是"二道贩子",给人留下穿着不合身的西装,拿着传单在烈日下吆喝的刻板印象。

不过市场在进入存量房时代后,陌生人之间数百万元的房产交易,又需要有专业的居间人从中辅助。也许你不喜欢他们,但在买房与卖房时又离不开他们。那么在买房过程中,是否应该找房产中介呢?

9.1.1 房产中介的罪与罚

1. 中国的房产中介行业

原本的房产买卖双方,一个要买,一个要卖,双方商量好价格后,去房地产交易中心做一个户主更换就好。但随着时代的发展，买房、卖房早就不再是街里街坊间的熟人交易，而很可能是陌生人跨地区且高达百万元的大额交易，契约和居间人制度就应运而生。

在很长的一段时间里，房产都是不能公开交易的，后来即便可以公开交易了，但大量的交易也都来源于新房市场，"有钱就买新房，没钱才买二手房"是很多中国家庭的共识。但随着人口不断向一二线城市涌入，房价逐渐攀升，城区二手房越来越多，于是逐渐进入了"存量房时代"。

2014—2016年全国二手房交易额从3.1亿元增至6.5万亿元，增幅109.7%，一线城市二手房成交占比提升明显，北京、上海、深圳、广州二手房成交占比分别达到69%、77%、73%、50.3%。2015年起，北、上、深、广等一线城市的二手房交易量就已经超过了新房，成为市场交易的主力。而中国城市房屋与西方国家最大的不同点在于，中国以楼盘为单位进行密集修建，同一个小区内可以有成百上千套房源，而西方国家大多是独门独院分散于各处，这样的差别使得我国更适合大型中介公司的发展。

因此，在中国依托于线下门店的区域性房地产公司得以纷纷崛起，房东想要卖房可以直接在小区门口的门店登记，购房者想要买房也只需到门店里咨询。这就导致了在房地产中介公司诞生之初具有小型的、区域的特点。

加之，一二线城市房价的持续上涨，房地产进入卖方市场，房地产经纪公司为了获取大量房源，逐渐不收取卖方中介费而只收取买方中介费。后来，即便房东很讨厌中介，不愿意把房源交给中介代为出售，但是只要房东把个人卖房信息挂在网上，就会有大量的中介联系房东，直到房东答应委托为止。在房产中介行业中"房源"是最宝贵的资源，尤其是在二手房市场，所以各个房地产公司都不会共享房源，但这又造成了两个结果：（1）与房源的重要性相比，经纪人的作用并不显著，所以他们不仅入职门槛不高、从业标准不高，就连薪酬也并不是很高；（2）很多房屋中介会伪装成房东在网上发布虚假信息，还会捏造出一些不存在的特价、低价房，吸引买房人主动联系自己，导致买房人真假难辨，这就是我们俗称的"假房源"。而真房源、真房东在"免费"的房产信息平台上，几乎无法找到。

于是，在中国想买二手房，尤其是在大城市想买二手房，基本只有找中介这一条途径。越来越多的买房人想买二手房只能联系中介，这样在中介手上积累了大量持币待购的买房人资源。凭借这些买房人资源，中介机构也可以与开发商进行谈判，诸如楼盘独家代理、一二手房联动、独家购房优惠便应运而生。此时，因为"买房人"是更为稀缺的资源，中介又可以向开发商收取中介费用。不同区域的中介公司在相互竞争、兼并的过程中不断优化，最终涌现出了诸如链家、我爱我家、中原这样的中介巨头。

但是由于国内的房屋中介从业人员往往底薪很低，且以业绩作为主要考核指标，这就促成了从业人员的入职门槛低、人员流动性大、部分中介人员为了达成交易而欺骗买卖双方、抢夺客户。加之，整个行业还不够成熟与规范，相关法律法规也不完善，买房人与卖房人除非遇到非常严重的事故，否则不会轻易寻求法律途径，这就让整个房产中介行业变得鱼龙混杂，即便是"靠谱"的平台，也可能有很多"不靠谱"的经纪人。

2. 国外房地产经纪行业

与国内相同的是，国外房地产经纪人的入行门槛也很低，不要求文凭与工作背景，但是与国内不同的是国外房地产经纪人的考核标准高。以美国为例，所有人员必须持证上岗，而这个证件，就是房地产经纪人执照（salesperson license），它的通过率仅为50%，而且拿到执照后也不是一劳永逸，每隔两年还要有一次强制的继续教育考核。

因为国外常常是地广人稀，所以交易的房源多是连带土地的独栋房产，常常是一个独立房地产卖方经纪人管理一大片土地上的所有房源，或者是一个区域的房东把房源独家委托给一家房地产卖方经纪公司，他们不仅会处理房屋交易，还会对房屋进行日常管理、租赁与维护。

除了卖方经纪人外，还有买方经纪人，他们可以通过一个称为"房地产求售网"的网站，查看各自区域的全部可售房源，并协助买方看房与买房，当确认购买意向后，会再联系卖方经纪人进行交易。

在美国作为房地产经纪人，不能既担任卖方经纪人，又担任买方经纪人，只能二选一，而且各种操作规范明确、惩罚标准也很严格，这就促使房地产经纪人更为专业化、职业化。无论是买方还是卖方，房地产经纪人与客户都是"委托"关系，类似于中国的律师与客户之间的关系，所以房地产经纪人的地位在美国并不低。

3. 房产中介的常用伎俩

以下中介常用的伎俩尤其应该受到谴责与重视。

在看房过程中，中介人员会故意先带着购房者看一套品质非常差的房源，再带着购房者看一套价格非常贵的房源，最后再看一套品质和价格都适中的房源。如此一来，购房者便会更倾向于最后一套房源，中介也更容易快速成交。

除此之外，在看房的过程中，中介还会给购房人讲"故事"。比如，自己的某一个客户，昨天以更高的价格买下了这个小区一套更差的房产，暗示这个房产的性价比更高，让购房者产生"捡了大便宜"的心态。又如，自己的同事也有一个客户对这套房源非常感兴趣，让购房者在看房过程中产生"竞争心理"。甚至有时购房者还能看到中介非常"着急"去接待其他客户，让购房者感觉房产市场非常火爆。以上这些，都是在利用心理操纵技巧。

购房者即便对这种操纵消费者心理的伎俩很清楚，也往往难以避免被忽悠，很多购房者都是在事后才恍然大悟。这种现象也证明：了解心理操纵技巧并非就是一种完美的防御措施，而避开这些伎俩的最佳方式是两人或两人以上共同看房，以及选择更加专业的好中介。

9.1.2 如何选择"好中介"？

在大城市买二手房基本只有找中介这一个途径，因为只有他们的手中才有大量的真实房源。而对于新房，中介机构也会同时代理，并能要到相对较多的优惠。买房人不仅需要看新房也需要看二手房，所以找中介几乎成了必然选择。在这样的情况下，选择"好中介"就尤为重要。

在中国房产市场中，中介费一般占到房屋成交价格的1%～3%，最早是在1995年由国家计委与建设部发布的《国家计委建设部关于房地产中介服务收费的通知》里提到的："房屋买卖代理收费，按成交价格总额的0.5%～2.5%计收。实行独家代理的，收费标准由委托方与房地产中介机构协商，可适当提高，但最高不超过成交价格的3%。"

不过在2014年，这个标准便已经废除，各个中介公司可以按照各自的服务内容自行定价，但需要接受各城市住建委的指导价格。供小于求的时期与地区，中介费主要是由买房人承担；在供大于求的城市，中介费则由买卖双方共同承担。而中介费即便是同一公司，在不同城市、不同区域、不同时期针对不同房源也会有不小的变化。此外，还会有诸如经济服务费、按揭贷款代办服务费等费用产生。

曾经宣称1%中介费的爱屋吉屋，在资金链断裂后轰然倒塌，搜房网高举的0.5%线上中介服务，后来也逐渐变成了类似于58安居客的端口收费模式。有的中介公司，则会有线下的门店，从最初的陪同看房，到最后的签订合同、协助贷款、全程都能做到多人陪同，虽然中介费在2%左右，但也多了不少服务与保障。以下是一些对于选择房产中介的建议。

1. 选择中介费更贵的中介公司

当下中国的房产中介服务常常不被人看重，人们更愿意选择价格低的中介公司，但也正是在这样的情况下，能收、敢收高价的房产中介公司，尤其是能长期收高价的房产中介公司必然有其优势，不是房源独享，就是服务专业。

2. 选择更大型的房产中介公司

选择贵的是为了服务和房源，选择大的则是为了"跑得了和尚跑不了庙"。在二手房买房过程中，谁都保证不了完全不会有差错，而一旦后期交易出现了问题，即便卖房人和经纪人携款潜逃，买房人也可以一纸诉状把房产中介公司告上法庭。但如果你选择了一家小型中介公司，甚至是几个人合伙开的"皮包中介公司"，今天刚收到你的中介费，明天对方把公司一关，到时你的律师函都不知道应该寄给谁。

3. 适当了解房产中介公司的黑历史

确定房产中介是否靠谱，最简单的方式就是通过搜索引擎进行负面信息检索，使用"黑中介+公司名称""坑+公司名称"等关键词即可。大型的房产中介公司确实可能进行"搜索优化"，但是小中介根本不在乎名声，更不会花钱进行优化。通过检索，购房者可以看到不少相关中介的黑历史。在此，笔者也呼吁诸位买房人，如果自己被房产中介坑了，千万不能忍，一定要尽可能地曝光。只有这样，房地产行业才会越来越规范。

但越是大型的房产中介公司，投诉与负面信息也越多，毕竟交易量会大很多。这时我们就要懂得科学地区分"负面信息"的不同。有的负面信息，说的是中介公司××营业部××经理、××经纪人，均为个例。而有的负面信息，说的是××公司拖欠员工工资、门店关停，当看到此类信息出现后，便不建议继续选择此中介。

4. 同时选择 2 ～ 3 家房产中介

中介公司之间的房源经常为独享房源（与卖方签署了独享委托协议），所以如果你想尽量多地选房，必须找两到三家中介公司看房，才能把一个区域所有待售的二手房看个遍。即便不是独享房源，在谈中介费阶段，几个房产中介坐在一起抢客户，也有助于压低中介费。

此外，不同中介之间由于存在明显的利益冲突，所以也会相互揭短、爆料。通过他们的"揭短"与"爆料"，买房人也可以更加客观地分析与评判中介话语的可靠性与真实性。

5. 把控住与房产中介人员的交友分寸

之所以强调"交友"分寸，是因为我们在看房、选房、买房过程中，尽量要与中介人员，尤其是与陪伴我们选房的中介人员真心交友。买房不是一个看了就买的过程，而且好的房源并不会一直在中介门店挂牌。如果卖房人挂出一套非常具有性价比的房源，而现在这个房产中介有三个想买房的客户，他一定会先通知待人和善那位购房者。

房地产是一个非常注重实践的行业。一个门店的房产中介每天要接待很多的买房人查看周边小区的各种房源，虽然他们对整个城市的房价走势和宏观经济发展趋势没有经济学家专业，但对所在区域最真实市场的了解程度却如数家珍。如果与房产中介成为真心朋友，你还会担心错过买房的最佳时机和最佳房源么？

但是要牢记与房产中介成为推心置腹的朋友几乎不可能。因为你想通过他们买房，还时刻想绕开中介公司不交中介费，他们又想让你尽快成交，从你这里尽快拿到卖房的佣金。在这样的关系下，又怎么可能成为推心置腹的好友呢？此时，时刻保持冷静才不会被某些不怀好意的经纪人所欺骗。无论如何，房产中介都可以是、也应该是我们选房时的眼睛，但不一定是我们选房时的大脑。当房产中介提出建议后，我们不应该直接拒绝或接受，而要去了解建议背后的原因。

6. 预先对经纪人进行警示

出于赚钱的需要，经纪人常常会用很多套路与技巧来让买房人尽快成交，而各种套路与技巧常常让买房人防不胜防。因此，买房人在选定中介后，务必强调买房人和房产中介是"利益共同体"，买房人买到好房子，房产中介自然会拿到应得的佣金，而如果买房人被经纪人的各种手段所欺骗，一旦被发现，无论之前做过任何努力，买房人都可立即解除与中介的合作，并对其进行投诉、举报、曝光。

9.2 买"二手房"前的知识储备

9.2.1 "新房"VS"二手房"

新房是与开发商进行交易，二手房则是与房主进行交易。分析二者的优劣，也需找出二者的不同，包括单价、位置、户型、配套、贷款、风险等。

1. 价格

总体来说，二手房在相同地段的单价普遍低于新房，主要是因为二手房土地成本较低、房龄较长，环境、户型也常常比新房差。但这不是必然情况，因为二手房是现房，新房是期房，而现房本身会比期房更贵，因为时间本身也有其价值。

2017—2019年前后，因为中央政府与地方政府严格的房地产限价政策，不少一二线城市的期房房价，被压得比周边二手房还要低不少。这就造成了短时间内的新盘疯抢，如2018年南京就曾出现过买房人彻夜守候于楼盘门口"抢房"的现象。但这样的"一二手房房价倒挂"只会是暂时的，二手房房价会在新房降价之后逐渐回落，并最终达到比新房略低的价格，只是有时"学区房"会有超过周边较差学区新房房价的现象。

2. 位置

相同的价格，二手房的位置一般好于新房。城市的发展多是从中心逐渐扩散，所以市中心多为配套齐全的老城区，二手房也更多，新房就相对较少。买房人如果对位置有特别的偏好，很多时候也只能选择二手房。

3. 户型

二手房的户型种类一般多于新房，因为二手房遍布在城市的各个角落，户型选择余地大。而新房的每个楼盘户型都是固定的，选择余地相对较小。但新房的户型设计通常更符合现代人的生活习惯，住得也会更加舒适。

4. 配套

通常情况下，二手房的周边配套要优于新房，因为二手房的周边配套已经发展多年，而新房往往是新建不久，周边配套还不够完善、成熟。

5. 贷款

由于新房是以网签价格进行贷款，二手房是以市场评估价格进行贷款，而市场评估价格往往低于实际成交价格，所以从贷款比例来看，新房能够贷款的比例比二手房要多，而且二手房的房龄越老，能够贷款的比例也就越小。

通常来说，超过30年房龄的房产银行就可以拒绝贷款，但也会因为地区不同存在差异，一线城市即便超过了30年房龄的房产也依旧可以贷款，四线城市即便只有20年房龄的房产也可能被拒绝贷款。

不过，在贷款比例上也偶有例外：2017年，一位济南的买房人，通过中介机构找到评估机构对其购买的二手房进行评估，成交价20万元的房产被评估到了35万元，他也因此可以只首付3万元，买下了那套房产。但这也是笔者知道的很少的市场特例，而且他很可能使用了违规的"阴阳合同"。

6. 风险

新房和二手房的风险也各有不同，新房最大的风险在于大部分为期房，期房变成现房短则一年，长则数年，期间可能出现各种不可控的因素，比如开发商跑路、房产证无法下发、交付时面积缩水、配套学校与商业的承诺无法兑现。购房者可以通过只购买大型开发商、有房屋预售许可证的楼盘，来避免烂尾楼等恶劣情况的发生，也可以在买房时留下各种销售员"承诺"的证据，在后期积极维权。相比之下，二手房的优势是现房，所见即所得，没有各种不确定因素，买到之后便能立即入住。

而二手房的主要风险在于交易过程中，中介和卖家可能会故意欺骗买方，隐瞒房产的不利因素，增大买方的识别成本，一旦没有仔细甄别，就可能掉入中介与卖家精心布好的陷阱中。

总体来说，新房和二手房各有利弊。但对于可以长期持有房产并居住的年轻人，在相同或相似地段下，笔者会更加推荐新房。因为新房未来的居住舒适度会优于周边二手房。不过很多时候新房与二手房的地段不仅不同，而且相差很大，二手房所见即所得，位置也可以自由选择，买入后还能够立即入住。

二手房，可以是户型、质量、周边配套、装修都远远好于期房的房源，也可以是老、破、小的廉价房源。二手房之间也大有不同，绝对不能一概而论。

9.2.2 "满二唯一"VS"满五唯一"

与新房只需缴纳契税、公共维修基金这两个大额税款不同，二手房需要缴纳的税费更多，而且不同状态的房产，缴纳税费的种类与比例也会有较大差异。"满二唯一"与"满五唯一"就是其中最重要的"分水岭"。

1. "满二唯一"

"满二唯一"即自购买之日起（通常以契税完税发票上的日期开始计算，有的地方也以房产证登记日期计算）满二年且为个人在本市唯一住房。不过在二手房交易中，"满二"确实是影响增值税是否缴纳，以及缴纳多少的关键，而"唯一"则只是为了通顺的叫法，并没有实质含义。

如果购买的二手房未满两年出售，卖方需要按照5%的征收率全额缴纳增值税，除此之外还要按照房产交易盈利部分的20%或者房款的1%缴纳个人所得税，买方也要缴纳契税（1%～3%）、公共维修基金（按平方米数收取）。如果购买的二手房满两年但不满五年出售，不需要缴纳增值税，但仍需缴纳个人所得税、契税、公共维修基金。

2. "满五唯一"

"满五唯一"即满五年且为唯一住房的意思。"满五"是指契税完税发票上的时间满五年或超过五年；"唯一"则是指业主在本市内，登记在房屋权属登记系统里的只有一套房产，大部分城市是以家庭为单位的"唯一"。

如果购买的二手房满五年，但不"唯一"，卖方不需要缴纳增值税，但需要缴纳个税，买方缴纳契税、公共维修基金。如果购买的二手房满五年且唯一，买方既不需要缴纳增值税，也不需要缴纳个人所得税，只需要买方缴纳契税与公共维修基金即可。

3. 不"满二满五"，延期过户如何保障自身权益

虽然"满二唯一"与"满五唯一"省的都是卖方的钱，但在实际的房产交易中，这些费用也都是由买方承担。从税费的角度来看，"满五唯一"的住宅是交税最少的二手房。我国之所以会有此类政策，也是希望居民不要短期炒房，从而减少买房卖房的交易次数，维持房地产市场的价格稳定。

但在实际二手房交易中，很多房产常常尚未满两年或尚未满五年，于是就会出现买卖双方延期过户的现象。在这种情况下，为了保障买房人的自身权益，可以进行三种公证：①房屋买卖公证；②强制执行公证；③委托公证。

但是，在房屋买卖公证和强制执行公证下，卖房人出卖房屋，买房人只能事后追究责任。在委托公证下，买房人可以完成房产过户，但如果卖房人悄悄地把房子过户，买房人依然只能事后追责。

想要彻底保障交易安全，可以做抵押登记，将房子抵押给买房人，再做一个委托公证，由买房人指定人员完成过户，这样就可以彻底保障交易安全，但其缺点是交易费用较高。

9.3 买"二手房"的流程与注意事项

9.3.1 如何线上选房,决胜于千里之外

在选房阶段,可以选择自食其力和求助中介两条路径,但首要任务是明确买房的大致区位,如果是以自住为主,就应尽量靠近工作场所;如果是以投资为主,就应尽量靠近地铁口和市中心。在自食其力的选房阶段,参考的网站包括但不限于:搜房、58同城、安居客、链家、贝壳、闲鱼、豆瓣小组。

很多房产中介会伪装成房东在网上发布"假房源",即价格明显低于其他房源的虚假信息。买房人看到价格如此低的房源就会联系这些中介,并去现场看房,而到了现场后,这些中介又会以"已卖出去""涨价了"等各种理由,推荐给你价格更高的房源。此时,很多人会因"来都来了,不如去看看的心态",而去看中介的其他房源,最终成了中介的客户。以下是在初期选房阶段的建议与策略。

1. 只看"真房源",不给"假房源"留下机会

目前,网络上展示房源的平台共有三类:以贝壳为主的线上引流线下,依靠线下收取中介费盈利的房源平台;以安居客、搜房网为主的通过点击与拨打电话收取费用,依靠端口费盈利的房源平台;以豆瓣小组、闲鱼为主的靠流量、融资、广告与其他业务盈利,暂时免费的房源平台。

在这三类平台中,"真房源"最多的是第一类,"假房源"最多的是第三类。房地产相关信息,尤其是房源信息,并不是普通人每天都需要浏览的,但却对需要的人价值很大。因为房地产相关信息的这种特性,所以购房人应尽量选择可靠、真实的信息源。但这并不意味着买房人只能看某些平台的"真房源",相反,各个平台上都会有若干"真房源",比如安居客有"安选"房源,闲鱼类的开放平台也提供了"房东认证"功能。普通买房人在选房之初,也可以试着拨打那些免费平台上挂出来的房源电话,虽然概率极低,但也确实有是真房东的可能性。在拨通电话后,要向对方强调如下内容:

(1) 如果对方是房产中介伪装的房东,可要求对方立即承认,若到现场

后你才识破，可拨打"12345"向平台方投诉其广告欺诈。

（2）如果对方约定给你看的房源在你到了之后没有了，请转头就走，不要考虑任何其他房源。

做到以上两点，"假房源"大部分会被你辨别出来。我们在看房初期，可以不放过任何一个平台，但也要尽量做到只看"真房源"，拒绝"假房源"。

2. 先选区域，再选中介，后选房源

没有经验的买房人常常是在网上先看到某套房源，然后再打电话过去认识中介公司的某位经纪人，此经纪人再给他推荐某个片区，于是在经纪人推荐的特定片区内为数不多的房源中选择"心仪"的房产。

有经验的买房人则相反：他会先根据自己的具体情况，判断适合购房的若干区域，然后再前往这些区域对应的房产中介线下门店。此时，无论接待他的经纪人是谁，他都直接要求与店长沟通，告知店长自己的需求、预算，让店长协助并叮嘱分配给他的经纪人为自己推荐合适的房源。

在同一区域，有经验的买房人不会只选择一家中介公司，往往会选择2～3家不同的中介公司。在沟通的经纪人已经足够多后，他才会只看经纪人为自己推荐的房源，并在1～2周内，淘汰掉其中70%的经纪人，只留下2～3个最靠谱、最值得信赖的经纪人，继续帮助自己筛选房源，并将中介推荐的房源与自己看过的新房放在一起进行综合评估。

3. 缓慢决策，积累房源，严格筛选

有的买房人在网上找到一套合适的房源后，就急忙约看房，看完后觉得比较满意，便不再去看其他房源。抑或看房两次或三次后便会停止寻找，并在仅有的三四套房源中敲定最终选项。

其实，越是在开始的选房阶段，买房人越不应着急，并遵从看房"二八定律"，每浏览100套房源，只选择其中大概20套房源前去看房。在开始实地看房时，至少手中还要有10套相对满意的房源。而这10套房源，你也必须要了解它们的具体位置、户型、房龄、学区、单价、总价、物业这些关键的指标，才能达到真正实地看房的程度。很多时候，我们在没有搜集足够多的信息前，就匆忙进行了决策，这才是我们决策失败最关键的原因。

9.3.2 如何线下看房，练就"火眼金睛"

二手房看房比新房要简单一些，但从另一个角度来看，也更难一些。

"简单"体现在二手房都是现房，所见即所得，看到的是房子的"真实"状况，而且二手房不会有售楼处内的开盘、清盘时间节点，可以相对从容地安排时间。

"困难"体现在没有人为你进行细致的区域、楼盘与户型讲解，所有信息几乎只能靠自己搜集。你很难看出二手房的好坏，更没有一个叫"项目不利因素"的牌子。你很容易忽视、错过或被欺骗，忽视一些对购房决策而言非常重要的细节。

关于"好房子"的鉴别方法，在前文已述，在此只针对二手房进行相关补充。如果忘记了，请务必再翻到之前的章节进行阅读。

二手房的小区物业非常重要，可以通过小区环境、与小区其他业主的攀谈等途径获知相关信息。周边的小学、中学、医院、地铁口、公交站，在条件允许的情况下，也最好实地考察一番。周边环境确认完毕后，才是房屋的楼层、户型与装修情况。很多老小区的电梯配比不足，这时就应当考虑相对低楼层，有的小区在公路旁，如此一来高楼层就更加安静。

在看房过程中，有些房东或中介会给你限定时间，或以各种理由让你在晚上看房，这样你就无法仔细了解房屋的具体情况，不能得知房屋的正常光照情况。还有一些房东或者中介会在看房过程中对你设置各种障碍：比如，与你聊无关紧要的内容，让你无暇认真看房；比如，催促你尽快看房，因为下一套房的房东正在等待；比如，大声打电话、放音乐干扰你的思路，让你无法了解房间的隔音状况。还有些中介也会像之前提到过的一样，先给你看些差房子，再给你看些一般的房子，又或制造些"突发状况"，催你当天就定下某套"特别好"的房源。

看房过程中的技巧在这时反倒是次要的，如何能够不被中介和房东影响才是最重要的。以下是关于看房阶段的若干建议：

1. 注意查看物业、交通与周边配套

被中介带看的买房人，最容易忽视的就是物业、交通与周边配套等这些房间之外的内容。不是你不知道它们的重要性，往往是因为中介根本不给时

间让你仔细地去考察。

既然中介不介绍，你完全可以自己来考察：在看房之前了解当天所看全部房源的具体位置，并在看房之前绕小区一周，查看物业、周边配套、交通情况。自己测算与地铁口的距离，与小区住户攀谈并了解物业状况。如果中介真的很"赶时间"，可以让他回去，然后再叫一个不赶时间的同事过来。请记住：你花钱是请中介，而不是花钱找领导，要主导与中介的时间，而不是被中介操纵自己的行动方式。

2. 不必过多在意房间装修情况

房产小白看房时最关心的就是装修，但装修并不是重点。虽然同等条件下装修好的二手房确实加分，但看房过程中你需要着重查看的应该是只能通过现场查看才能了解的内容，这些内容包括但不限于：周边配套、商业繁荣程度、物业情况，以及房间有无遮挡、实际户型、采光、隔音、房间安静程度等情况。

聪明的二手房卖房人，会预先与房内租客解约，空置房屋，并将所有家具清空，对房间进行重新粉刷装修，把一个20～30年房龄的"老、破、小"经过简单粉饰后变为"次新房"，从而把总房价上提十几万元。相比而言，装修差、但地段好的房子性价比更高，因为房东很"实在"，更容易让你砍价，未来你只需要重新花一笔钱对房间进行"豪装"，就可以省下20万～30万元，甚至40万元的房款。何乐而不为呢？

3. 看房选择下午，总时长超过20分钟

之前有提到过房东与中介的套路：在晚上让买房人看房，这样就不易确认周边情况以及是否有遮挡、采光是否良好等重要因素。加之，中介不断催促干扰，就更不容易发现一些很重要的瑕疵与缺陷。

因此，买房人要尽量与房东约一个下午的时间看房，如果房间光照不好、有遮挡，便能明显看出来。除此之外，看房之前可列一个清单，不确认完毕清单上的内容绝不离开房间，这个清单包括：户型、结构、朝向、通风、采光、质量、面积、层高、装修、隔音、配送的家具、卖房人心理价位，以及周边交通、生活配套、小区绿化、噪声、电梯、保安、物业管理、街道居委会等。

4. 确认房屋的实际使用面积、房本面积

有的二手房虽然建筑面积是 80 平方米，但实际使用面积只有 65 平方米，而有的二手房，建筑面积是 80 平方米，实际使用面积也是 80 平方米，甚至有的二手房建筑面积是 80 平方米，但房主却会告诉你有 180 平方米的"使用空间"。

这一切，都要在实地看房中确认，同时还应确认房屋是否有私搭乱建的部分，如果有，后期买到房产后会有被罚款、被拆除的风险，我们应告知原房主拆除并恢复原样，至少不能以私搭乱建的结构加价卖给自己。

5. 确认房屋真实状态，了解家具、家电赠送情况

很多人认为二手房房屋质量的检查应该在收房阶段进行，实则不然。收房时所有钱款基本已经交给了卖房人，而且如果在签约时不注意，即便收房过程检查出很多房屋质量问题，卖房人也可以依据已经签署的合同不进行任何维修。

相反，如果在看房阶段就对房间进行了详细查验，了解到房屋的各种瑕疵，既可以为接下来的砍价提供理由，也可以在签约阶段把相关内容写入合同，还可以简化收房阶段的二次查验。

以下是在看房阶段需要确认的内容。

（1）**全部插座的使用状况**：在看房时，建议随手带一个电笔，或者携带手机充电器和手机，以便将房间所有的插座都检查一次。

（2）**全部窗户的开合状况**：即便房东会对房间进行简单装修，但因为门窗更换的成本高昂，且常常被买房人忽视，所以通常会保留原来的门窗。但对于买房人而言，如果门窗年久失修、无法开合，或者保暖、隔音、防盗性不足，在收房后则需要进行全部更换，这将是一笔非常大的开销，也应计入二手房的买房成本中。

（3）**上下水管、燃气管道的老旧程度**：上下水管是二手房验房中最容易被忽视的内容，因为它们常常隐蔽在柜子或角落里。很多老旧小区的上下水管由于设计缺陷，无论如何修补卫生间里都会有很重的"腐臭味"。若是管道老旧，后期更换管线同样开销巨大，而且还可能因为种种原因无法更换，

导致买房人在交付大笔购房款后，只能常年忍受难闻的气味。

（4）**房间内家具、家电的赠送情况**：有时卖房人在卖房的同时会附赠很多的家具、家电，但即便在看房时家具、家电很多，也可能在收房时被房东一件不剩地搬走。与其在签约时就几件家具、家电与房东争论不休，倒不如在看房时就明确询问是否赠送以及条件。若赠送，则需要留心家具、家电的具体数目、型号、价格，以及自己是否真的需要。

9.3.3　如何查看产权调查，确保万无一失

看产权调查并不是一定要进行的步骤，但却是非常必要的内容。它的地位相当于查看新房中的"商品房预售许可证"，甚至比查看预售许可证更为重要。二手房之所以需要看产权调查，是因为二手房的情况复杂，中介或卖房者都可能为了自身利益而隐瞒乃至欺骗买房人。

例如，明明没有"满二唯一""满五唯一"的房产，却虚报时间，从而要由买房人代为缴纳很高的税费；房屋被法院、银行冻结，无法交易；卖方并非房屋产权证的所有人，只是租客或者亲友，根本无权处置房屋；房产为集体、军队、学校所属，无法交易等。

最容易出问题的是房产的真实"处置人"，如果房产证上有两个或更多人，在后期签署合同时，就需要这些人同时出面签署，即便只是一个人，如果是婚后的共同财产，也需要夫妻二人同时在场。在过去房价快速上涨阶段，常常有房东撕毁协议，再高价转卖房屋的事情发生。而定金协议规定如果房东撕毁协议则需要支付双倍的定金罚款。此时，就会有房东以"房产共有人"不在场为由，也就是以夫妻中的一人不知情为理由，拒绝履行合约，并拒绝支付违约金。这就会让买房人非常被动：要么选择接受加价，要么只能要回原来的定金，再去买其他同样已经涨价的房屋。为了避免这样的厄运降临在自己头上，就需要买房人在签定金协议时，让"房屋所有权"拥有人全部到场，或者提交经过公证的委托书，而且现在科技这么发达，即便人不到场，通过在线视频于中介在场的情况下进行连线确认，也同样可以保证买房人后期的权利。

1. 调取产权调查

看产调的方式并不复杂，但需要卖房者，即房屋所有权人才可以查看：

卖房者带着身份证、房产地址、房屋不动产证或房产证，去当地的房产交易中心要求"拉产调"，几分钟过后，便都可以看得到产调的全部10项内容，你需要的只是卖房人出示这个清单。

查看产权调查的费用，各地可能有微小差异，但一般在20元左右，请主动告知卖房人你会支付这笔"巨款"。产权调查上对买房人非常重要的信息包括：房屋状况、产权人信息、抵押信息、限制信息、租赁信息、异议登记。即便房东愿意为你出示产权调查清单，也可能只展示部分内容，而故意不调取某些信息。因此，一定要明确告知对方，需要获得该房屋的"全部"可调取信息。

2. 查看房屋状况和产权人信息

拿到产权调查单后，首先应当查看房屋状况和产权人信息：此处主要看房屋面积、门牌号、权利人等基础信息是否和不动产证上的内容一样，里面的竣工日期需要特别留意，它会直接影响贷款的年限，而交契税的日期则会影响"满二唯一""满五唯一"的划分。

在产权调查单底部的打印日期同样需要看清楚，如果时间隔得太久，不是当天或者当周打印的，房屋的权利信息可能已经被房主变更过了，而变更过最坏的情况是房主可能"一房二卖"。

3. 查看土地信息

我国的土地属于国家，普通居民只拥有使用权。但是，土地的性质也是有不同的，有的是划拨来的（免费给你），有的是出让来的（高价卖你），如果你要买的房产是划拨来的，那就证明这个房子有年岁了，在购买之前需要补缴土地出让金，土地出让金的数额可能从几百元到几万元不等，各地的标准不太相同，需要提前确认清楚。但在补缴之后，土地性质就变为出让，会从零开始计算使用年限。

4. 查看抵押状况信息

在房屋交易之前，抵押状况一栏应该为空白，至少也应该是赎回完毕的状态。但是我们都知道，目前没有几个人不是贷款买房的，所以把房屋抵押给银行非常正常。买房人只需要告知房东，务必将房屋在正式签约前解除抵押即可。

如果卖房人需要你来帮忙提供资金还贷，建议直接拒绝。首先，中介机构会提供给卖房人相应的"过桥贷款"帮助房东在这个过程中解除银行抵押；其次，房东本人也可以自行短期贷款，根本没有让买房人提供资金的必要。一旦房东解除抵押后将房屋转卖给其他人，你的钱款便会化为乌有。但也并不是绝对不可以帮助房东，只是你们要签署相关合同来约束双方，同时还要让房东给你让利。

5. 查看限制状况信息

限制状况分为：司法限制、行政限制、其他限制。在房地产行情好、经济行情好、自身经济状况好的时候，没有几个人愿意卖房。而那些愿意卖房的，很可能是自身财物状况出现了问题，如公司破产、欠下巨额债务或因违法犯罪导致房产被法院查封。在发现房屋已经被限制之后，无论房产多便宜，买房人都不能动心，因为此时卖房人根本没有对房产的处置权，必须要求对方等到解除限制之后，再继续与你沟通。

6. 查看租赁登记

租赁登记虽然重要，但是很难在产权调查单上显示出来。因为目前即便房屋租赁出去了，也很少有人办理租赁登记。但在未来，随着"租金抵扣个税"政策的逐步落实，房屋租赁情况也会越来越清晰。

那些黑心卖房人最常做的事情，就是找熟人拟定一份"租赁合同"，利用"买卖不破租赁"这个原则，签署长达20年的低价房屋租赁，让购房者即便买了房，但在20年内也无法入住，除非支付巨额的"违约金"或者解除原有的买房合同。如此一来，卖房人就可以把原本与购房者的交易取消，再高价转卖他人。对于这种状况，需要购房者在定金协议中进行约束，并通过提高违约金进行限制。

9.4 二手房如何砍价？

二手房的砍价过程比新房要"惊心动魄"，因为实际上双方都没有真实的"底价"，即便卖房人今天的底价是 500 万元，明天的底价也可以是 495 万元，后天甚至还能把底价抬高到 505 万元。

与新房相同的是，在买房人第一次看房时不必砍价，否则房东与中介就会认为你有非常高的买房意向，反倒更不愿意降价。况且如果连房产本身的情况都没看清楚，房屋产调也没看过，就急忙地砍价，作为买房人，未免也太过冒失。

砍价过程是一个展现中介与房东"表演技巧"和"欺骗伎俩"的绝佳舞台，当然也是买房人和卖房人互相博弈的竞技场。

有时房东会把所有看房者约在同一天谈价格，以便买房人之间互相竞争，从而以更快的时间、更高的价格出售自己的房屋。另外，房东还会以自己不想卖房为由，拒绝压价。有时中介还会找来一堆"群众演员"，扮演各种急不可耐的买房人与你共同拼抢房源。有时房东还会表现得非常高冷，无论你怎么说，就是不谈、不降、不闻不问。

总之，因为不像新房那样有"底价"的存在，二手房的定价完全是参考不靠谱的"市场价格"，而二手房本身的状况差异极大，这也给房东与买房人创造出了绝佳的战场。以下是提供给买房人的"必杀技"，与新房的砍价技巧会有一部分重叠，但也有一些细微操作上的不同。

1. 与房主交流时，不要说买房的目的是投资，只说是自住

当你说买房用于投资时，对方会怎么接话？当然会说这个房子太值了，现在正处于市场低谷，未来一定会各种上涨，总之，全部都是对卖房人有利的内容，因为要是不适合投资你也不会购买。

但当你说买房是为了自住时，对方又会怎样反馈？"年轻人不容易，想找一套好一点的房子安稳过日子，但是手上的钱不多，对这个房子又很喜欢，真的想买下来，就是价格可不可以再降一点？"无论对方顺着自住角度说什么，我们都可以扯回"年轻人收入不高"这个点上，同时还可以借助年龄优势获得对方的"同情"。

2. 在砍价初期，尽量通过中介砍价

在砍价的初期完全没有必要去见卖房人，一来浪费时间，二来作为一个

普通的买房人,你的砍价能力也很难比中介更出色。毕竟砍价本身就是一个"零和博弈",我砍下来的一定是你损失的。双方你来我往之间很容易用力过猛,然后不欢而散,这时就需要中介在中间互相调和。出色的中介,会在谈价的过程中不断找寻可以砍价的理由,并努力让双方达成共识。有了这样一个专业的"和事佬",也能降低购房者的买房难度。

3. 见房东时尽量找两个中介陪同

中介很适合在双方砍价的初期充当中间调和的角色,但是买卖双方迟早都要一见。这次见面非同小可,因为很可能当天就要签约,也只有抱着这样的心态来砍价,才有"百尺竿头,再砍一次"的可能。但房东是很容易反悔的,该怎么办呢?此时可以找中介作证。砍到关键时刻双方僵住了又该怎么办?可以让中介来撮合。既然中介收了中介费,就要让中介去解决自己的困难。

中介这个角色其实很拧巴,既是买方经纪人,又是卖方经纪人。收着买房人的钱,卖着卖房人的房。如果只有一个中介人员,很容易"拎不清"状况。让中介公司在签约时安排两个中介陪同,一个帮自己说话,当作买房经纪人;一个装作帮对方说话,充当卖方经纪人。但中介公司会听你的么?答案是会的。二手房买卖和新房营销不同,中介费的佣金并不会被一人独享,只要提前提出需求,中介公司大多会满足增加人手的要求。

4. 逐级释放底牌,无限接近对方底线

与购买新房相同,在砍价时不要把所有的底牌和盘托出,否则后来就会很被动,这些底牌包括但不限于:交定金的时间、交首付的时间、全款到账的时间(商业贷款比公积金放款更快,公积金贷款中市管公积金比国管公积金放款更快,房东一般喜欢全款到账更快的类型),以及自己的底价。

5. 以"持久战"砍价,以"闪电战"签约

还记得之前提到的"损失厌恶"么?在这里还可继续应用。不断地和房东交流、谈心、砍价,给他介绍你的工作、家庭、经历、人生规划,让他成为跟你父母、兄弟一样了解你的人,让他在你身上耗费大量的时间精力,让他为了卖一套房从上午十点谈到下午六点,然后他自然就会希望把这个房子

卖给你。

对于卖房人，没有完全的"底价"一说，只要对方认为"合理"就可以成交。你需要做的，就是不断给他提供理由，让对方相信这次交易是正确的、合理的。当对方给到足够优惠的条件后，比如400万元，送家具、家电，就要立刻让中介迅速准备合同，让对方现场与你签约，以此来锁定"胜利果实"。

6. 在整个砍价过程中，找一个不在场的"决策者"

在砍价过程中，一定会有若干次谈不下去的情况，一旦谈不下去，持久的沉默只会让交易崩溃。此时最好的办法是让中介在中间圆场，而除了圆场之外，在陷入僵局后也可以告诉对方，自己要和"爱人"或者"父母"交流，因为他们也是"决策者"，这样你没出面的家人充当黑脸，你则充当白脸，中介也充当白脸，就可以最大限度地让谈判在破裂的边缘不断突破对方的底价。

7. 与中介配合，车轮砍价

这个技巧必须在得到中介支持的前提下才能使用，前文中我们提到中介卖房的一个技巧是：先给买房者看一个很差的，再看一个很好的，最后看一个一般的，就非常容易成交。这类伎俩在买房时，同样可以试着对卖房人使用。

与中介充分沟通，让对方在一周或某一段时间内不把这套房推荐给其他人，可以通过提前支付一定中介费或者发"大红包"的方式实现。然后，让中介不断地告之房东有一个客户看到房东报价的500万元后，想要430万元成交，希望和房东面谈，此时房东一定不干。第二天让中介继续告诉房东，另一个客户想要420万元成交，这时房东就会怀疑自己是否真的报价过高。接下来房东会询问中介经纪人房地产市场的环境如何，而中介已经与你协商好了，自然会说市场环境不好。最后，当你提出440万元并想要和房东面谈时，房东就会非常愿意与你见面。如此一来，在谈判开始之前，你就有了更多的谈判优势。

第10章
如何签约与付款?

在签约与付款之前,无论是新房还是二手房,你都至少已经看过一次房。接下来需要做的,就是在所有的备选房源之中选择唯一一套签约、付款,完成买房的"临门一脚"。

本阶段是整个买房过程中最重要的阶段,因为你的决定不可更改,偶然的疏忽便会导致前功尽弃。以下是关于这个最重要阶段的流程、建议与注意事项。

10.1 如何做出正确的买房决策?

10.1.1 确认手中意向房源的可靠度与丰富度

买房之所以对于普通人来讲是一项复杂决策,是因为每套房产都各不相同,优点、缺点难以对比,有的非常明显,有的则极其隐晦,很难客观地对看过的房产进行恰当"打分",而买房又是个人色彩非常浓厚的事情,"喜好"本身也应有足够的分值。因此,笔者建议买房人在看房、选房之初暂时不去比较,只记录每套房源的重要信息,等到将自己的意向房源全部看完后,再做最终决策。不过,要遵循以下几点原则。

1. 任何东西都是放在眼前看最大，你应该看到全局

在买房时，你可能会因为太在意某个细节而忽视了全局，或者因为今天看到的房源而忘记了一周之前的类似房源，这非常常见，因为所有东西都是放在眼前看时最大，但你应该尽量看到全局。

曾经有一个咨询笔者的买房人，因为太想购买带阁楼的房产，所以他只愿意去看有阁楼的房源。但在市场上这种房源很少，所以他一直都没有看到合适的房子。就在这个看房与等待的过程中，房价不断上涨，他也开始越来越焦虑。我们应该及时进行记录与反思，并给每套房源设置最多与最少看房时间，以保障自己可以对每一套房源都做出尽量客观公正的评价。

2. 注意审查房源信息的可靠性，并把价格试探到底

购房时不要着急，因为你手里掌握的信息可能并不全面。以刘亮为例，他起初在仅看了一次位于清河某小区的二手房后，就想要在当天交定金购买。笔者问他，这套房产银行可以贷出多少钱？他不知道，因为还没有问。这套房产现在的价格还可以继续谈么？他也不知道，因为还没有见过房东。这套房产距离最近的地铁口需要走多远？他更不知道，因为没有走过。最后，笔者问他喜欢那套房源的理由是什么？他说："因为这套房产在他的预算范围之内，而且可以直接入住。"

在前面的章节中，我们已经说明看房需要确认的几个维度，以及"好房子"的若干标准，而这些都需要买房人真实、彻底地确认完毕后，才能算对房产的基础信息有了大致的了解，之后还需要通过中介了解房东的底价，通过销售员询问买房的优惠。买房人要在这些信息充分确认后，再做出最终决策。

3. 在能力与时间所及的范围内，尽量多地增加选项

为什么人们会发现自己的人生随着时间流逝逐渐陷入僵局？大部分人的人生之路会越走越窄的原因，不是因为他们选错了路，而是因为根本就没有进行选择，更没有意识到自己可以进行选择，就像看了一套二手房后，便打算当天付款的刘亮一般。

以买房为例，大部分人之所以会后悔自己的买房决策，多是因为"冲动消费"，在没有意识到自己可以去选择其他房源时，便草草按下了选择键。但是哪怕你仅仅意识到自己还有别的选项，决策水平都能大大改观，因为此时你不是单纯用感性来判断，而是在用理性进行比较。

4. 善用分类与分级，简化操作难度

当人们面对巨量信息时会手足无措，而针对巨量信息的最佳办法，就是按照不同特质对其进行分类，针对不同类别的信息再依照相同的逻辑继续整理、分级与细化，将复杂的决策分解为简单决策，将巨量信息整理为可控内容。

5. 整理每套房源的"看房笔记"

看房过程费时费力，而看完后一段时间就会将其忘得一干二净。此时，应在看盘的当天对房产做好看房笔记，笔记的内容可以包括如下几个方面：

（1）新房：地址、品牌、类型、面积、单价、限价/两限/共有产权房、精装/毛坯、户型、开发商、物业、商业、医疗、交通、学区、楼层、采光、交房时间、最大卖点、主观感受、其他。

（2）二手房：地址、满二唯一/满五唯一、房龄、面积、户型、物业、商业、医疗、交通、学区、装修、楼层、采光、最大优势、主观感受、其他。

10.1.2 做出正确决策的重要原则

当我们在筛选、确认、整理出 3～5 套高意向房源后（在此之前，应当至少看过 10～20 个楼盘或二手房），就可以在这些精挑细选的房源中进行决策，以下是决策时的若干建议。

1. 拉长思考周期，不做临时决定

快速决策虽然效率很高，但出错的概率也非常大，而买房又是一个容错性很小的决策，此时最明智的做法是舍弃效率，拉长思考周期，不做临时决定。但买房人一定会遇到根本就不会给你时间去思考的房东与中介。

你是否有想过为什么他们不给你时间思考？一天之后整个楼盘就会卖光么？房子挂出的第二天就会被人买走么？更多时候，不是中介与房东给买房人压力，而是买房人自己沉不住气。

2. 你能做到的最重要决策，是决定去问谁

不要想一蹴而就，更不要奢望买一套房就成为房产专家。认清自己的能力，然后找到能接触到的最了解房产的人，把自己的现状与想法告诉他，并请教对策。比如，刘亮找到了笔者，你也可以找到身边的"房产专家"。你能做到的最重要决策，是决定去问谁。

3. 不要听到什么信什么

对于房产，无论在哪一个时期、哪一座城市，都一定会同时出现看多与看空的正反双方。是两者都信，还是两者都不信？观点确实很重要，但观点背后的逻辑、立场也非常重要。逻辑严密、事实清晰、来源可靠的观点才值得采纳。

4. 不要做完美主义者，不要过度追求精确

古典经济学的基础是理性的人，但绝对的理性并不存在，绝对的完美也并不存在。给自己设置"最大犹豫期""最长思考期"，不要让完美主义成为犹豫不决的伪装，不要让犹豫不决阻碍自己的买房进程。

5. 不要在情绪不好时做决策

西方有一句谚语，"不要在雨天晒干草"，也不要在情绪不好时做决策。影响好决策的最大威胁是坏情绪。一旦我们意识到焦虑、烦闷、迷茫，就要立即停止决策，等到情绪回归平静时，再继续思考。

10.1.3 买房决策的操作路径

万事俱备后，请按照以下路径进行操作。如果读者能够严格执行，即便不是一个完美的决策，也绝对不会是一个后悔决策。

1. 分配权重，对 3～5 套房源打分，并计算"总分"

先前我们有提到过要做"看房笔记"，现在翻回"如何选择好房子？"这一章，对房产的各类要素进行重要度排序，同时为每一个重要度设置百分比。笔者以刘亮为例，对这一过程进行说明。根据刘亮的个人偏好，并参考了家人的意见，以下是各要素的排序：

房价（15%）、地段（14%）、户型（13%）、交通（13%）、学区（12%）、配套（10%）、装修/精装/毛坯（5%）、其他（18%）

每一个人对于不同要素的重视程度可以不同，但要注意，每一部分的百分比相加之后需要为 100%，在"其他"部分的百分比可多可少。之后同样以 100 分为总分，对每一套房的所有方面进行打分。打分结束后，再进行 1～2 次的修正。这样，原本的复杂问题，就会变成只要看分值就可以判断的简单问题了。

继续以刘亮看中的那套二手房进行打分：

房价（80 分）、地段（80 分）、户型（70 分）、交通（80 分）、学区（90 分）、配套（80 分）、装修/精装/毛坯（60 分）、其他（可以当周入住）（90 分）。

因为这套老房子的"其他"部分为入住的便捷性，所占的权重不应达到 18%，所以还要对打分表进行适度调整：

房价（20%）、地段（16%）、户型（15%）、交通（15%）、学区（15%）、配套（12%）、装修/精装/毛坯（5%）、其他（2%）

因此，这套老房子的最终加权得分为：80×20%+80×16%+70×15%+80×15%+90×15%+80×12%+60×5%+90×2%=79.2

2. 与家人、朋友进行充分讨论沟通，最终确认 2 套房源

应把已看过的这些房源在充分思考后得到的排序结果给买房决策团队中每一个成员审阅，最好是所有人集中进行线下讨论，在充分讨论后，筛选出最终的两套房源进入"决赛"环节。

3. 再一次实地考察与砍价高意向的 2 套房源

这一次要让置业顾问完整地给你介绍一下整个楼盘，让中介带你看遍所有二手房的相关资料与细节，确认所有重要信息的准确无误。之后，对于新

房，可让置业顾问请出位于售楼处现场的销售主管、销售经理；对于二手房，则让中介约出那套房源的卖房人。当见到销售经理或卖房人后，告诉他们当天你就会做出是否购买的关键决策，而影响决策的关键因素，就是对方在原有房价的基础上可以让利的幅度。

如果买房的是两个人，最好同时行动，分别前往。如果是一个人，最好上午一家、下午一家。请注意，这一次你为自己营造了一个绝佳的"砍价"环境：两套房产，一个买房人。表面上，你是把选择权给了对方；实际上，你是把主动权攥在了自己的手上。我们利用的是公开竞价、价低者得的常规原则，而这种原则，在数千年的实践中也屡试不爽。

10.2 如何签约与付款？

恭喜你，终于到了坐下来签合同的阶段，但签合同并不是直接写下名字就好，毕竟确定房源后，你还要确定付款时间、贷款类型与比例、查看银行征信、看合同、签约、缴费……这些，都不能有丝毫马虎。

10.2.1 签约与付款时的操作建议

签约与付款的正常流程是先签约，后付款，因为必须先要阅读并同意合同内容，再进行交费确认。但是在实际操作过程中，很多的置业顾问、中介经纪人会要求你先付款、再签约，在新房买房的过程中这种现象尤为常见。他们会以各种原因，包括但不限于：合同需要特定编号、打印出来需要经过房管局的系统才能生成，告知你必须先付款再签约。但是，即便我们真的愿意先付款再签约，也要在付款之前通读合同，即便不是自己的合同，也要查看范本合同、他人的合同、草签合同。这是作为买房人的正当权利，必须坚决落实。

以下是在付款与签约过程中的操作建议。

1. 录音

当销售员或房产中介让我们签合同时，便要拿出手机开始录音。接下来我们可以问销售员："合同这么多字，需要一条一条看么？"如果销售回答"不用"，后期出现合同相关的问题，买房人都可以凭借这条语音来声明合同无效。

因为对于销售员提供给我们的格式条款类合同（预先拟定，无法修改），在出现不利于合同一方的条款时，只要买房人能够证明自己没有看过合同，就可以声明合同无效。好在几乎所有的房地产合同都有很多不对等的"霸王条款"，只要我们通过录音证明自己并未看过，销售也没有主动让我们看过，便可以让所有的合同条款无效化。

2. 看合同

但是录音只能作为被侵权后的维权证据，在维权过程中买房人依然会耗费大量的时间与精力。我们最应该做的是"稳扎稳打"，在录音的同时，也要看清合同的重要细节。

关于看合同，我们首先要做的事情就是确认基本信息是否无误，包括姓名、价格、房号、金额、时间以及合同中约定的重要的信息，如诚意金的可退、定金的不可退。我们可以通过三点快速确认哪些信息是关键信息：第一，看加粗的内容；第二，看补充条款；第三，看违约情况和处理办法部分。以上信息确认无误后才能继续。

3. 拍照

无论是什么合同，都建议从头到尾拍照留存证据，以免买房人在打维权官司时连一份像样的合同都找不到。为了避免这样的情况，一定要留下充足的证据。我们可以把所有细节都拍下来，如果有的文件内容非常多，如《商品房买卖合同》这类可能有几十页的文稿，则应抓重点，只拍首页、有手写文字、自己签名以及补充条款的部分。

4. 签字

如果销售员或中介让我们手写其他文字，千万不要写。比如，"本人已知晓定金不退"。"本人已阅读所有条款并认同"一旦写完，就代表你认同所有合同里的条款，且后期投诉无门。相反，如果销售员不给时间让你签字，则可以在签字的同时，写下"以上条款我都未阅读"字样，以此让销售员提供充分的时间供你阅读合同。

签字不应该让他人代签、也不应该替他人代签。但是在房屋买卖实务中，又常常出现父母替孩子代签、亲友替自己代签的情况。自己签约当然会很用心，但是其他人即便用心，也很难掌握正确的签约方法。如果必须代签，最正规的方式是买房人手写一份协议，并到公证处进行公证，然后让代签人带着这份公证文件到售楼处进行签约，或者通过视频连线的方式进行签署。

10.2.2 "新房"的签约与付款

按照时间顺序，我们要在新房买房过程中签订的合同有：《商品房认购协议书》《商品房预售合同》（如果是现房，则为《商品房买卖合同》）、《抵押贷款合同》。其中，前两个合同是于售楼处在置业顾问的协助下与开发商签订的，《抵押贷款合同》是在银行贷款经理的协助下与银行签订的。后期还会有《前期物业服务合同》，其相对次要，但所有合同的签约都大同小异，可以相互参考。

为了方便大家查看整个新房买房流程，笔者制作了流程图，具体内容如图 10.1 所示。

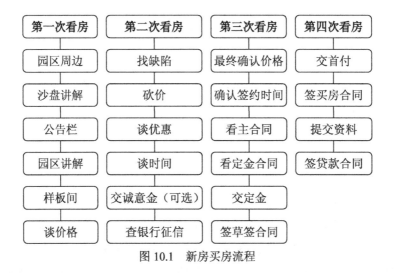

图 10.1　新房买房流程

1. 诚意金

诚意金在不同地方、不同时期、不同公司有不同的称谓，如诚意金、小订金、订金、小卡、排卡费。诚意金的金额常在 1 000 元以上，10 000 元以下。诚意金最主要的标志是：可以全额退款。诚意金的用途大多是获取进一步选房、看房，以及保留房源 3～5 天的资格。

因为是包退还，所以买家交钱的心理负担较小，即便对项目不喜欢，也会交钱占一个位置。虽然诚意金能退，但退款的条件、时间长度，置业顾问却往往没有说过。有的项目或者置业顾问会在你想要退诚意金时，告知必须前往售楼处当面退，这样对方又多了一个见面向你劝说的机会。即便你到场后还是要退，置业顾问也会以公司规定等原因，为你设置种种退款障碍。有时，中介会在交诚意金时与你签订一个合同，如果你三天之内没有表示明确退还，诚意金就会自动转为不可退的定金，而你很可能会因为疏忽、怕麻烦而最终导致诚意金的无法退还。

关于诚意金，正确的付款原则一定是真正喜欢项目、希望继续了解项目，才能支付，而不应是持着"占位"心态。诚意金大部分并不通过公司账目，毕竟一进一出都需要申请，非常麻烦。因此，诚意金通常都是放在项目经理，甚至销售员自己的手中，所以根本不会有几个月之后再退款的"公司规定"。到项目现场退款，也并不是必要的操作步骤，只是诚意金的收据也确实应当返还对方。如果对方恶意设置各种退款障碍，最直接的办法就是拨打"12345"市民热线。10 个工作日左右，市民热线就会有答复，15 个工作日左右，诚意金就可能会退款到账。

在付款过程中，意向买房人原则上不需要签署任何文件，只需要拿到收据。请注意，买房人拿到的是收据而不是发票，因为发票需要正常报税，而诚意金有退还的可能。也正是因为诚意金可退还，所以现在一些售楼处直接取消了这一环节。若购房者在看房过程中只能交定金，在这样的状况下，购房者更容易冲动购房，也更容易做出错误的买房决策。

缴纳诚意金时，买房人就要问明置业顾问自己的状况是否需要查看银行征信、项目是否支持公积金贷款、交定金与交首付的时间间隔如何、项目对应的商业贷款银行是哪一家或哪几家、可不可以自己选择其他银行、银行对自己的贷款利息是怎样的，以便规划自身的买房进程。以上问题千万不要在缴纳定金的当天才问（实际上很多人即便在缴纳定金后也没有问过），否则你很可能会遇到不接受公积金贷款的项目、因为自己征信不良而无法贷款的情况，而只能在全款买房与放弃定金中进行选择。询问清楚后，还要对公积金、银行征信、贷款资料进行相应准备。

2. 定金

定金，同样有很多的称谓，如定金、大定金、大卡费。定金的数额可能是1万元、2万元、5万元、10万元甚至20万元，不同项目会有不同的规定。但法律规定，定金的数额上限是总房款的20%，无论新房、二手房都是如此。而定金区别于诚意金的最重要特点是：定金不可退。定金会遵照《中华人民共和国合同法》中第一百一十五条的定金条款进行收取，即："**当事人可以依照《中华人民共和国担保法》约定一方向对方给付定金作为债权的担保。债务人履行债务后，定金应当抵作价款或者收回。给付定金的一方不履行约定的债务的，无权要求返还定金；收受定金的一方不履行约定的债务的，应当双倍返还定金。**"

因此，"定金不退"是具有法律保障的。但是在商品房交易过程中，也应当遵循特殊法优先于普通法的原则，《商品房销售管理办法》第22条规定："**不符合商品房销售条件的，房地产开发企业不得销售商品房，不得向买受人收取任何预订款性质费用。符合商品房销售条件的，房地产开发企业在订立商品房买卖合同之前向买受人收取预订款性质费用的，订立商品房买卖合同时，所收费用应当抵作房价款；当事人未能订立商品房买卖合同的，房地产开发企业应当向买受人返还所收费用；当事人之间另有约定的，从其约定。**"

本条规定，一是未取得预售许可前，开发商不得售房，也不得收取任何类似性质的费用，即使有些购房者为了确保买到自己满意的商品房，要求交付一定费用的，也不得收取。但可以通过别的方式进行约定，如签订预订合同，约定双方的权益。二是对已经符合预售条件收取预售款性质费用的，订立商品房买卖合同时，所收费用应当抵作房价款；当事人未能订立商品房买卖合同的，房地产开发企业应当向买受人返还所收费用，但当事人之间也可以另有约定，有约定的从其约定。

原则上，只要买房人能够证明在签署定金时存在销售欺诈，证明你并没有详细阅读认购书的每一条内容，或者证明违约并非你的主观责任（如政策变动、银行不予以贷款等），则可以声明合约无效，并要求退还定金。但是在实际过程中，虽然法官会更倾向于买房人，房管局却并不能百分之百地帮助买房人要回定金。退还定金的过程，存在非常大的不确定性以及风险。

如果你希望未来退还"定金"，可以在约定交首付之前去售楼处（以保证自己没有违约），要求查看买房合同，并找出合同中无法满足自己要求的漏洞，建议在补充条款部分查找，此部分有很多不平等条款。只要找到一条不平等条款，就能够以"双方关于主合同无法达成共识"为理由，要求售楼处退还定金。售楼处若不退还定金，就可以拨打"12315"或"12345"进行举报，举报内容为销售不规范，以及恶意罚没"买房预付款"。如果举报仍无法被采纳，还可以写一个诉状，将开发商告上法庭。

即便定金有可能退还，也同样耗费了时间与精力，所以在此强调：若非真的想买房，请千万不要交定金。虽然笔者从2016年起就不断接到过退定金的委托，但是笔者也能够感受到，退定金的难度在逐渐加大，开发商签约的规范度也在逐渐提升，并不是每一笔定金都能完全退还。与其和开发商"斗智斗勇"，不如在一开始就审慎、审慎、再审慎，以避免后期的纠纷。

3.《商品房认购协议书》与银行征信

在缴纳定金的同时，置业顾问会要求购房者签署《商品房认购协议书》，又称"定金合同""预合同"，是指在正式合同之前所签署的具有法律效用的"定金合同"。签署《商品房认购协议书》时，需要明确缴纳首付款的时间、定金退还的特殊情况。很多开发商会在《商品房认购协议书》中注明"若买房人因资质问题、信用问题等原因导致银行拒绝放款，需于××日内补齐全款，否则定金不予退还"。

如果买房人看到这一条款，建议在签署定金协议前去银行查一下自己的银行征信。在实际情况中，很多买房人会存在信用卡逾期记录，如果只是1—3笔且数额不大，不会影响征信。但若逾期时间久、次数多，或本人存在资产冻结等情况，银行就会拒绝放贷，此时你不仅无法买房，还会损失全部的购房定金。

查看银行征信并不是每个买房人都需要做的事情，如果没有信用卡，且名下没有其他贷款，购买的还是人生首套房，买房人便不需要查看，因为征信不会有任何问题。2017年，曾有一位成都的女生，通过知乎咨询笔者关于十万元买房定金的退还问题，当时她的父母面临的便是因为信用卡逾期导致的银行拒绝放贷，而全款买房资金不足的状况。因为在《商品房认购协议书》中有了上面那一条"霸王条款"，所以无论是开发商还是当地工商局，都驳回了她的退定请求。虽然最后我们通过舆论施压，惊动了开发商的总部，并以删除稿件为前提答应退款，但是这种维权方式非常冒险，也难以复制。作为普通的购房人，在签署不能退的定金协议之前，请务必谨慎。

4. 草签合同

在缴纳完毕定金并签署《商品房认购协议书》后，开发商还需要购房者签署一份草签合同。草签合同的内容与接下来签署的《商品房预售合同》或《商品房买卖合同》内容大致相同，但有时会缺少一些补充条款，需要在签约前询问置业顾问。

草签合同是用于将买房人的资料提交给房管局进行审核所使用的，只有审核通过之后，买房人才可以在下一次前往售楼处时，签署具有合同编号的网签合同。

置业顾问通常会告诉购房者草签合同无须在意，因为根本不会对你产生任何影响。但这句话只说对了一半，虽然草签合同不会对购房者产生影响，但是与草签合同内容相同的《商品房预售合同》或《商品房买卖合同》却对购房者意义重大。因此，在签署正式合同之前，房管局会审核买房人资格，同时也要求开发商必须通过"草签"这一个环节让买房人看到合同的具体内容。

但是现在的开发商，往往只是让销售员走一下流程，快速地让买房人在草签合同上签字、按手印，根本不给购房者阅读合同的时间，签好后又立即收回，不留下备份文件，从而为之后正式合同的签约，以及收房埋下了隐患。

而购房者正确的处理办法依旧是：录音、阅读、拍照、签字。凡是需要我们签字的地方，都需要万分注意。缴纳定金之后，整个费神、费力的买房流程就结束了，接下来只要保证不出错，就能买到好房子。

5. 网签前的准备

交完定金，等待正式网签的过程中，我们还要回去筹集剩余的购房首付款，并约银行办理贷款。如果需要进行公积金贷款，还需要在公积金管理中心进行资料审核。如果我们选择的是组合贷款，因为涉及开发商、买房人、公积金管理中心、商业贷款银行四方，所以协调会比较缓慢，尽量让置业顾问来主导这一切。

支付定金与补全首付款的间隔时间通常在 10 天以内，但是如果提前与置业顾问沟通，在大部分项目里是可以通过申请"批单"来延长这个时间间隔的。但间隔期也不能过长，1 个月的延长期会比较合理。越是行情好的时候，越是销售火爆的楼盘，可以延长的时间就越短。越是行情不好，销售冷清的楼盘，可以延长的时间就越长。之所以在行情好的情况下，很多开发商不接受公积金贷款，就是因为公积金贷款的审核与放贷时间过长，不利于开发商回款。

6. 首付款与《商品房预售合同》或《商品房买卖合同》

原则上在缴纳定金之前，买房人就需要查看《商品房预售合同》或《商品房买卖合同》，因为如果不查阅合同先交钱，在签约时对合同产生了分歧，开发商又无法修改（实际上从法理角度可以修改，但开发商不会为一个普通的购房者而专门修改），那么定金是否应当退还呢？针对这个问题，开发商的策略是：在售楼处内找一个角落公开展示合同范本，销售员在讲解时也会一带而过，这样就代表你看过合同了。在实际的商品房卖房交易中，没有几个买房人是真正在交定金前看过主合同的，大多是在缴纳完毕首付，签约的过程中再进行查看。即便你提出了一个又一个问题，销售员也只会一一解答，但最后合同还是一字未改，买房人除了签约依旧没有其他办法。对于这种情况，笔者的建议是：**把查看《商品房预售合同》或《商品房买卖合同》的时间挪到签署定金合同之前，或者认真阅读草签合同。**

商品房预售合同里，在主合同部分你需要留意商品房五证的证号与商品房的房号。如果你是按照之前的流程，先确认了商品房五证后，再前往的售楼处，则不用担心所购买楼盘的合法性。但如果之前没有确认过，在合同中也没有看到商品房预售许可证的编码，很可能不是开发商没有放进去，而是根本没有，这样的状况常出现于三四线城市的小开发商楼盘，导致的结果是买了房住不进去，住进去又办不了房产证。

商品房的房号也非常重要。不要认为销售员会给你准备得很周到。大部分销售员都会犯错，比如把房号找错，尤其是在期房转现房阶段，预售房号与现房房号可能相同，也可能完全不同，如果销售员不仔细，就很容易弄错。到时候辛辛苦苦选到的楼层和户型，却因为销售与自己的马虎买错了房子，抑或因为销售员故意调包以次充好，买房人在最后的签约阶段被骗。

《商品房预售合同》或《商品房买卖合同》的主合同部分，开发商已经在房管局备案，所以前半部分实际上问题不大，最大的问题在后面的"补充协议"。

一定要认真阅读每条补充协议条款，因为商品房预售合同是国家规定的标准合同，所以开发商想规避责任，一定会在补充协议中进行说明。此时，我们不仅要拍照，还要逐条逐字阅读，若发现我们无法接受的内容（补充协议有很多"霸王条款"）一定要提出来，积极与销售员、销售经理争辩，即便无法更改也要留存语音和图片作为记录，为后期的维权做好准备。

补充协议里的"霸王条款"很多，比如：房屋以实际交付为准，广告的介绍、销售员的承诺、主合同的内容都可能存在误差；房屋出现质量问题，开发商可以进行维修，但房屋无法因为质量问题而退房，业主也需要承担维修期间对其他业主产生影响时的各种费用；如果交房的实际面积大于了3%的误差，买房人应当多退少补，但不能以此为由进行退房。这些都是常见的购房过程中的"霸王条款"。如果这些条款真的存在，对方也无法很好地解决我们的问题，那么作为买房人也只能"用脚投票"，选择不买。

7.《个人房屋借款合同》

缴纳首付款、签完买房合同后，如果是贷款买房，还需要同时签署《个人房屋借款合同》，这是与银行签署的合同。关于付款方式的选择，在下文中会有更详细的介绍。这里简述相关流程：买房人在缴纳定金之前，去银行查看征信（可以不查，只是为了保险起见），并在缴纳定金之后，准备半年的银行流水与所在公司开具的收入证明，如果有共同贷款人（爱人、父母），也需要同时提交他们的银行流水与收入证明。家庭共有的车辆行驶证复印件、不动产证复印件也可以一起提交，以向银行证明自己良好的还款能力。

《个人房屋借款合同》同样为格式条款，无法修改。但是，我们需要阅读其中关于提前还款、违约金收取、借款利率等方面的全部内容。因为现在大部分买房人都会选择贷款 30 年，而房产实际持有时间常常在 10 年左右，这就涉及后期转卖的提前还款。大部分银行的提前还款是不需要任何补偿金的，但也不排除会有部分银行在其中坑购房者一笔。因此，在签协议时，不妨询问一下银行的信贷经理相关的情况。签完《个人房屋借款合同》后，整个新房买房流程便全部结束。

10.2.3 "二手房"的签约与付款

二手房在签合同时，同样要全程录音、查看合同，但无论是在流程上还是在合同上，二手房的灵活性都比新房更强。而且二手房的签约与付款在不同城市、不同区域、不同时期也可能不同，需要具体城市具体分析。

有的区域限购，需要先验证资格，有的区域房管局和国土局分开，有的地方又是合在一起。有的地方需要网签、有的地方需要预告登记，总之二手房的交易流程会有比较大的差异。加之，中介公司介入后，不同中介公司也有不同的流程：在何时签主合同、何时签居间合同、钱款交给谁，这些流程全都可以不一样。

比较好的办法，是在最开始就问明靠谱中介的资深经纪人：在当地买二手房的具体流程，需要哪些材料、去哪些部门、签哪些合同、钱怎么交、交给谁、交多少。

但是房产中介的水平实在参差不齐，所以最稳妥的办法是直接去问中介机构的店长，或者通过当地的不动产交易大厅的咨询电话咨询相关流程。

以下是二手房买房过程中笔者整理的大致流程，具体如图 10.2 所示。

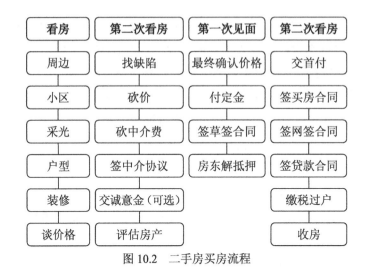

图 10.2 二手房买房流程

1. 诚意金

与新房的诚意金相同,二手房的诚意金也可以退,而且之所以叫"诚意金",最开始也是人与人之间在达成正式的契约前,为了表明自己的"诚意"而提交的钱款。在房地产行情好的时候,"诚意金"非常有用,因为通过它可以对房源进行锁定,但并不是每个卖房人都喜欢"诚意金",因为也会觉得麻烦。

但"诚意金"对买房人却非常有利,我们应该尽量让卖房人接受诚意金,而且在诚意金交付之后,不仅买房人可以有更多的时间从容思考,进行资质核验,也可以让卖房人进行房屋核验、拉出产调,这对买卖双方来说都是很好的无责缓冲。只是中介机构会不太喜欢,因为对其来说,每增加一次双方见面,就增大了一次交易难度,也多了一分交易风险。而且中介的居间合同,通常是在交定金之时,而不是在交诚意金之后签署的。诚意金虽然金额不多,但最好与后期的定金、首付款相同,都放在银行的保管账户内,以避免被卖房人、中介机构在房产还没划归到买房人名下时就携款私逃。

2. 定金

在交定金之前,价格、优惠、时间都可以谈,但是在交定金之后就要尽量维持原有的谈判内容。否则,无论是买方还是卖方,都会让对方产生非常不好的印象。与新房相同的是,定金不退。与新房不同的是,定金数额可大可小。

前文提到过，如果买方违约，定金罚没；如果卖方违约，不仅要退还全部的定金，还应当承担等额赔偿，而我们的重点就在"等额"上。在房价上涨期，常常出现房东违约的状况，如果你交了一万元的定金，但是房东却在签约之前遇到比你多出10万元房款的其他购房者，房东当然会毫不犹豫地违约。因此，为了避免房东违约，购房者最常用的策略就是增加定金数额，只要不超过总房款的20%，定金协议就会受到法律保护。但如果未来购房者可能违约，比如在房价下行阶段可能看到更优质的房源，也可以将定金数额有意调小。总结一下：定金数额越大，违约成本越高。

过去的"炒房团"使用过一个非常"阴损"的招数：他们专找那些上了年纪、对法律知识不了解的老人，给他们1万～5万元的定金，但同时也约定一年之内，甚至两年之内才会签约，而且签约对象可以更换为其他人。与此同时，如果老人们违约，不仅要退还定金，还要赔偿5倍、10倍的违约金。因为老人们不了解情况，也常常觉得自己没有任何损失，所以就满口答应。而"炒房团"们最少只用1万元钱，便锁住一套可以在市场上流通的房产，还不需要担心限购、税费、监管的问题，在房价一日千里的时期，即便是短短的一年时间，也可以让房价翻上一番。当"炒房客"找到了"接盘侠"后，中间丰厚的差额便成了其个人盈利，最可怕的是这部分盈利完全没有监管、不需要交税，属于"炒房团"的净利润。而"炒房团"之所以被称作"团"，也是因为他们常常成群结队且身上携带大量现金，所到之处大量的在售房源都会被他们恶意占有，继而哄抬房价从中牟利。而随着房地产市场的越发完善，国家也明令禁止了这种"以小博大"的恶意炒房方式，"炒房团"曾经密而不传的"绝学"，也完全曝光于公众的视野之下。

最后，定金与诚意金在没有确认对方身份前，建议不要直接交给卖房者，而是交由附近的银行进行第三方监管，并约定在交易中心完成递件手续后，再统一划拨到卖家账户。

3. 二手房买卖定金协议书

每一个中介公司都具有《二手房买卖定金协议书》的模版，即便不通过中介，也可以从网络上下载相应的文件。在定金协议书中最重要的内容首先是买卖双方信息、房屋信息，其次是交付首付款、签署网签合同的时间，最后才是双方的违约责任。购房者应当把比较常见的买卖争议信息全部写入定金协议中，比如：如果卖房人存在不实信息，使买房人做出错误判断，需要退还全部定金，并支付××元违约金；如果因为卖方未通知房产共有权人，导致的协议终止，需要支付给买方××元；如果买卖合同顺利签约，房产顺利过户，将由买方承担中介费；如果过程中由于卖方原因导致合同无法履行，将由卖方承担中介费；如果因为银行放款和资质审核没有通过，卖方应该全额退还所有定金；如果卖方存在未告知买方的租赁关系、债权关系、抵押关系、权属关系，导致合同无法继续履行的，卖方要双倍退还定金。

4. 居间服务合同

《居间服务合同》是买卖双方与中介签署的合同，卖方通常在委托房屋时就会签署，买方通常在确认购买房屋之前才会签署。毕竟如果买卖双方没有在签约之前与中介签署居间合同，中介就没有收取中介费的依据，也就不会死心塌地为买卖双方服务。

（1）中介费商谈的时间。 中介费不应该在刚接触中介时谈，也不应在签约的同时谈，最好在第二次看房中（砍价）与第三次看房前（签约）再谈。具体的费用多寡，完全由市场决定。砍中介费和新房砍价的方式比较接近，但没必要花太多的精力，毕竟买房才是最重要的事情。

（2）中介费支付的时间。 中介费支付的时间需要特别注意。市场上比较常见的情况是买卖双方签约时，支付一半中介费，过户完成、买方收房后，支付另一半中介费。但中介公司一定会想尽各种办法，让你提前足额支付所有中介费，如果是全国性的大中介公司问题倒是不大，但如果是小中介公司，则可能在付完中介费后就"人间蒸发"。因此，中介费的多寡是一方面，支付的时间、比例也是非常重要的一环。

（3）效果认定。 除支付中介费的时间外，还要注意"效果认定"。购房者要尽量在居间服务合同中添加"若交易因为非买方原因及第三方原因导致无法继续，经纪公司应全额退还中介费用"。这里面就指明了如果因为中介公司从中使诈、卖方出尔反尔或者银行拒绝房款、限购政策加严，中介公司应全额退还中介费用。

当然，中介公司也不傻，其会在合同中注明无论是买卖双方哪家违约，双方都需要全额支付中介费用，而我们需要注意的内容就是究竟由谁来全额支付，最公平合理的方式是由违约方全额支付费用，但中介公司为了保障自身利益，常常会要求双方连带支付，也就是如果卖房人消失了，即便房子没买成，购房者同样要支付足额的中介费，这种条款就对购房者非常不利。

5. 签约前的准备

签约过程最考验功力，因为大多数时候，我们的签约是紧跟在砍价与还价之后。而在砍价的过程中，双方一定会你来我往，最终形成一份"面目全非"的合同。因此要在签约之初，尽量注意以下几点。

①时间定在上午，可以从上午谈到中午再谈到晚上才结束。

②要求两个中介人员到场，一个帮助买家，一个帮助卖家，而实际上都是帮助买家。

③提前把中介提供的范本合同要过来看清楚，增删修改变成对自己有利的合同，然后交给中介，让中介带到现场。即便是无法修改的存量房买卖合同（范本），也可以对部分内容进行勾选、填补，同时对"补充协议"部分进行修改。

④带上电脑，如果在签约过程中增加了新的条款，可以用电脑直接更改合同，并打印出来。

⑤除自己到场外，再带一个值得信赖的、情商高的朋友，最好是亲人，与自己的性别相异更佳。预先做好分工，一个主要负责砍价，一个主要负责圆场。

⑥要求卖房人房本上所有的人都到场，如果是男方的名字，在查看产调后，又确认是夫妻婚后共同财产，则需要女方也到场。或者有经过公证的女方全权授权男方代理自己签约的授权书，又或有女方录制的授权男方代理自己的视频录像。总之，需要让所有可以处分该房产的人都到场，或者名义到场。否则，后期即便合同签约完成，卖方依旧可以用自己"不知情"为由，拒绝履行合同。

⑦让中介找第三方评估机构对房产进行评估，或者自行筛查符合资质的第三方评估机构。某些银行有指定的评估机构，如果希望在这些银行贷款，则需要去指定评估机构进行房产评估。房产评估的费用原本应该由卖房人支

付，但经过协商后，也可以由购房者支付。评估的时间为3～7天，评估报告出来的第二天，双方就可以协商签约。

⑧咨询公积金贷款中心与商业按揭贷款银行，提前进行资料准备与审核，尽量在买房合同签约当天办理银行贷款业务。

⑨签约前记得确认合同内容，最稳妥的办法首先是咨询律师，其次是认真研读条款，但千万不要在签约的时候才看合同，或者根本不看合同就签字。

6. 存量房买卖合同及补充条款

之前有说过，中介都会提供自己的范本合同，但是每一家中介公司的范本合同都不一样，你也可以完全采用自己拟定的合同，然后交给中介。但有时中介也会告诉你他们的合同内容无法更改，此时，购房者可以换中介或经纪人，抑或把合同拿过来让对方把其中的一些重要信息手动勾选为对自己有利的内容，这些重要信息如下。

（1）**基本信息**：在与房东谈判时，所确定的付款方式、时间、房屋状况、金额、交房时间、违约责任。为了防止卖房人出尔反尔，最好的办法是在谈好一个条件后，就立即把它当着卖房人的面写在合同里。

（2）**交房时间**：交房时间一般默认为过户后，但买房人可以主动要求在补充协议中注明为过户前，因为过户需要一定时间，而越早交房，买房人就可以越早入住。

（3）**违约金**：违约金包括逾期交房违约金和逾期付款违约金，最理想的情况是逾期交房违约金很重，逾期付款不需要交违约金。同时，过户违约金也应写明，而不应划掉。如果卖房人赖着不把户口迁走，我们是无法起诉的，此时就要用高额的违约金来约束对方。

（4）**税费**：如果不特别说明，业主要承担的税费要比购房者多不少，如个税、增值税。因此，尽量不要在补充协议中强调此内容，但如果卖家提出需要买家支付，买家也应该让对方在房价上进行相应的让步。而如果卖家明明不是"满五"，却告知你为"满五"，还要求你承担买房过程中的所有税费，可以写明"乙方自愿支付房屋转让过程中所有甲方税费，但以×××元为限额，超出部分由甲方承担"。

（5）**水电、物业等费用**：要写明"在交房前卖房人应当把这些费用全部结清",但如果卖方要求由你来承担,同样可以写"乙方自愿支付水电燃气物业等费用,但以××××元为限额,超出部分由甲方承担"。

(6) **尾款金额**:因为二手房交易是一个多环节的过程,直到房屋完全交到买房人手中才算全部结束。为了保障买房人的基本权益,可以在合同中约定于收房确认完毕之后,再支付5万~10万元的购房尾款,以此保护自己的正当权益。

(7) **公共维修基金**:卖房人的公共维修基金结余,会随着房屋户主变更而转移给购房者,此时需要约定是无偿赠与还是有偿赠与,因为钱款不多,可以直接写明无偿赠与。

(8) **交房时房屋的状态**:在很多二手房的合同中,此项内容都没有得到足够的重视,导致了在收房阶段只是简单的钥匙交接。与新房不同,二手房只有事先通过合同约束,才可以在后期根据合同进行验收。因此,要尽量写明交房时需要保证的内容:

①是否赠送家具,若赠送,赠送几件,型号如何,是否有赠送条件。
②收房时门、窗应保持的状态:没有破损,规定的型号。
③收房时水路(上下水管道)、电路(强弱电)应保持的状态。
④收房时房间应保持的状态:无漏水、渗水、积水,防水无问题。
⑤后期收房后,若发现房屋质量问题是否卖房人会继续负责维修。
在后期收房时,则只需要按照此项内容逐项验收即可。

(9) **违建部分的处理细则**:最稳妥的状态是参照房屋图纸,要求卖房人将房屋违建部分拆除并恢复原状。但在实际生活中,有些违建部分很难在后期被举报拆除,有时还拓宽了使用空间。因此,不少买房人愿意保留违建部分,卖房人也会因为自己的违建部分而要求更高的价格。但是违建部分原本就不应计算于房价之内,并不能作为卖房人加价的理由。而购房者若在收房时保留了违建部分,则可能面临后期被有关部门查处时需缴纳的巨额罚款,所以至少应在补充条款中要求对方承担违建部分被拆除后需承担的法律及经济责任。

(10) **房屋是否带租约交付**:虽然"买卖不破租赁",但是在购房前,购房者需要对房屋的租赁状况具有知情权,应约定若对方瞒报租约需要承担一定数额的违约金,并由卖房人支付买房人因此额外支付的各项费用。若收房时租期未到，购房者就无法对房屋进行彻底验收，相当于卖房人将交房时的各类风险转嫁给了租客。最好的状况就是，不买在租的房源，但若必须购买，则需要查看对方的租赁协议中，是否有明确规定房屋状况，并最好与租客协商退房，以便收房后的验收。

7. 草签合同与网签合同

网签合同是国家为了防止卖房人"一房二卖"（将一套房子同时卖给多位购房者，赚取不正当利益），保障购房者利益，同时也是为了监控整个存量房市场所设置的网络签约流程。与新房相同，在进行网签之前首先要进行信息与资质确认的草签环节。在草签之后，才有特定合同编号，合同信息在当地房管局网站上可以查阅。

网签合同的具体条款可以修改，但比较麻烦，所以通常的做法是：主合同（网签合同，即存量房买卖合同）不改，双方主要就补充条款部分进行协商。

草签合同与定金协议、补充条款签署，以及交付定金可以在同一天进行。经过了资质确认等环节过后，才开始进行网签。在进行网签后，再将所有的首付款支付给卖房人。网签结束之后，一次完整的房屋交易才算正式确立。

网签合同结束后通常需要在 30 个工作日内进行过户（不同地区会有一定差异，需要问明），在此期间，可以办理贷款、缴纳税费或者协商解除网签合同。

8. 挂牌价、成交价、网签价、评估价与政府指导价

挂牌价是卖房人挂在中介处，期望卖出的房产价格。在房产行情好时，通常会比实际成交价低，目的是吸引买房人购买，之后以房价上涨、家具赠送等理由继续涨价；在房产行情不好时，挂牌价通常会比实际成交价高，因为买房人会不断砍价。

成交价，是买卖双方在真实的购买房屋时支付的总房款，它可能与网签价相同，也可能比网签价更高，在监管不严格的地区，通常比网签价格要高很多，目的是少量避税。

网签价，是买卖双方在网签合同中写明的价格。网签价是房管局收取买

卖双方增值税、个税、契税等税费的依据，国家统计局所统计的房价，也是网签价。网签价格不得低于政府的市场指导价，否则将不予备案，目的是防止买卖双方恶意将网签价格压低以避税。

政府指导价，是指地方政府基于当地情况设置的房产交易参考价格，因为中国的房价长期处于上涨中，政府指导价更新又比较缓慢，所以它往往比实际市场平均价格低。

评估价，是第三方评估机构对房产价格进行评估后提出的价格。银行在发放贷款时，会按照网签价或评估价（通常以二者中最低的价格进行计算）的一定比例发放贷款。

因为以上不同价格的存在，在二手房交易中常出现如下现象。

（1）小明要买小红一套挂牌价为450万元的二手房，他先去第三方机构评估了房产，评估价为350万元。后来，小明和小红砍价，最终以400万元作为成交价谈成，在签网签协议之前，他们查了当地的政府指导价是200万元，于是决定以200万元作为网签价，剩下的200万元小明直接支付现金给小红，省去了中间200万元的真实交易税费。在这个过程中，小明和小红有了偷税的违规行为。

（2）小明要买小红一套挂牌价为450万元的二手房，他先去第三方机构评估了房产，评估价为350万元。后来，小明和小红砍价，最终以400万元作为成交价谈成，在签网签协议之前，他们查了当地的政府指导价是200万元，于是决定以350万元作为网签价，剩下的50万元小明以现金的形式支付给小红，并且小明根据当地首套房首付30%的条件，向银行贷款350万元的70%。在这个过程中，小明的首付是50万元+350万元×30%，贷款金额为350万元×70%，缴税标准为350万元，比实际少了50万元。小明和小红还是有偷税的违规行为，但比前者额度更低，而且小明能够以最大贷款额度（评估价）向银行借贷，贷出最多的金额。

（3）小明要买小红一套挂牌价为450万元的二手房，他先去第三方机构评估了房产，评估价为350万元。但是中介小黑叫住他，找来另一家评估机构，对同一套房产开出了500万元的评估价，后来小明和小红砍价，最终以400万元作为成交价谈成，在签网签协议之前，他们查了当地的政府指导价是200万元，于是决定以500万元作为网签价，让小明从银行贷出500万元的70%

作为房贷，也就是350万元。然后小明和小红再去房管局解除之前的网签协议，并以200万元作为新的网签价备案，以最大限度减少真实交易过程中的税费。在这个过程中，小明只支付了50万元作为首付款，便贷款350万元买下了小红400万元的房产，同时只需要支付200万元额度的交易税费。小明、小黑和小红此时存在了最严重的违法行为。

（4）小明要买小红一套挂牌价为450万元的二手房，他先去第三方机构评估了房产，评估价为350万元。后来，小明和小红砍价，最终以400万元作为成交价谈成，在签网签协议之前，他们查了当地的政府指导价是200万元。最后，小明与小红以400万元作为网签价，同时根据银行规定，以评估价与网签价中更低的价格进行贷款，所以小明可以从银行贷款350万元的70%。最终，小明的首付款为50万元 + 10.5万元（350万元 × 30%），贷款额为245万元，需要按照400万元的成交额缴纳税费。整个过程中，小明与小红是合法纳税的好公民。

以上四种情况，在过去的很多城市、现在的部分城市和未来的一些城市都会反复上演。实际和网签不符的合同，被人们称为"阴阳合同"。但以上只是最简单的四种情况，还有更多更为复杂的状况，比如：小黑知道小明与小红的违法行为，所以从中勒索10万元作为封口费，小明与小红敢怒不敢言，只得认栽；小红在与小明解除网签后，突然之间翻脸不认人，不愿意继续配合小明，并高价将房产卖给他人，小红也不需要支付任何违约金，或者解除网签后，小红突然狮子大开口，要求小明再额外支付10万元的现金，小明无可奈何，只得认栽；小明与小红在后期受到良心的谴责，主动去协商补缴税款，但一方同意，另一方不同意，所以双方最终不欢而散；小红在解除第一次网签后，以举报小明为理由，要求小明额外支付50万元溢价款和辛苦费，否则就不再配合小明操作。二手房交易中的水有多深，可见一斑。

2018年3月，深圳市率先公布了"三价合一"的政策，即成交价、评估价、网签价严格一致，并会按照"三价合一"的价格来计税与申请贷款。曾经在我国二手房市场使用了多年的"阴阳合同"，正在随着立法与制度的健全，逐渐成为历史。

9. 个人房屋借款合同

公积金贷款的流程在各地区有一定差异，如果购房时需要使用公积金贷款（大部分情况需要），可提前咨询当地的公积金管理中心，此处只讲解流程相对固定的商业贷款。

政府网签之后，购房者下一步就是银行面签。但是在银行面签之前，如果卖房人还有抵押贷款没有还清，则需要先行还清银行贷款，以解除抵押。最好是卖房人用自己的钱来还，但如果要用购房者的钱，那么购房者就比较被动，因为拿到钱后的卖房人可能并不会去还贷款，所以最好是让卖房人自己去借短期的过桥贷款，然后购房者支付从解除抵押到银行顺利放款期间10天左右的短期利息。

与新房不同，二手房的贷款需要买卖双方同时到场，并需要带上身份证、银行流水、收入证明、网签合同。比较高效的操作是网签合同签署的当天，双方就一起去银行把个人房屋借款合同签署完毕。

整个过程中最需要注意的就是签署完毕网签合同后，贷款却被银行拒绝的情况，所以与新房相同，买房人在此之前要做好征信调查，并在合同中约定如果贷款办不下来的具体处理办法。对买方最有利的处理办法是：双方解约，退还中介费。对卖方和中介有利的办法是：在一定期限内补齐全款，中介费不退。

10. 缴税与过户

缴税与过户通常在贷款下发后，即卖房人收到所有的房款之后进行。需要买卖双方再次前往房产交易大厅排队缴费、完成房屋权属转移。有些地方因为房产交易非常火爆，需要提前预约等待，具体时间和流程同样可以向中介询问。

10.3 买房中的付款与贷款

这一节，我们会详细介绍付款方式、贷款方式、贷款比率。因为房产的总价很高，即便只有1%的偏差，也会有几万元的出入，所以需要高度重视。

10.3.1 付款的主要方式

1. 全款一次性支付

购房者一次性支付所有房款,这是新房开发商和二手房房主最喜欢的付款方式,因为钱款可以当即到手,简单、高效且没有任何风险。而购房者可以得到的好处包括以下四点。

①可以凭借全款支付的方式,争取更多的折扣与降价。

②若是现房,且开发商已从银行解除抵压,则可以立即办房本(二手房没有顾虑,同样可以立即办),尽早将房产划入自己名下。

③不需要偿还银行的贷款利息。

④后期转卖、抵押自己的房产非常方便,因为房本不会抵押给银行。

2. 全款分期

购房者分若干次,将购房款支付给开发商或二手房房主。一般情况下,开发商的全款分期限时是在 1～2 月内,笔者也见过个别延长至半年甚至一年的情况。二手房全款分期则因人而异,时间上也可能拉得更长。

全款分期是一个相对折中且绕过银行贷款的支付方式。相对于全款一次性支付,购房者有一定的回旋和筹集资金的余地,并且不需要通过银行方,可以自己掌控节奏。开发商与房主会愿意等待 1 个月左右,但是如果时间太长,他们也会让你选择贷款的方式,因为商业贷款的放款时间在贷款宽松的时期仅为 10 天左右。

3. 公积金贷款

购房者可使用自己的住房公积金在符合当地公积金使用制度的前提下,向公积金管理中心提交申请,对自己想要购入的房屋进行贷款。公积金贷款的最大好处就是贷款利率很低,2019 年央行规定的公积金贷款基准利率,五年以内为 2.75%,五年以上为 3.25%,贷款利率甚至比购买银行理财产品的收益率还要低。这是国家对合法纳税居民的一个福利乃至补贴性贷款。相比于商业贷款,每年都会省下大量的利息支出。

公积金又分为市管公积金和国管公积金两类，分别执行不同的政策。

（1）市管公积金是各市住房公积金中心管理的公积金。地方省市单位、城镇集体企业、外商投资企业、城镇私营企业及其他城镇企业、事业单位及其在职职工缴存的长期住房储金归纳为市管公积金。

（2）国管公积金主要是指中央国家机关、在京单位等国管单位的在职职工缴存的长期住房储金，以及中直公积金（中共中央直属机关分中心缴存住房公积金）。国管公积金由中央国家机关住房资金管理中心负责管理。

各个城市的公积金最大贷款额度、贷款浮动会有一定差异，而国管公积金又与市管公积金在缴存年限、贷款额度上有一定差异。

以 2019 年 3 月的北京为例，在执行了新的市管公积金新政之后，开始了"认房又认贷"，而且每多工作一年可以多贷 10 万元，最多能贷 120 万元，工作两年的小明则只能用公积金贷款 20 万元，但与此同时，拥有国管公积金，且工作只有一年的小黑，仍然可以用国管公积金贷款 120 万元来购买自己的人生首套房。但是公积金贷款也有如下弊端：

①使用条件苛刻，需要提前缴存，且支取额度与缴存时间、金额、类型有很大关系。

②公积金贷款金额有上限，相比商业贷款，购房者必须提高首付比例或者进行混合贷款。

4. 商业贷款或按揭贷款

商业贷款是支付首付款后，通过商业银行进行的房屋贷款。商业贷款因为审批时间快、申请条件广，额度没有公积金贷款那样严苛的限制，所以是目前购房贷款的主要选择方式。

房产开发商和二手房主相对于公积金贷款，也更能接受商业贷款。目前，有的商业银行从申请至放款，只需要 7～10 个工作日，而且首套房贷的利率会有一定折扣，审核资料也相对较少，审批更容易通过。但是房贷利率相对公积金贷款较高，五年期以上的基准利率为 4.9%。商业贷款的审核通过率、审核时间和上浮与下调额度与整个金融市场也有很大关系。2008 年前后，曾有八折的基准利率，2016 年首套房贷还可以八五折优惠，但到了 2018 年又上浮至20%～30%，且放贷时间非常缓慢。2019年，部分城市再次下调了基准利率。

5. 组合贷款（混合贷款）

组合贷款，又称混合贷款，是公积金贷款与商业贷款共同使用的一种付款方式，常用于公积金贷款使用额度达到上限，剩余款项又无法一次性支付的状况。这种付款方式可以最大限度地为购房者省钱，既不提高首付比率，又可使用公积金贷款的最优惠费率，但相应也会有卖方不愿意等待、贷款审核流程烦琐、等待时间长、耗费精力等弊端。

10.3.2 首套房付款方式建议

每一种付款方式都有其优势与劣势，这也给了我们可以选择的空间，以下是笔者针对年轻人首套房付款方式提出的若干建议。

1. 行情好，选择全款与商业贷款可以更快成交

在房产行情好或者购房机会转瞬即逝，付款方式成为筛选买房人最后的指标时："全款买房的里面走，按揭的不要堵门口，公积金贷款的请打道回府。"2017—2018年，因为部分一二线城市的新房限价，从而人为地出现了很多"打折楼盘"，于是就有了许多真实可笑的买房场景。

2. 贷款利息低于家庭资产年化收益率，贷款比全款更划算

贷款利息包括公积金贷款利息与商业贷款利息，从贷款之日起，贷款利息就不会变动。"家庭资产年化收益率"指的是家庭资产在以"年"为单位计算时的收益情况。举例来说，如果你买的是余额宝等货币基金，年化收益率在2%～5%，如果是银行定期理财，则年化收益率在4.5%～5.5%，P2P、股票型基金、私募基金风险更大，但预期收益可能更高。

如果贷款的利息低于家庭资产年化收益率，那么贷款越多，买房人的"收益"也就越大。当贷款利息低于我们的家庭资产年化收益率时，就相当于从银行贷款中"白赚"了那些本可以作为首付，却被留在手中理财的钱的利息差。

因此，对于这种低息的情况，自然是贷款比全款更经济。

3. 未来家庭收入稳定地高于月供两倍时，可以选择贷款

贷款就是用未来的钱满足当下的消费与投资，只要"未来的钱"能够确认还上，便获得了选择贷款的资格。有些人会认为负债不好、贷款不好，甚至连信用卡都不使用。但他们之所以排斥贷款，就是在担忧自己未来的生活波动，导致无法偿还贷款，从而让自己的生活陷入困顿。

可是住房贷款和普通商业贷款，以及民间私人贷款最大的不同，就在于它的低利息，即便是住宅商业贷款的基准利率也只有4.9%，远低于普通商业贷款8%甚至更高的利息，更低于高利贷的利息。而且贷款审核不严格，绝大多数人都可以申请通过，通过率远高于普通商业贷款。

除此之外，中国的房地产市场经过几十年的发展，虽然现在房价进入了稳定通道，但依旧没有转入下跌通道。随着居民收入的提升、货币的贬值、人口的流动，城市中的住房价格水涨船高也是不争的事实，用未来低息的钱，购买现在正在上涨的房价，不失为普通居民的一条理财良策。

最后，贷款买房不仅风险低，可以提前"锁定"房价，还可以让你与家人享受到居住在自己房子里的惬意，这样的幸福感是无法用金钱来衡量的。只要未来家庭的收入可以稳定地高于月供的两倍，我们就可以选择最大额度的贷款。

4. 公积金贷款 VS 商业贷款

公积金贷款的额度低、审核时间久、条件苛刻、利率低；商业贷款的额度高、审核时间快、条件宽松、利率高。开发商和卖房人自然会倾向于商业按揭贷款，但对于购房者而言，省钱才是王道。

因此，大部分购房者在购买首套房时的最优选择是用掉全部的公积金贷款额度，剩余需要贷款的部分再用商业贷款填补，也就是选择组合贷的方式。

不过如果你的公积金贷款额度暂时很低、开发商不支持公积金贷款，同样可以选择纯商贷。笔者在第一次买房时，就是因为处于公积金断缴状态且可贷款金额不多，主动选择了纯商贷的付款方式。

5. 等额本金 VS 等额本息

等额本金与等额本息是两种对银行来说完全相同的还款方式，只是对于贷款人会有一定的差异。等额本金还款方式是每月还的钱中本金部分相等（贷款总额/贷款年数/12 个月），利息等于剩余本金的月利息，而等额本息是每月还的钱都相等（每月还的本金＋剩余本金产生的月利息）。

等额本金法第一个月的还款额最多，然后逐月减少，越还越少，还款总额较少。等额本息法每月还款额相等，便于规划收支，但还款总额较大。两种方式都可以提前还款，也都可以自行增加还款金额、减少还款年限。

以 100 万元总额，按揭 30 年，贷款基准利率 4.9% 计算。等额本金还款法第一个月需还款 6 861.11 元，之后递减，至第 138 个月时需还款 5 307.18 元，最后一个月只需还款 2 789.12 元，还款总额为 1 737 041.67 元，支付利息为 737 041.67 元。等额本息还款法每月需要还款 5 307.27 元，还款总额 1 910 616.19 元，支付利息为 910 616.19 元。

表面上看，等额本金和等额本息都需要偿还接近总贷款额的利息，但请注意，这是以 30 年为期限的长期贷款。而我们回想一下 30 年前的物价和 30 年后现在的物价，就可以看到贷款的好处。

如果你是收入会逐渐增长的年轻人，且有固定的理财规划，理财能力强，或者不急于还款，那么笔者建议你选择等额本息。如果你的收入比较固定，还款的月供不及自己收入的一半，银行存款相对较多，又希望提前还款，并且偏向稳健型，不善于理财，不愿意做太多的理财投资，笔者建议你选择等额本金。

10.4 买房中除房款外的各种费用

房产买卖中，金额最大的是购房款，其次还有契税、公共维修基金、房地产印花税，二手房还可能有增值税、个人所得税。而除了房款与税费之外，新房和二手房还有一些其他收费，需要购房者给予一定的重视。

10.4.1 买"新房"的各种费用

1. 团购金

"团购"不是应该省钱么，为什么还要收取费用？团购金多是开发商收取的用于项目自身运营的开销，通常会以"交5万抵10万""交10万抵20万"的噱头，让购房者缴纳团购金。举例来说，买房人与开发商谈好的价格是500万元，在"交5万元抵10万元"情况下，买房人所需要交的是490万元房款+5万元团购金。表面上看，团购金买房人"省"了5万元，开发商的总房款少了5万元，"团购"公司也多了5万元收入，这是一个多赢的局面。但实际上，开发商通过团购金的操作，达到的是增加项目收入的"合理避税"。通过"第三方公司"收取的团购金，可以用于项目自身的日常运营费，既可以作为给中介公司的"渠道费"，也可以流入部分人的钱包。

让我们看看官方对团购金的态度：

一市民2019年5月购房时被收取了1万元团购费，希望可以退还。

重庆市沙坪坝区发改委给出的答复是："商品房经营者应按照《商品房销售明码标价规定》及《重庆市商品房明码标价实施细则》的规定实行，在商品房销售过程中开发商通过第三方电（网）商或中介机构等进行销售房屋时，中介服务机构提供相关服务并收取费用（如团购费、信息咨询费等）属民事合同行为，其服务收费标准未纳入政府定价范围，由双方自行约定确认，若协商无法达成一致，可通过司法途径解决。消费者若发现中介服务机构提供服务并未签订合同，违反合同约定只收取费用不提供服务，不按照合同约定内容提供服务等情形建议通过协商或司法途径解决。"

笔者将这段文字翻译一下："我们也觉得他们收取团购金挺奇怪，但是根本管不了，你不想交的话可以不买。"

在当前的状况下，团购金依然处于"灰色地带"，而买房人在面对"团购金"时，务必要录音，并问明置业顾问团购金是否可以退还、是否能够开具发票、收款方是哪里、开具的发票内容是什么，当这些内容全部清晰明确后，再判断自己是否愿意购买该套房屋。

2. 茶水费

如果说"团购金"还属于"合法"收费，尚可以要求"团购金"收取方开具发票的话，"茶水费"则完全属于乱收费行为。"茶水费"在房屋"供不应求"的一二线城市较为普遍，以 2018 年的武汉市最为典型：一个热销楼盘的"茶水费"，在 10 万元至 30 万元不等，如果不接受"茶水费"，就不能买房，无论你是否具有资格。

而"茶水费"之所以能够大行其道，是因为当时武汉政府的限价，周边二手房 300 万元，新房却只要 250 万元，即便再交 30 万元的"茶水费"，新房依旧能比二手房便宜，所以很多的买房人虽然知道"茶水费"不合法，但依然愿意主动支付。这是房地产在政府严令限价时期的市场乱象之一，与"黄牛票"类似，是价格固化、供应不足的表现。

如果买房人遇到了对方乱收"茶水费"的行为，建议以匿名举报的方式，投诉至"12345"市民热线，而不应该让这种现象持久地存在下去。

3. 贷款办理费

贷款办理费与银行按揭费用完全不同，是"第三方"收取的费用，如果说团购金是合法的，"茶水费"是合理的，那么贷款办理费就是既不合法也不合理。因为在这个过程中，"第三方"会为购房者提供假的银行流水与收入证明，以帮助购房者最大比例地向银行贷款。这个费用可以是几百元、几千元，但在 2019 年的上海，甚至达到了贷款总金额的 2%，以贷款 300 万元计算，就是 6 万元的贷款办理费。

买房人办理银行贷款，若想让银行按照最大比例放款，前提条件是月供低于其收入的一半，如果有其他贷款还应继续扣除。而对于很多一线城市的年轻人，收入通常在 1 万元上下，可房价过高，首付不足，至少需要贷款 100 万～300 万元，如此一来月供就要在 2 万元上下。于是办假银行流水和收入证明，就成了他们无可奈何的选择。开发商看准了买房人这样的需求，于是才狮子大开口地收取巨额"贷款办理费"。这种假的银行流水和收入证明的办理成本极低，市场价格一份只有 500～1 000 元，而多余的利润就会全部装进售楼处某些人的腰包之中。

虽然对于很多在一二线城市买房的年轻人，办理假的银行流水和收入证明是无奈之举，但也正是因为假的银行流水与收入证明，才出现这么多被房贷压得喘不过气的"房奴"。

4. 银行按揭费用

商业贷款的收费项目各银行间有细微的差别，如果贷款政策宽松，手续费还会被免除很多。一般情况下，会收取：抵押登记费 80 元 / 户，权证印花税 5 元 / 户，贷款服务费 500 元 / 户。

5. 产权代办费

开发商有义务协助买房人办理产权，但是某些开发商为了节省人员成本，同时增加项目收入，通常会与指定的产权代办公司合作，不仅不协助买房人，还强制收取买房人 1 000 ~ 2 000 元，甚至更多的"产权代办费"。

没有开发商的协助，购房者同样可以前往不动产登记部门进行产权办理，但在过去的大环境下，开发商强势，买房人不懂法律又嫌麻烦，所以"产权代办费"就一直被收取至今，成为很多公司约定俗成的必收费用。

10.4.2 买"二手房"的各种费用

如果说新房主要是开发商"心黑"的话，二手房则可能是房产中介、房东、房产第三方评估机构、银行对买房人的联合压榨，很多的税费、服务费压力都转嫁给了购房者，具体包括：契税、增值税及其附加税、个税、公共维修基金、中介费、二手房评估费、其他费用。这一部分，我们同样跳过必交的各类税费，而去关注浮动空间更大的其他费用。

1. 中介费

中介费在之前已提到过多次，原本中介费有一个 3% 以下的参考价格，但后来废止后，中介机构可以依据不同的公司状况来定价。曾经红极一时的"爱屋吉屋"打出过 1% 的低廉费用，"房多多"有过 4 999 元中介费的活动价，"思源"也有过 5 000 元中介费的"超低价"。但北京的房产中介费普遍比上海高，上海的又普遍比广州高，广州的又普遍比二三线城市的高。大部分公司的中介费都在总房款的 2% 上下。

2. 二手房评估费

只要买房人需要办理贷款，无论是公积金贷款还是商业贷款，都需要通过得到认证的第三方评估机构对二手房进行评估。有的银行还会指定评估机构，否则无法在特定银行办理贷款。二手房评估费用按照地区、年份、房价、砍价能力不同，从几百元到几千元不等，大部分的评估费在 1 000 元左右，超过 4 000 元就说明你遇到了黑中介。

3. 其他费用

除了以上费用外，还有印花税、配图费、权属登记费、交易手续费、贷款抵押登记费、合同公证费，但数额都小于 500 元。而这些费用之外的则基本属于"乱收费"。如果中介机构还向你索要更多的费用，应对整个过程进行录音，确认其他费用的具体金额，对方提供的内容、服务，是否可以开具发票，由谁来进行收取等。

10.5 房产证应写谁的名字？

在房屋确认购买之后，需要进行签约、办理贷款与房产证，只有最终拿到了房产证，从法律意义上才算是完全拥有了该套房屋。而房产证的署名，又是整个过程中最为关键的内容。房产证上，可以写父母一人、父母与子女、子女一人、准夫妻双方的名，也可以写夫妻一人、夫妻双方的名。而每种状况的结果都会在之后的贷款、收房、买卖、财产继承、子女入学方面产生不小的影响，所以需要购房者认真考虑、谨慎对待。

房屋不动产权证书遵循一人一证原则，第一业主，即共同购买人的顺序第一人拥有的是"中华人民共和国不动产权证书"，但在占有房屋份额一栏填写的是"共有"，而其他共同购买人持有的是"中华人民共和国不动产共有（用）证"，在占有房屋份额一栏填写的也是"共有"。

10.5.1 关于"加名"的真实案例

1. 婚前买房，婚后加名的骗局

小张是外地媳妇，长期在上海工作，去年在网上认识了一个有车有房的本地人，于是二人很快就结婚了。结婚时的房子都是公婆出钱全款买的，婚前登记在老公个人名下。

结婚后，趁着恋爱的热乎劲，老公也同意把车子和房子都加上小张的名字。这听起来是一件很美的事情，至少可以说明老公对自己的爱，但这份爱其实"太沉重"。直到最近两人感情开始变质，小张忍无可忍才提出离婚。

对于离婚，男方也没有表示出强烈的抗拒，但是关于房子的分配，男方和男方的父母都表示不愿意给小张一半，于是闹到了法院。这个诉讼还未有结果，小张就收到了法院的另一张传票，原来公婆把自己和老公都告上了法庭，要求偿还当初买房、买车的借款和利息，并查封了房子和车子。

最后，双方都不要房子，选择分割拍卖款。车子归男方，但因为过度贬值，折价给女方也没几万块钱。虽然在婚姻诉讼中拿到了一半车子和房子的权益，但是因为房子被查封也无法执行。另外一边公婆起诉小两口的官司下来，当初房子买了没怎么涨价，反而利息却远远超过了房子的涨幅，加上车子贬值严重，小张和前夫需要承担的本金和利息还款严重超出了车子和房子的现值。

根据法律规定，原本小张的前夫在婚前的借款应当属于他的个人债务，但正是因为婚后加了小张的名字，被认定购房是用于双方的共同生活，属于双方的共同债务。

《婚姻法司法解释二》第23条，债权人就一方婚前所负个人债务向债务人的配偶主张权利的，人民法院不予支持。但债权人能够证明所负债务用于婚后家庭共同生活的除外。

后来法院审判过程中，小张在法庭上提出要求对借条笔迹鉴定，最后的结果也让小张大吃一惊，鉴定出来借条确实在婚前就已经存在，没想到当年的甜言蜜语，本身就是一个设置好的圈套。

2. 启示

细想，公婆的这个操作可谓稳赚不赔：如果房价涨了，自己的儿了也能从中获益；如果房价跌了，赶紧解套让儿媳妇承担一半的亏损。

婚姻中，这种情况也并不是毫无办法规避，可以在结婚后就了解清楚具体情况，然后采取相应的对策。在老公愿意把自己婚前的房产加上自己的名字的同时，问清楚购买这套房的房款来源，是老公的父母对老公的赠与还是借款。

如果是借款，和老公明确系其个人债务，老公的父母出具相应的证明，并且最好采取书面签署协议的方式。

如果是赠与，既可以是公婆对媳妇的直接赠与，也可以是公婆赠与儿子后，儿子再转赠给女方。如果三方有了相应的书面协议，一旦感情破裂，公婆再想以借款主张归还则不会被法院支持。

如果签署"离婚协议"有难度，也可以采取微信聊天固定证据的方式，与公婆、老公达成一致的意见，保留微信聊天记录或者提前去公证处将聊天记录公证保存。

提前有了准备，真要走到离婚的地步，也不至于落得一身债务，一旦没有偿还能力，还会被列入失信人名单。而当你没有足够的经济能力，小孩的抚养权也容易被男方争夺，通常情况下，男方争夺抚养权也是希望在分割夫妻共同财产的时候适当多分。

以下，是关于房产证加名的各种情况。

10.5.2 只写一人名字

1. 未结婚，登记于出资方名下

由于大部分一二线城市的限购政策，是未婚人士名下无房而购房，算作首套房。已婚人士，只要夫妻一人名下拥有房产，再次购房，无论是夫妻任何一方，都无法算作首套房产，无法享受首套房贷优惠。基于此，为了避免后期不必要的麻烦，以及最大限度地使用购房名额与首套房贷优惠政策，或是为了避开夫妻一方的限购，有的"准夫妻"只会写男方或女方一人的名字。

一方或一方的父母出资，仅登记在该方子女的名下，根据新《婚姻法》的规定，这属于该方子女的婚前个人财产，结婚后并不会自动转化为夫妻共同财产，若后期离婚，该房产仍属于原产权人，另一方无权分得该套房产。

但若另一方在婚后出资偿还了部分房屋贷款、对房屋进行了装修，也应分得相应部分的房产份额。

对于年轻人的首套房，更建议婚前独立买房，而不是在谈婚论嫁的阶段再进行买房。因为这种方式在签约、贷款、收房、办理房产证，以及后期的买卖时，都仅需要本人到场，对于房产的处置也可以非常灵活。

2. 未结婚，登记于未出资方名下

现实生活中，很多年轻人购买的首套房是结婚的婚房，为了让女方安心，常常是男方家庭出资购买，并登记于女方名下。这样可以给女方在婚前以房产的保障，即便后期夫妻感情破裂，女方也可以通过拥有的房产提供基础的物质保障。只是男方需要注意的是，需要充分了解女方的家庭背景，避免"婚房诈骗"的发生。

一方或一方的父母出资，但登记在未出资的另一方名下，我国法院通常认定此种行为是一种附条件的赠与行为，如果双方未结婚，该房屋属于产权证上所载一方的名下，但对方可以要求返还已支付的款项，因为赠与本身属于"有条件赠与"，而"真实条件"并未达成。如果双方结婚，则赠与条件确认，房产属于产权证下该方的个人财产，如果出资方无法有明确的证据证明对方存在骗婚、欺诈等行为，则无权在离婚后分得该套房产。

为了给女方安全感，也为了保障男方的家庭利益，一个折中的办法是由男方父母提议，在买房前与女方及其父母，在第三方（媒人、房产中介、公证处公证员）见证下，签署一份"婚前协议"，约定由男方家庭出资为女方购买一套房产，但随后需要女方与男方成婚，并维持若干年的条件。此类婚前协议虽看起来"不近人情"，但却是避免其后复杂纠纷的重要保障。

3. 已结婚，登记于一方名下

有时，男女双方是先领取结婚证，再买房，再办婚礼。此种状况，房产属于夫妻双方的婚后共有财产，无论写男方、女方、还是夫妻双方的名字，都为共有房产，夫妻双方共同享有权益，也共同承担房贷。虽然结婚后购买首套房，双方都同时失去了继续购房的首套房贷优惠，但大部分家庭也并不需要频繁购房，更不会在意首套房贷与二套房贷的微小差异。

此类购房，同时保障了夫妻双方的权益。建议在此时，男方主动提出在房产证上只写女方的姓名，因为女方更在意冠名的"仪式感"，而且实际上无论写谁的名字，房产都属于双方所有。

4. 无论结婚与否，登记于父母名下

在房价远高于普通居民工资性收入的当下，年轻人买房的主要出资方就是男女双方的父母。本着"谁出钱，谁决策"的原则，父母有权决定房本上写谁的名字，自然也可以写上父母的名字。此种状况，可以把男女双方的首套房名额继续保留，也可以让父母绝对安心。房产也归父母所有，属于婚前的家庭财产。

采用此种方案，房屋会被认定为父母的财产，住房贷款也认定为父母债务，增值或贬值的房价，也会由父母所享有或承担。但在结婚后，夫妻双方用二人婚后的收入还贷，如果双方离婚，其中一方虽然无法索要房屋，但对于已支付的贷款本息，仍然可以认定为借贷，并要求父母返还并进行财产分割。

如果房产放在父母名下，在子女婚后若是涉及孙辈的入学问题时，会比较困扰。因为只有夫妻双方名下无房，孙辈才可于父母的房产所在学区就学，而如果子女名下有房，则需要在子女房产所在区域就读。因此，如果该套房产属于学区房，则最好放于子女名下，且如果最后还是会将房产交给子女，为了避免后期的赠与、继承、买卖的麻烦，不如直接写于子女名下。但若子女希望保留自己的首套房名额，以购买城市中更好的房产，父母依旧可以在家乡用自己的名额为子女添置婚房，此种操作也是普通家庭经常采用的措施。

10.5.3 写二人或以上的名字

1. 写"准夫妻"双方的名字

在房产证上写"准夫妻"二人的名字，是大多数年轻人的观点，因为可以让双方都感受到"公平"。如若采取这种方案，所购买的房屋就会被认定为夫妻的共有财产，贷款也会被认定为共同债务。如果没有"借条"等信息，父母的出资也将被认定是赠与"准夫妻"二人，归双方共有，即便后期离异，父母也无权索回出资钱款。

但如果购房后"准夫妻"并没有进行婚姻登记，而是分手，那么"准婚房"仍将认定为双方共有财产，贷款也为双方的共同债务。对于父母的出资，如果有相应证据显示父母出资是基于"准夫妻"双方结婚的目的，法院也会认定这部分出资是一种附加条件的赠与，而条件就是双方结婚。如果双方没有结婚，父母则有权索回出资的钱款。

不足之处在于，在缴纳定金、首付款、办理银行贷款、收房、办理房产证、后期房屋交易时，需要双方同时到场，或者由一方携带另一方的身份证原件与授权公证书。在处理房屋问题时，也会略显麻烦。

2. 写男方及男方父（母）名字

写男方及男方父母名字的情况，往往是因为男方的父母出了全部的首付款，未来还贷也主要依靠男方的收入，这套房产是男方家庭的共有财产，是父母出于对男方财产的监管与决策而做出的选择。若采用这种方案，房屋将被认定是男方及其父母的共有财产，贷款也认定为其家庭的共有债务，相应的房屋增值或贬值，也由家庭共同享有或承担。

与此同时，男方的相应产权份额也属于婚前个人财产，根据新的《婚姻法》，这部分财产并不因结婚而产生共有的结果。但如果婚后夫妻双方用婚后的收入还贷，如果双方离婚，女方虽然无法索要房屋，但对于已支付的贷款本息，可以认定为夫妻共同财产，并要求男方及其父母返还并进行分割。产权证登记在女方及其父母名下的法律后果也是如此。最后，在进行签约等房屋交割手续时，也同时需要所有人到场。

3. 写"准夫妻"和双方父母的名字

与之前的情况类似，若采用这种方案，房屋将认定是"准夫妻"和双方父母的共有财产，贷款也认定为其共有债务，相应的增值或贬值也由所有人共同享有或承担。

如果婚后仅用夫妻双方的婚后收入还贷的，双方离婚，对于已支付的贷款本息可认定为夫妻共同财产，双方父母则无权享有该部分财产。

这种方式房本上的共有人较多，在房产买卖、产权变更过程中会较为麻烦，因而被采用的不多。

第11章
如何验房与收房?

11.1 "新房"收房

二手房收房相对简单,毕竟是现房,只需要确认相关费用、物品即可。最大的问题来自于新房的收房,尤其是期房的收房。

11.1.1 关于"新房"收房的真实案例

1. "精装"变"惊装"

小冯于2017年购买了一处位于河北省石家庄市某开发商的精装修楼盘,购买时开发商承诺精装交付,并且告知精装标准为2 000元/平方米。但是当2019年5月,小冯按照规定去收房时,看到裂开的墙面、劣质的电器、踩上去吱吱作响的地板后才意识到被开发商"坑"了。自己原本以为的"精装交房",等来的却是"惊装交房"。

同楼盘的其他业主也遇到了相同的"骗局",很多人都不愿意收房,希望开发商遵守承诺交付达标的房屋或者退还相应装修款。然而开发商却给了业主两个看似合理的选择:①收房,如果不在规定时间内收房,开发商会以"日"为单位收取逾期收房违约金;②退房,但只会以原价退房。而该地段经过2017年至2019年两年的房价上涨,房价已经从购房时的8 000元/平方米,上涨至收房时的12 000元/平方米，业主根本不可能因为装修质量而选择退房。因此，看似开发商给了小冯两个选择，实际上小冯只有一个选择：认栽收房。

2. 收房如何维权？

小冯的经历在过去房价高速上涨的时期，几乎是每个新房收房人的缩影：开发商售房时承诺得天花乱坠，在收房时却让人倍感失望，但因为房价在买房后继续上涨，一旦退房又无法买到相同类型的房产，所以大部分买房人最终只能选择认栽收房。

如果买房人在收房时确实发现了严重的房屋质量问题，且不是个例，而是共性问题，该如何维护自身的权利呢？正确的做法不是拉横幅、拒绝收房、找关系，而是拍照、录音，收集固定证据，而后拨打"12345"进行投诉，团结所有购房人组成"维权委员会"，并统一聘请专业的房产律师出面与开发商交涉。如此一来即便开发商想"店大欺客"，也无法逃脱法律的制裁。以下是在收房时，我们需要注意的内容。

11.1.2 "新房"收房前的注意事项

在收房前半个月至一个月的时间内，购房者会收到由开发商邮寄的《商品房交付通知书》，并被告知具体的收房时间、需要携带的证件、缴纳的金额，以及详细的房屋交付步骤。

1. 注意携带相关证件、文件、钱款

新房收房时要带上购房合同、发票、身份证、户口本等材料，要缴纳契税、公共维修基金、物业费等。其中，金额最大的是契税，根据买房的平方米数、是否为首次、所在地等情况，也会有梯度差异。

2. 集中收房与单独收房

开发商很可能会选择集中收房这种形式，因为如此一来就会营造出如开盘一样的火热氛围，购房者在收房时也不会太仔细，开发商所需花费成本也少很多。

如果不能参与集中收房，需要提前与开发商进行协调沟通，如果房屋已经达到装修标准却迟迟不收房，也没有合理的理由，开发商就会开始征收你的物业费，并可能按照合同中关于收房的相关规定向你收取违约金。

3. 确认房屋是否达到有关部门许可的交付标准

在允许交房前，商品房需要满足若干强制性的条件，比如要获得《竣工验收报告》以及《房屋面积测绘报告》，只有获得这两份报告后，才能达到基本交付标准。而开发商还需要主动向业主出示《住宅使用说明书》与《住宅质量保证书》，如果不出示这两份文件，则说明该项目可能存在违建、工程不达标，收房后业主很可能无法办理不动产证与进行落户。

4. 先验房，再签收房协议

有的开发商会选择先签收房协议，再验房，这时一定要严词拒绝，或者即便签署，也要在合同上写明"本人尚未验房"字样。而在验房过程中，只要发现问题，就一定要在验收登记表中做好记录，不要听信陪同人员的"口头承诺"，同时自己也要备有纸、笔进行记录，在第二次验房时一一比对。

5. 关注房屋实际面积的误差

如果购买的是期房，由于期房和现房偶尔会存在偏差，此时就会遵照多退少补的原则，按照当时的协议单价计算。值得注意的是最高人民法院《关于审理商品房买卖合同纠纷案件司法解释》第14条对房屋面积误差进行了详细规定："面积误差比绝对值在3%以内（含3%），按照合同约定的据实结算，买受人请求解除合同，不予支持；面积误差比绝对值超出3%，买受人请求解除合同、返还已付房款及利息的，应予支持。买受人决定不退房的话，实际面积大于合同约定面积的，面积误差比在3%以内（含3%）部分的房价款由买受人按约定的价格补足，面积误差比超出3%部分的房价款由出卖人承担，所有权归买受人；实际面积小于合同约定面积的，面积误差比在3%以内（含3%）部分的房价款及利息由出卖人返还买受人，面积误差比超过3%部分的房价款由出卖人双倍返还买受人。"

不过，很多开发商会在《商品房买卖合同》的补充条款部分追加关于超过 3% 面积的约定，基本上都是"面积超过 3% 也不能退房，也应按照销售时的价格多退少补"，需要我们在签约时适当注意。

11.1.3 "新房"收房流程

1. 资料审核

业主需要出示《商品房买卖合同》和业主本人的身份证原件，如果是委托人，则需要携带授权委托书及双方身份证原件、商品房交付通知书。

2. 入住资料签署

业主需携带"公共维修基金"缴费收据，签署入住相关资料。签署资料主要包括《前期物业合同》等，但务必注意不能签署收房协议。签约时，为了保证后期合法权益，也应当尽量录音。

3. 缴纳入住费用

需要缴纳的相关费用主要包括预交物业费、预存水费、预存电费、预存燃气费、垃圾清运费、当季采暖费，各类费用会在《入住交费清单》中预先注明。

4. 物品交接

物品的交接主要指钥匙、门禁卡的交接。不过业主在收房时，开发商都会赠送给业主一些小礼品，如平板电脑、电饭煲、餐具。因为人们有"互惠心理"，在拿到这些"小礼品"后，便不会特别刁难开发商，通俗点来说，就是"拿人的手短"。

5. 登记验房

收房的最后一步就是登记验房，开发商会安排验房师跟随你前往房间，如果集中收房，业主可能需要等待十分钟至半个小时，才可以轮到自己。因此，在收房时间上，尽量选在集中收房的第二天下午，这个时间段大部分业主已经收房结束，负责收房的验房师也不会非常忙碌，在收房过程中其他业主遇到的问题你也可以通过业主群提前了解。

11.1.4 "新房"验房注意事项

1. 尽量聘请验房师

尽量聘请验房师!

虽然开发商会安排自己的验房师跟随业主收房,但只要不是大问题,这些验房师都会"多一事不如少一事"。而验房又是一个非常具有技术含量的操作,如若没有经过特定的训练、拥有专业的工具,普通业主根本无法注意到每一个细节。

过去的购房者都是自行收房,除非漏雨、裸露钢筋等非常明显的质量问题,大多购房者都会选择直接确认收房。这种"隔行如隔山"的差距,让开发商在交房时越发地不追求质量,不是墙面裂缝、就是防水做得不好,或者地板粗制滥造,让业主在入住后"苦不堪言",却又拿开发商无可奈何。而细致与专业的验房,具有权威性的验房报告,则可以在验房过程中对业主的合法权益做到充分保障。拥有专业知识与经验的第三方验房师,就是在这样的大环境下应运而生的。

买房人可以通过淘宝、58同城等平台搜索"验房师",来预约验房师协助自己验房。验房师的收费标准各地略有差异,毛坯房与精装房的收费标准也不尽相同,而且人工费近年来涨得飞快,曾经一平方米两三元钱的事情,现在都已经变成了十二三元。但是当你看到他们详细列出的各类问题,以及他们专业的验房工具和"吹毛求疵"的职业精神时,一定会觉得这个钱花得很值。验房师的选择也很重要,尽量选择那些从建筑工程相关行业一线退下来的老师傅,他们经验丰富,能够知道开发商有哪些猫腻。

2. 携带必要的"装备"

如果选择聘用验房师,你所需要做的事情只是"陪同",但无论是否聘请验房师,都可以带些矿泉水、面包、面巾纸,做好打"持久战"的准备。毕竟从最开始的排队核验资料,到最后的验房结束,短则一两个小时,长则三四个小时。

如果你不想聘用验房师,或者非常信任开发商,那么最好携带的专业验房工具包括：红外水平仪、空鼓锤、相位尺等。这些工具你可能都没有购买，但至少在验房收房时，携带一个卷尺用来测量长度，一副手套用于搬运与触摸，一个手机充电头用来检查各个开关的通电状况，以及一个笔记本用来记录检查出来的各种问题。

最后强调一点，新房收房时即便自己检查出了问题，开发商也可以否认、推辞、敷衍，而如果让第三方进行验房，则会更具权威和公信力，让开发商无法忽视买房人的整改诉求。

3. 问题整改与逾期交房

再优秀的开发商在新房交房后，尤其是精装房交房后，都能被业主和专业的验房师发现少则十几项，多则几十项的问题。这时业主就有权当天不收房，并要求开发商在规定期限内整改至合格后再办理收房手续。

如果逾期时间过久，或整改后依旧不合格，业主还可以主张开发商支付违约金。而如果长时间逾期交房，且业主有合法的理由与证据（验房师出具的报告、物业的人证，收房时的录音、录像资料），业主甚至有权进行无责退房。

11.1.5 "精装房"收房时如何验房？

1. 所有门窗

门是否闭合严实、是否活动自如、是否有生锈，是否是合同约定的品牌型号，门扇是否有防盗等级标记，锁具安装是否规范，门扇表面是否有划痕、凹痕、变形。

窗框和副框的安装是否方正、牢固，窗框与墙体之间的缝隙是否填嵌饱满，是否采用密封胶密封，窗框是否开设排水孔、排水孔是否畅通，中空玻璃是否污染，玻璃安装是否牢固，窗玻璃是否使用安全玻璃。

2. 墙地顶面

墙角是否开裂、对于顶层还需仔细查看墙顶是否漏水（最好在下雨后的第二天收房，如果漏水，可以看出明显水渍）。

地板是否开裂、空鼓，地面是否平坦无裂痕；石材、地面砖接缝平直、表面无浆痕、刮痕；踢脚线是否牢固、紧贴墙面，无色差、裂缝、翘曲、起鼓、损坏。

墙面是否有钢筋外露，是否平整无空鼓；墙角转角是否垂直；墙漆漆膜是否饱满、无砂眼、砂痕、透底，分色线顺直、清晰；墙纸是否粘贴牢固、表面无色差、花纹吻合；墙面砖是否空鼓、裂缝、平整度、色差。

吊顶工程是否平整、无裂缝、接口严密；顶面是否平整，光照无阴影。

3. 几何尺寸

检查各房间净高、进深、面宽，以确认房屋实际使用面积（基本没问题），检查房间对焦是否误差不大于1厘米。

4. 墙面插孔、强弱电工程

检查各个房间的插孔个数是否与交付标准一致，各个插孔是否能够正常使用，是否存在松动、漏电、过于紧密等现象；插座位置是否符合现行国家标准，能否满足住家需求。

配电箱各回路导线间及导线对地间绝缘是否符合标准；有无回路标识、回路标识是否正确；是否设置零线、地线汇流排；漏电保护开关测试；配电箱外形及安装是否完整；箱体、箱盖是否接地线。

灯具是否能够正常使用；灯具接线是否符合规范；大型吊灯、浴霸安装是否符合规范；是否设置弱电箱；网络、电话、电视线路是否安装插座板，与面板是否连接，连接是否正常。

5. 厨卫、给排水

重点检查墙面、地面的防水情况，卫生间地面排水情况，橱柜有无损坏，建议做一次24小时闭水实验，以确认是否漏水。

逐个查看各个设备、家具的生产厂家、型号、件数，确认是否可以正常使用，是否与承诺交房标准一致；检查下水管（地漏）通畅性，坡向是否正确，是否积水；水龙头安装是否符合要求；给排水管道连接处是否渗漏。

11.1.6 "毛坯房"收房时如何验房？

毛坯房验房相对于精装房验房会更加简单，其中关于所有门窗、几何尺寸、墙面插孔、强弱电工程的验房项目与新房完全相同，略有不同的项目如下。

1. 墙面

墙面是否有空鼓、裂缝、脱层、爆灰；表面平整度、立面垂直度、阴阳角方正度、抹灰层厚度、抹灰抗压强度、抹灰层与砌体黏结牢固程度如何；钢筋、钢丝网是否外露；踢脚线是否做水泥砂浆层预留；外墙是否渗水。

2. 地面

地面是否空鼓、裂缝、起砂、蜂窝；表面平整度如何；钢筋透底情况；厨房、阳台、卫生间坡向如何。

3. 顶面

顶面平整度是否达标；顶面是否起泡、起皮、裂缝；钢筋透底情况。

4. 其他工程

厨房燃气管及燃气表安装是否符合规范；是否有设置保温层，保温层安装、材料是否符合规范要求；栏杆安装是否符合规范；室内采光面积、通风面积是否符合规范。

11.1.7 收房后的系列操作

1. 装修、二次装修

对于毛坯房，收房后会进行细致地装修，根据是否进行水电改造、房屋拆改，以及装修的标准不同，工期可以从两个月至半年甚至更久。对于精装交付的房间，也可以同样进行二次装修，如更换壁纸、进行美缝等。

2.购置家具、家电

家具有定制家具和成品家具两大类，可以根据需求进行选择。定制家具最大的优势在于可以充分利用空间，成品家具最大的优势在于相对廉价，且无须等待。

3.网线、有线电视开通

网线和有线电视线需要与相应公司的业务员预约时间，具体的电话号码可以咨询物业。

4.燃气、暖气开栓

交房时燃气、暖气都没有开栓，需要在收房后预约燃气公司、暖气公司的工人师傅进行开栓。

5.除甲醛

新房交房后，无论是装修还是家具，都会或多或少释放出甲醛、苯等有害气体，最好的解决办法是开窗通风半年及以上。

11.2 "二手房"收房

因为在二手房看房阶段，就已经确认了房屋的情况，在合同签署过程中，就已经确认了家具家电的留存情况和收房时的房屋状况，所以在二手房收房时最需要注意的是费用的结清、家具家电的完整、卖房人户口是否已经迁出，最后才是钥匙的交接。

在二手房收房时，务必要求卖房人、中介同时到场，并由买房人按照之前的《存量房买卖合同及其补充条款》中对收房标准的要求进行逐项核验，全部确认无误后再接收钥匙。二手房收房阶段，我们应注意的内容如下。

1.账户欠款偿还与余额结清

主要内容包括：物业费、有线电视费、水电燃气费，要前往相应的管理处、税务局办理交接手续。

2. 家具、家电的交接确认

家具、家电的完整性部分，若在最初签署交房保证金协议，则应在确认家具、家电完整后交给卖房人。若确有损坏，则可在交房时从保证金中进行抵扣，需注意按照成色、品牌、件数进行核对。

3. 户籍与人口的迁出

在交房前，可以到当地公安局查阅卖房人的户口是否迁出，若未迁出，应督促卖房人尽快迁出，迁出后再进行打款。

4. 钥匙、文件资料的交接

钥匙及文件清点，包括小区门禁、房门钥匙、房间钥匙等，以及所有应交接的文件资料。

5. 门窗、上下水管道等房屋状况

按照《存量房买卖合同及其补充条款》中规定的内容，对二手房的各项内容进行逐一验收。

6. 违建的拆除与查看

房屋私搭乱建情况是否已进行处理，是否已经被拆除。

7. 租赁状况是否解除

在二手房签约的章节，笔者就提及房屋的在租交房风险，小部分黑心卖房人会故意在买房前签署一份房屋租赁协议给自己的亲友，以此帮助自己在后期房价上涨时无责解约，或者故意将房屋出租给善意第三人，将交房时的风险转嫁给租客。

而对于购房者，应坚持要求对方在清退租客后进行交房。一方面可以仔细查验房屋真实状况，另一方面还可以避免因为房屋租赁留下的各种隐患。

写在最后

过去的几十年里,因为城镇化运动、居民财富的快速积累,大多数房产都会有非常可观的收益。但当市场冷却下来,经济不再快速增长,购房者又该如何选购房屋呢?

如果用一句话来浓缩整本书的精华,我会这样总结:对于购买房产最好的策略,就是充分准备并等待最佳的时机,筛选最适合自己的房产,然后果断购买并长线持有。

如果继续精炼这句话,可以将其浓缩为八个字:"准备、纪律、耐心、决心",这四个词语看似独立,但合在一起就可以帮助你买到优质的房产。实际上,这八个字也是巴菲特的合伙人、天才投资人查理·芒格的行为守则。

在这本书里,笔者通过十几章内容,二十多万字为你呈现出了买房的知识、观点、策略与方法,但是如果不将它们内化为自己的东西,不顺着这些尚处于浅表的内容继续深挖,依然难以做出最佳的买房决策。

英国作家约翰·班扬(John Bunyan)曾说:"对于为达到此地而经历的一切苦难,我并不感到后悔。我将宝剑交给继承自己朝圣之旅的人,将我的勇气与才华交给那些能够领会的人。"

现在,笔者将这本凝聚了自身大量时间与精力所创作出的书籍,完整地交付于你。如果它能够让你获得理解房产的全新视角,并且能够在你买房的路上帮得上忙,我将会无比欣慰。祝你可以从"房客"到"房东",做出最明智的买房决策。

主要参考文献

[1] Peter Hall, The City of Dreadful Night.Cities of Tomorrow, 1996.

[2] Margaret Garb, City of American Dreams.University of Chicago Press, 2005.

[3] Randall Stross, "It's Not Who You Know, It's Where You Are." The New York Times, October 22, 2006.

[4] 爱德华·格莱泽.城市的胜利[M].上海：上海社会科学院出版社，2012.

[5] 朱迪斯·德·容.新型城镇郊区化[M].武汉：华中科技大学出版社，2016.

[6] 童大焕.中国城市的死与生[M].北京：东方出版社，2014.

[7] 费孝通.江村经济[M].北京：北京大学出版社，2012.

[8] 美化家庭编辑部.户型改造王[M].武汉：华中科技大学出版社，2016.

[9] 陆铭.大国大城[M].上海：上海人民出版社，2016.

[10] 徐斌.千万别说你懂买房[M].北京：中信出版社，2017.

[11] 任泽平等.房地产周期[M].北京：人民出版社，2017.

[12] 王佳.购房活地图王佳教你如何买新房[M].北京：人民邮电出版社，2015.

[13] 王佳.购房活地图王佳教你如何买二手房[M].北京：人民邮电出版社，2015.

[14] 瑞·达利欧.原则[M].北京：中信出版社，2018.

[15] 彼得·考夫曼.穷查理宝典[M].北京：中信出版社，2016.

[16] 杨文忠.房屋风水实用手册[M].长春：吉林文史出版社，2011.

[17] 吴晓波.历代经济变革得失[M].杭州：浙江大学出版社，2013.

[18] 陈国强.房地产江湖[M].北京：中国法制出版社，2010.

[17] 元坤.中国楼市何处去[M].北京：中国广播电视出版社，2010.

[18] 杨通权. 新编房地产概论 [M]. 成都：四川大学出版社，2011.

[19] 拉尔夫 L. 布洛克. REITs：房地产投资信托基金（原书第 4 版）[M]. 北京：机械工业出版社，2014.

[20] yevon_ou. 中产阶级如何保护自己的财富 [M]. 北京：中国友谊出版社，2017.